팔꿈치 사회

팔꿈치 사회

경쟁은

어떻게

내면화되는가

강수돌 지음

갈라파고스

프롤로그
우리는 언제쯤 경쟁의 굴레에서 벗어날 수 있을까?

1

어느 물 회사가 있었다. 정수기 용 큰 물통에 맑은 물을 담아 작은 식당이나 가게마다 공급하는 작은 회사였다. 한 통에 4천 원씩 받았다. 폭리를 취하지 않고 나름 양심적으로 비용을 감안해서 정한 가격이었다. 사장과 10명 내외의 직원들은 모두 이른 아침부터 부지런히 일했다. 그런 대로 장사가 잘되어 회사는 몇 년 만에 자리를 잡았다. 그 회사 대표도 "이제는 '고생 끝에 낙이 온다'는 말처럼 숨 좀 돌리게 되었다"며 안도의 한숨을 쉬었다. 직원들도 고생한 보람이 있다며 이제는 복리후생 등 삶의 질을 좀 높였으면, 하는 소망을 갖게 되었다.

그런데 느닷없이 어느 대기업이 그 물 시장에 뛰어들었다. 동일한 정수기 용 물통 하나에 2천 원을 받는다고 했다. 처음엔 기존 고객들이 오랜 관계로 말미암아 작은 회사와 관계를 지속했다. 그러나 몇 달 지나지 않아 식당이나 가게들은 기존 물값에 비해 반값만 받는 대기업의 싼 물을 사먹기 시작했다. 그렇게 빠져나가는 고객이 하나둘

늘어가자 작은 회사는 눈물을 머금고 물값을 3천 원으로 낮추었다. 절약하고 절약해서 내놓은 결과였으나 고객들은 2천 원짜리 물을 선호했다. 작은 회사와 관계를 고려해서 다시 3천 원을 주면서 그 회사의 물을 사먹는 식당도 몇몇 생기기는 했으나, 오히려 더 많은 가게나 식당들이 대기업 물을 사먹었다. 작은 회사는 몇 개월 더 버티지도 못하고 문을 닫아야만 했다.

그렇게 작은 기업이 망하고 대기업이 물 시장을 독점하게 되자, 대기업은 물값을 서서히 올리기 시작한다. 물값은 2천 원에서 3천 원, 그리고 6개월 만에 다시 4천 원, 그 뒤로 1년 만에 5천 원으로 올랐다. 그리고 갈수록 물통의 크기도 조금씩 줄어들었다. 이제 사람들은, 그리고 식당이나 가게들은 예전보다 더 적은 양의 물을 더 비싸게 사먹어야 했다.

이것이 우리가 아는 시장경쟁이다.

이 이야기에 사람들은 경쟁의 냉혹함을 씁쓸해 하면서도 대개는 "현실이니 어쩔 수 없지 않느냐?"고 반응한다. 그러고선 "그러니 힘을 키워 강자가 되어야지!"라고 해답을 말한다. 대부분의 사람들이 이런 태도를 갖기 때문에 갈수록 경쟁은 치열해진다. 강자가 되어야 돈과 일자리와 권력과 명성 같은 것을 독차지할 수 있기 때문이다. 결국 우리가 아는 시장경쟁이란 기득권을 향한 경쟁이며 '너 죽고 나 살자'는 식의 적대적 경쟁이다. 문제는 우리 대부분이 이를 당연시하고 이것 외에는 삶의 대안이 없다며 그런 논리를 굳게 내면화한다는 점이다.

이 책은 바로 이런 시각에 대해 근본적인 문제 제기를 한다. 그러한 시장경쟁, 적대적 경쟁은 원래 사람의 논리가 아니라고 말한다. 겉으로 보이는 현실은 경쟁 투성이지만 잘못된 현실의 껍데기를 몇 꺼풀 벗겨내면, 바로 그 경쟁이란 누군가 이득을 얻는 사람들이 만들어내는 것에 불과함을 폭로한다. 결코 인간 사회의 본래 모습이 아니란 말이다.

2

그리고 사실, 앞 이야기는 거기서 끝나지 않는다. 왜냐하면 작은 기업이 하건 대기업이 하건, 사람이 마시는 물을 판매한다는 사실 자체를 근본적으로 생각해보아야 하기 때문이다. 원래 물이란 공기나 햇볕과 마찬가지로 대자연의 선물이 아닌가. 돈이 있건 없건 누구나 누릴 수 있는 것이었다. 그러나 이제는 이것이 사고파는 상품으로 변하고 말았다. 물값이 2천 원이냐 4천 원이냐, 하는 차원은 이미 이렇게 변모한 상품사회를 전제로 깔고 있다.

따지고 보면, 마을마다 우물물이나 시냇물을 그냥 마시던 시대가 있었다. 그 당시만 해도 물은 공공재였다. 그런데 우물이 오염되고 강물이 오염되면서 더 이상 마실 수 없게 되었다. 산업화의 결과였다. 공장 오폐수와 생활하수가 공범이다. 그리하여 마침내 물이 갈수록 값비싼 상품으로 둔갑하였다. 처음엔 작은 기업이 물을 판다. 돈이 된다 싶으면 큰 기업들도 뛰어든다. 자본과 기술, 유통망을 가진 대기업이 뛰어들면 기존의 작은 기업들은 망하고 만다. 그러나 대기업의 자본과 기술이란 것이 무엇을 뜻하는가? 그것은 그 지역의 깊은 지하수를 대자본이 독점적으로 고갈시켜나가는 과정에 지나지 않는다. 오랜 시간이 지나면 이제 그 마을에도 지하수가 나오지 않는다. 사람 살기가 어려워진다. 그렇게 물 시장을 둘러싼 경쟁은 서서히 우리를 공멸의 상태로 몰고 간다. 바로 이런 원리를 세계경제에 적용해보면, 오늘날 석유 같은 자원의 고갈 사태나 지구 온난화 같은 기후 변화 문제, 그와 연결된 식량 위기 문제, 핵 개발 경쟁으로 인한 인류 파멸의 위기 등 공멸의 징후들이 서서히 우리 곁으로 다가오고 있음을 알 수 있다. 세상은 복잡하고 갈 길은 멀다!

이런 복합적 문제를 과연 어디서부터 따져나가야 돌파구가 보일까? 세상의 모든 일은 결코 우리의 일상과 무관하지 않다. 따라서 우리가 매일 경험하는 일과 삶, 학교와 직장, 사회와 역사에 대하여 그 근원을 캐묻고 본질을 파악하기 시작하면 서서히 삶의 진실이 보이기 시작한다. 삶의 진실을 깨닫고 나면 지배층이나 기득권층이 우리에게 강요하는 이데올로기나 세뇌교육의 본질이 드러나고 만다. 사람답게 살고 싶은 우리의 열렬한 소망은 바로 이 과정을 거친 뒤에 비로소 가능하다. 허상을 벗겨내고 진실 위에 새로운 대화와 토론을 시작해야 한다. 그 과정에서 사람도 바꾸고 제도도 바꾸고, 그리하여 전체 삶의 구조도 바꾸어야 한다. 결코 쉽진 않지만, 이것이 바른 길이다.

이 책은 우리가 굳게 내면화하는 경쟁의 논리를 근본적으로 되짚어보고, 일과 삶, 학교와 직장, 사회와 역사를 완전히 새로운 논리 위에 재구성해야 함을 강조한다. 80년 정도 지속되는 인생 여행, 그것을 마감할 무렵 그간 헛된 삶을 살았노라고 후회하지 않기 위해서 지금부터라도 삶의 본질을 제대로 알아야 한다. 내가 진심으로 원하는 것은 그 어떤 이데올로기나 권력이 아니다. 내가 진심으로 원하는 것은 더불어 사는 행복한 사회다. 이 책이 모든 개인에게, 그리고 우리 사회에 전반적으로, 삶을 새롭게 접근해 가는 데 좋은 길잡이가 되길 바랄 뿐이다.

3

그런 마음으로 쓴 『경쟁은 어떻게 내면화되는가』 초판이 생각의나무 출판사에서 나온 지 5년이 지났다. 많은 사람들이 경쟁의 고통을 경험해왔기에 그 고통의 뿌리가 무엇인지 알고 싶어 했다. 사실 그간 수많은 사람들이 치열한 경쟁사회에서 좌절과 고통을 경험했다. 학생과 노동자, 농민, 여성이 가장 대표적인 희생자라 할 수 있다. '평생직장'이라 믿어온 회사에서 하루아침에 쫓겨난 노동자들은 결사 항쟁에 돌입하였고 손해배상 및 가압류 등으로 이중삼중의 고통을 겪었다. 그 과정에서 대부분의 사람들은 살아남기 위해 더욱 경쟁의 소용돌이 속으로 빠져들었다. 반면 또 다른 사람들은 전 사회를 스트레스로 내모는 경쟁사회 자체를 회의하기 시작했다. 그 와중에 이 책이 부각시킨 '경쟁의 내면화' 문제가 독자들에게 큰 공감을 일으켰다고 본다.

결국 문제는 자본이 그 몸집을 불리기 위해 만들어가는 사회경제적 시스템이 핵심이지만, 이는 동시에 그 시스템에 의식적, 무의식적으로 적응하고 동조하는 사람의 문제이기도 하다. 이와 같이 객관적 구조는 주체적 행위를 통해 그 효력을 발휘하고 재생산되며, 주체적 행위는 객관적 구조에 의해 규정되고 제약된다. 게다가 객관적 구조 자체도 사람이 만들어간다. 따라서 이러한 구조와 행위의 악순환의 쳇바퀴 자체를 부수고 새로운 돌파구를 여는 것도 사람에 달려 있다. 다시 말해 우리의 느낌, 감정, 생각, 태도, 행동 등 인간 행위의 측면을 새롭게 살피는 것이 대안의 출발점이다. 그 위에서 기존 구조를 근원적으로 타파하고 새로운 구조를 창출함으로써 비로소 우리는 진정으로 건강하고 행복한 삶을 열 수 있다.

이런 맥락에서 경쟁의 본질을 제대로 살피고 그 위에서 올바른 실천을 하는 일은, 날마다 생존경쟁에 내몰린 학생이나 노동자들에게 '삶이냐 죽음이냐'의 문제나 다름없다고 본다. 한편 이 책의 초판에 대해 많은 독자들이 사랑이 담긴 비판과 조언을 해주었다. 그래서 이번 기회에 나는, 이 책이 '경쟁' 특히 '자본주의 경쟁' 문제에 관한 한 일종의 국민 교과서가 되었으면 하는 바람을 갖게 되었다. 그래서 대폭 손질했다.

초판과 달리 이번 책은 몇 가지 다른 점이 있다. 첫째, 낡은 통계 수치 등을 업데이트해서 최근 상황까지 반영했다. 둘째, 경쟁에 대한 편견과 오해를 더욱 체계적으로 해명하고자 했다. 셋째, 기존 내용 중 어울리지 않거나 부족했던 부분을 가능한 한 충분히 보완하고자 했다. 이번 수정보완본을 위해 애써주신 갈라파고스 출판사의 임병삼 대표님과 여러 편집부원들에게 이 자리를 빌려 감사 인사를 드린다.

끝으로 지구촌 모든 사람을 생존경쟁으로 내모는 이 가혹한 자본의 시스템으로부터 진정 해방되어 서로 돕고 사는 그날까지 우리 풀뿌리 민초들이 서로 훈기를 풍기며 함께 행복한 발걸음을 내딛길 진심으로 기원한다.

2013년 3월
강수돌

차례

프롤로그
우리는 언제쯤 경쟁의 굴레에서 벗어날 수 있을까? 5

1. 삶과 일, 가정에 대한 작은 에세이 15
'빨리빨리' 문화와 '오래오래' 노동의 뿌리

2. 경쟁 압박은 어떻게 내면화하나? 35
강자 동일시와 정서적 프롤레타리아화

3. 경쟁에 대한 오해와 진실 49
경쟁은 만들어지는 것

4. 경쟁교육의 허와 실 91
학교가 가르치지 않는 열 가지

5. 돈벌이 경쟁과 제도화된 무책임 119
기업의 사회적 책임(CSR)의 허와 실

6. 무엇을 위한 구조조정인가? 153
경쟁력 중심 vs. 삶의 질 중심 구조조정

7. 덫에 걸린 신자유주의 세계화 193
이윤 동기와 생존경쟁이 만든 거품의 붕괴

8. 아름다운 삶, 사랑 그리고 마무리 209
앙드레 고르와 이반 일리치에서 배우기

9. 아들아, 너랑 살아서 참 기쁘구나! 235
경쟁이 아닌 사랑이 인생살이의 핵심이다

에필로그
호혜의 경제를 위하여 249

1. 삶과 일, 가정에 대한 작은 에세이
'빨리빨리' 문화와 '오래오래' 노동의 뿌리

우리는 살기 위해 일하는 것이지
일하기 위해 사는 게 아니다.
오늘 행복을 내일로 미루지 말라!

우리의 현실, 세계 최장 노동시간

동남아 여행을 마치고 온 사람이나 미국이나 유럽 등에서 제법 오래 살다 온 사람들이 공통적으로 하는 말이 있다. 그것은 "한국은 왜 이렇게 모든 게 빨리빨리 돌아가는지 모르겠다."는 것이다. 그런데 그렇게 빠른 속도감으로 돌아가는 것을 낯설게 느끼던 이들도 한 달 정도만 지나면 한국 상황에 익숙해진다. 나 자신 또한 예외는 아니다.

한편 전통적으로 한국과 다른 나라를 비교할 때 가장 두드러진 기준 중 하나는 단연코 긴 노동시간이다. 한국인들은 하루 종일 일하고도 할 수만 있다면 밤새도록 일한다. "오래오래" 일하는 것이다. 자의에 의하건, 타의에 의하건, 실제 현실이 그렇다. 그래서 이른바 선진국들 사이뿐만 아니라 전 세계적으로도 한국은 오래전부터 가장 긴 노동시간을 자랑한다.

한국은 2004년 이래 근로기준법에 의거한 주5일제(40시간제)로 꾸준히 줄고 있음에도, 실 노동시간이 OECD 국가 중 가장 길다 (OECD, Employment Outlook 2012). 즉 OECD 고용 전망 보고서에서는 2011년 한국 근로자의 연 평균 노동시간이 2,090시간으로, 전체 평균 1,737시간보다 약 353시간이나 더 많이 일하는 것으로 나타났다. 노동시간이 가장 짧은 나라는 네덜란드(연 1,379시간)이며, 다음은 독일(1,399시간)이었다. 네덜란드나 독일에 비해 한국은 1년에 무려 700시간이나 더 일한다. 하루 8시간 기준으로, 약 4개월치를 더 일하는 것이다. 물론 이 수치는 '평균'이고, 또 '표본'에서 제외된 장시간 노동의 문제도 있기 때문에 실제 노동시간은 훨씬 길다. 일례로 연봉 8천만 원을 받는 현대자동차 노동자는 2012년에 주말이나 공휴일도 아랑곳하지 않고 연 3,000시간 정도 일해야 했다.

이를 두고 한국인이 가장 성실하고 부지런하다고 볼 수도 있고, 아니면 일벌레 또는 일중독에 빠진 사람들이라 볼 수도 있다. 흥미롭게도 많은 한국인들은 '일벌레'라는 별명을 대단히 자랑스러워하기조차 한다. '근면과 성실'의 이데올로기가 가정, 학교, 직장, 사회 일반에서 뼛속 깊이 각인되었기 때문이다.

그러나 다른 수치를 보면 이러한 평가가 얼마나 자가당착적인지 알 수 있다. 예컨대 노동부의 통계만 보더라도 '하루'에 산업재해를 당하는 사람들이 평균 200명 내외가 쏟아져 나온다. 당국에서 '통계 관리'를 엄격하게 하는 바람에 축소된 부분을 감안하면, 매일 10명이 목숨을 잃으며, 그중 2~3명이 과로사로 죽는다. 과로사. 행복하게 살고자 일을 하는데, 일을 너무 많이 한 나머지 목숨을 잃는 것. 이것이 매일 반복되는 우리의 노동 현실이다.

어디 산업재해만 그런가? 직장을 구하지 못해 도서관에서, 학원에서, 길거리에서 헤매는 사람들은 어떠한가? 그들의 고통도 고통이거니와, 이들 '산업예비군'의 존재 자체는 비정규직이나 정규직을 막론하고 이미 일자리를 가진 자들에게 위협이다. 탈락과 배제에 대한 공포가 우리를 짓누른다. 비정규직은 정규직이 되려고 또는 비정규직이라도 유지하려고 눈치를 보고 스트레스를 참으며 일한다. 정규직은 잘리지 않으려고 또 비정규직으로 전락하지 않으려고 윗사람에게 잘 보여야 한다. 노동시간은 자연히 길어지고 노동강도는 절로 높아간다. 그 사이에 부모와 자녀, 부부 사이, 동료 사이, 이웃 사이의 친밀한 소통과 유대 관계는 모래알처럼 낱낱이 부서진다.

서양에서는 기존의 공동체적 관계망이 해체되면서 그나마 국가 복지 체제나 강력한 노동조합 체제가 개별 노동자들의 삶에 보호막이 되었다. 물론 이제 서양조차도 신자유주의 세계화 물결로부터 자유롭지 못하다. 갈수록 시장경쟁의 거친 파도가 구석구석을 침식한다. 그러나 한국의 경우 해방 이후 폭력적인 후발 산업화 과정에서 복지국가나 강한 노조가 등장하기도 전에 기존의 공동체적 관계망이 체계적으로 해체되었다. 그런데다가 이제 신자유주의 세계화 파도가 거침없이 들이닥친다.

그러니 한국사회에서는 일단 직장에서 쫓겨나면 곧 '죽음'이란 의식이 더욱 팽배하다. 직장 생활에서 살아남기 위해서는 '딴 생각' 말고 죽은 듯 일해야 하는 상황이다. 기업이 직면한 치열한 경쟁 압박이 개별 노동자들에게 그대로 전가된다. 노동자들은 생존의 두려움 앞에서 경쟁을 내면화하고 만다. 심지어 일중독에 걸려도 일중독인 줄도 모르기 일쑤다. 바로 이것이 한국이 자랑하는 세계 최고의 장시간 노동이라는 수수께끼를 푸는 한 열쇠다.

일에 대한 가치관, 만연한 일중독증

그러므로 앞서 말한 상황의 논리만으로 그 수수께끼를 푸는 데는 한계가 있다. 왜냐하면 그 어떤 상황에서도 사람들은 개인적으로나 집단적으로 일정한 '행위'를 하기 때문이다. 어떤 어려운 상황이 있을 때 사람들은 모든 걸 포기하고 순종할 수도, 자신의 이해와 일치한다고 보고 그 상황에 적극 동조할 수도 있다. 반대로 그러한 상황 자체가 문제이기 때문에 주어진 상황을 거부하고 저항하며 상황을 변화시키려 노력할 수도 있다. 이런 관점에서 보면, 세계 최고의 장시간 노동이라는 한국의 현실을 설명하는 데는 단순히 복지국가나 강한 노조 같은 제도적 요인의 결핍만으로는 부족함을 알 수 있다. 어떻게 해서 사람들이 그러한 상황을 수용하며 동조하게 되었는가를 해명할 필요가 있다.

고전적 연구인 모스와 바이스의 연구[1]에서만 해도, 400여 노동자들 대상으로 "만약 당신이 일을 안 해도 좋을 정도로 충분한 돈을 얻게 되었다면 그래도 계속 일하고 싶은가?"라는 질문을 던졌을 때 자그마치 80퍼센트의 응답자가 "계속 일하겠다"고 답했다. 자신의 노동을 통해 얻는 흥미와 성취감을 잃고 싶지 않다는 것이었다. 그 뒤의 한 후속연구에서는 "생활에 충분한 돈이 생기면 일을 그만두겠다"고 한 노동자의 수가 약 40퍼센트 증가한 것으로 나타났다. 일을 통해 얻는 의미와 가치가 갈수록 줄어들었음을 방증한다.

두빈이 '삶의 주된 관심(central life interests)'을 중심으로 실증

---

1. N. L. Morse & R. S. Weiss, "The Function and Meaning of Work and Job," *American Sociological Review 20*, pp.191~198, 1955.

연구[2]를 수행했는데, 그 연구에서는 산업노동자의 약 75퍼센트 정도가 "자신의 삶의 주된 관심을 업무나 일터 밖에서 찾는다"는 결과를 얻었다. 일터 안보다도 밖에서 인간관계의 친밀감, 삶의 기쁨, 행복감과 자아존중감 등을 찾는다는 것이다.

같은 시기에 이뤄진 비슷한 두 연구가 내린 결론은 서로 다르다. 한 연구는 사람들이 노동 속에서 성취감이나 자아실현감을 느낀다고 했고, 다른 연구는 사람들이 일터 밖에서 삶의 의미를 찾는다고 했다. 여기서 중요한 것은 앞 연구의 한 후속 연구에서 보듯이, 갈수록 노동 속에서 자아실현감을 찾는 사람들이 줄어들었다는 점이다. 이것은 제2차 세계대전 뒤 서양에서의 고도 성장기에 '대량생산-대량소비 체제'가 구축되는 과정과 무관하지 않다. 한편으로는 갈수록 의미를 상실해가는 노동에 대한 소외감이, 다른 한편으로는 노동 밖에서 소비나 여가를 통해 삶의 의미를 찾으려는 노력들이 강해진 것이다. 이것은 1960년대 말에 행해진 골드소프 등의 연구[3]에서도 재확인된다.

골드소프 등의 연구에서 사람들의 노동에 대한 태도(work orientation)를 크게 세 가지로 대별했는데, 첫째는 성취 지향성, 둘째는 연대적 지향성, 셋째는 도구적 지향성이다. 첫째는 노동자들이 기업 위계 등 일정한 질서 속에서의 인정과 성취를 통해 상층부로 상승하는 것을 통해 의미를 찾으려 한 경우고, 둘째는 조직에서 자신이 속한 집단과 정서적·감정적 유대감을 갖는 것에서 의미를 찾는 경

---

2. R. Dubin, "Industrial Workers' Worlds: A Study of the Central Life Interests of Industrial Workers", *Social Problems 3*, pp.131~142, 1956.
3. J. H. Goldthorpe(et. al.), *Der 'Wohlhabende' Arbeiter in England*, Bd.1: *Industrielles Verhalten und Gesellschaft*, München, 1970.

우다. 전자가 승진을 최고의 가치로 삼는 경우라면 후자는 친밀한 인간관계(신뢰, 충성)를 우선시하는 경우다. 끝으로 도구적 지향성은 노동을 다른 무엇보다도 생활수준 향상의 수단으로만 생각하는 경향이다. 첫째와 둘째가 노동 안에서 내재적 만족을 지향한다면 셋째는 노동 밖에서 외재적 만족을 지향한다.

골드소프 등의 실증연구는 1960년대 말, 영국의 한 자동차공장에서 일하는 상대적으로 '부유한' 노동자들을 중심으로 노동에 대한 태도를 분석한 것으로, 당시 대부분의 응답자는 노동에 대해 '도구적' 입장을 보여주었다. 즉 노동자들은 노동에서 내재적 의미(자아실현, 성취감, 도전감, 유대감)를 찾기보다는 단지 생활수준을 높이기 위한 소득과 고용에 주로 관심을 갖는 것으로 나타났다. 특히 위계질서의 하층부, 즉 하층 노동자 집단으로 갈수록 도구적 지향성이 강했다.

이 연구 결과는 서양에서 프로테스탄트(특히 칼뱅주의) 노동윤리 이래 형성된 근대적 노동관에 일정한 변화가 있음을 암시한다. 원래 프로테스탄트 노동윤리란 주어진 과업을 신이 내린 '소명'이라 여기고 근면과 성실로 부를 축적함으로써 구원을 얻으려는 태도다. 따라서 노동은 구원의 길이요, 자아실현의 길이었다. 이것이 약화한 것은, 한편으론 임금과 소비에 의한 구심력이, 다른 한편으론 무의미한 노동에 의한 원심력이 동시에 작동한 탓이다.

이제 1990년대 이후의 사정은 어떠한가? 미국 버클리대의 A. 혹스차일드 교수가 130명의 직장인들을 대상으로 조사해《뉴욕타임스 매거진》에 발표한 글에 따르면, 직장을 갖고 있는 아버지 중 33퍼센트 이상, 어머니 중 20퍼센트 이상이 자신을 '일중독'이라 하면서도 근무 시간이 줄어들기를 원하는 사람은 거의 없었다. 직장을 "가정사의 온갖 스트레스로부터 도피할 수 있는 유일한 안식처"로 삼고 있기 때문이다.[4] 흥미롭게도 이러한 현상은 '일벌레'로 이름난 일본이나 한국은 물론, 독일 등 유럽에서도 마찬가지로 많이 관찰된다. 이제 일중독은 예외적 현상이나 일시적 현상을 넘어 '대중현상'이 되어간다(Heide, 2002).[5] 국제노동기구(ILO)는 정리해고, 비정규직 등을 강화하는 신자유주의 세계화에 따라 노동자의 정신건강이 심각한 상태에 빠졌다고 경고한다. 노동자 10명 중 1명꼴로 업무에서 비롯된 우울증, 정서불안, 스트레스 내지 신경쇠약 등 각종 위협에 노출되었다고 보고했다. 실은 노동자 절반 이상이 고통이다. 한국에서는 직장인의 70퍼센트가 스트레스성 심신이상 증상을 경험하고 있으며, 노동자의 50퍼센트가 자신이 직장에서 매우 강한 스트레스를 받는다고 호소한다. 한 실태조사에서는 직장인의 3분의 2가 이직을 고려한 바 있다는 결과가 나올 정도로 직장생활이 삶의 스트레스를 높이고 있다. 그런데 정작 이들은 '더 이상 이렇게 살아서는 안 된다'는 느낌을 가짐에도 '다른 대안이 없다'고 생각하기에 그러한 느낌들을 '그냥 옆에 제쳐놓고' 지금까지 해오던 방식을 그대로 밀고 나간다. 이것이 일중독의 심각성이다.

    이런 식으로 자신의 진정한 느낌을 제쳐놓고 생계를 위한다는 명목 아래 현실세계(자본)의 압박을 스스로에게 강제하는 현상을 나

---

4. A. R. Hochschild, *The Time Bind: When Work Becomes Home and Home Becomes Work*, NY: Metropolitan Books, 1997.
5. H. Heide, *Arbeitsgesellschaft und Arbeitssucht*, in: H. Heide(Hrg.), Massenphänomen *Arbeitssucht*, Bremen: Atlantik, 2002.

는 '정서적 프롤레타리아화'라 부른다. 이것은 마르크스가 사람들이 생산수단을 박탈당한 채 자신의 노동력만으로 생계를 유지해야 하는 상황을 '경제적 프롤레타리아화'라 불렀던 것을 확장한 개념이다. 동시에 이는 왜 프롤레타리아가 마르크스의 예측처럼 혁명계급으로 성장하지 못하고 오히려 혁명적 변화를 두려워하게 되는가, 또 자신의 생명력을 갉아먹는 자본에 왜 이들이 적극 협력함으로써 더욱 속박되는가 하는 점을 설명하는 데 도움을 준다. 이 정서적 프롤레타리아화가 진척되면서 사람들은 마침내 나름의 생존전략으로 '공격자와 동일시'(Heide, 2002) 또는 '강자 동일시'를 행하게 된다. 이에 대해선 차후에 좀 더 깊이 살핀다.

 사실 우리의 현실을 차분히 들여다보면, 오늘날 가정의 이미지는 더 이상 '보금자리(nest)'가 아니라 단순한 '버스정류장(bus-stop)'으로 변하고 있다. 가정은 노동에 종속되어 노동의 긴 여정을 다니기 위한 간이정류장으로 변했다. 아이들도 노동하는 어른들과 둘러앉아 삶의 의미와 행복을 나누는 시간을 함께 갖기 어렵다. 다만 그 간이정류장에 간간이 들러 냉장고 문을 열고 먹을 것만 챙겨 먹고 바삐 떠난다. 차라리 학원에서 또는 독서실에서 공부하는 척이라도 하면 마음이 좀 편한 듯하지만, 여전히 내면은 불안하고 공허하다. 어른들은 삶이 고달플수록 그 고통을 잊기 위해 일에 더 매진하는 병적 경향도 있다. 가시적 성과를 올리면 다소 마음이 편해지기 때문이다. 이렇게 어른들, 아이들 모두 일중독으로 내몰리고 있다.

 요컨대 오늘날 우리가 일에 대해 일정한 지향성을 갖는 것이 아니라 오히려 일이 우리에 대해 일정한 지향성을 강제하는 셈이다. 겉으로는 우리가 일에 대한 가치관을 자유로이 선택할 수 있는 것처럼 보이지만 실상은 우리가 일에 대한 가치관을 강요받는다. 필요에 따라 일하기보다는 거꾸로 일의 필요에 따라 우리가 끌려 다니며 일한다. 그 와중에 굳이 우리가 일에 대해 의미를 부여할 수 있다면, 그것은 일이 우리 내면의 고통이나 두려움을 회피할 수 있는 '도피처' 내지 '망각제' 역할을 한다는 점이다.

일중독 문제나 중독사회의 문제에 대해 예리한 통찰력을 가진 A. W. 셰프는 이렇게 말한다. "내가 늘 끊임없이 반복되는 집안일에 묻혀 바삐 지내는 것은 실제 그 일들이 꼭 해야 할 일들이기 때문이라기보다 내 스스로 바쁠 필요성을 갖고 있기 때문이다."[6] 그리고 "우리는 스스로 자기 내면 깊은 곳을 들여다보는 것을 두려워해 왔다. 속을 들여다보았다가, 거기에 아무것도 없는 것을 확인하게 될까 두려웠기 때문이다."

삶과 일에 대한 가치관이 어떻게 변했나?

우리가 고대 그리스 시대로 거슬러 올라가 당시 사람들의 삶과 일에 대한 가치관을 보면 '이론과 실천의 이분법'을 읽을 수 있다. 이것은 곧 시민계급과 노예계급의 분리와도 궤를 같이한다. 즉 시민계급은 사유와 학문을 하고, 노예계급은 노동과 실천을 하는 것이다. 오늘날까지도 일부 사회 언저리에 남아 있는, "노동은 천한 사람이 하는 것"이라는 의식이 당시에는 지배적이었다. 또 사실은 현대의 첨

---

6. A. W. 셰프, 『일하는 여성을 위한 명상록 I』, 예음, 1993.

단 자본주의에서도 이러한 의식이 전반적으로 관철되고 있다. 즉 최고위 자본가 계급은 노동으로부터 해방되어 과소비하고 여가를 즐기며 권력자들과 사교에 몰두하지만, 대부분의 노동계급은 그들을 약간씩 흉내 내면서도 여전히 노동의 굴레에 갇혀 있다. 고대 그리스 시대와 다른 점은 노동계급의 범주가 대단히 넓어졌다는 점이며, 그것이 미취업자나 실업자, 비정규직, 이주민, 주부, 청소년, 어린이, 노인까지 포함한다는 것이다.

그러한 고대 그리스 식 노동의 철학은 중세 때까지 계속 이어졌다. 그러나 '종교개혁'으로 새로운 근로윤리가 탄생하면서 이제 노동은 '신의 소명'으로 격상된다. 독일어에서 '직업(Beruf)'이란 말이 '신의 부르심을 받는다(berufen)'에서 온 것을 보면 그 연관성이 명확하다. 이와 더불어 인간(이성)은 절대자(신)의 자리를 대신해 운명의 주인으로, 우주의 주인으로 등장한다. 이른바 인문주의(휴머니즘)의 탄생이 바로 그것이다. 이제 '인간과 자연은 이분법' 적으로 분리되고, 인간은 주체로, 자연은 객체로 자리매김된다. 인간의 노동은 자연을 변형하여 삶을 영위하는 핵심 활동이 된 것이다. 이때 중요한 역할을 하는 것이 과학과 기술이다. 과학과 기술은 일반적으로 인간에게 유리한 면이 있지만, 인간 사회로 깊이 들어가면 인간 노동(노동계급)을 효과적으로 지배하고 추출하는 기술과 과학이 대단히 체계적으로 나왔다는 것을 알 수 있다. 예컨대 찰리 채플린의 영화〈모던 타임스〉(1936)에 나오는 컨베이어 라인이나 자동 식사 기계는 바로 이러한 과학기술의 성격을 분명히 드러낸다. 영화 속 주인공 채플린이 '정신이상'에 빠질 수밖에 없었던 것은, 역설적이게도 정상적인 인간임을 주장하기 위해서였다.

이러한 자본주의 사회가 부분적이고 예외적이던 현상에서 점차 보편적 현상으로 자리 잡음에 따라 마침내 '경제와 사회의 이분법'도 완성된다. 이제 돈의 논리가 삶의 논리를 대신하고, 마침내 삶 그 자체를 지배하게 된다. 그리하여 경제가 사회를 압도하고 병합해버린다. 이것을 범지구적으로 추진하는 움직임이 바로 신자유주의 세계화요, WTO(세계무역기구)요, FTA(자유무역협정)다. 안타깝게도 소수의 지배 엘리트들과 그를 추종하는 대다수 대중들은 "대세를 거스를 수 없다"고 하며 현실에 적응하기만을 강조한다.

이렇게 전도된 현실을 우리가 바로잡고자 한다면, 사유와 노동의 이분법, 인간과 자연의 이분법, 경제와 사회의 이분법을 과감히 넘어서야 한다. 이 점과 관련하여 프랑스의 소설가 V. 포레스테를 상기해보자.[7]

> 우리는 지금 위대한 속임수 속에서 살고 있다. 왜냐하면 이미 사라진 세계 속에 살고 있음에도 우리는 그 사실을 인정하려 들지 않을 뿐만 아니라, 세상은 온갖 정책을 동원하여 오히려 그 세계가 영원할 것이라고 주장하기 때문이다. 수백만 명의 운명이 바로 이 같은 시대착오적 사고 때문에 파괴당하고 소멸되었다. 그리고 이 시대착오적 사고는, 우리가 가장 신성시하는 한 가지 터부를 영원불멸한 것으로 제시하려는 끈질긴 책략에서 비롯되었다. 그 한 가지 터부란 무엇인가? 그것은 바로 노동에 대한 터부다.
>
> 한마디로 노동을 더 이상 신성시하지 않아야 하는데 사람들은

---

7. V. 포레스테, 『경제적 공포』, 동문선, 1997.

여전히 이를 '신성시' 하며, 나아가 고통스런 현실적 삶의 '도피처(쉼터)'로 삼는 것이 문제라는 것이다. 피비린내까지 풍기는 '신성한 쉼터'로서의 노동, 이것이 일중독 시대에 우리 대다수가 내면화해버린 노동관이다.

국제 비교에서 두드러진 한국의 특성

필자가 2003~2005년에 걸쳐 한국, 일본, 미국, 독일의 직장인 약 750여 명을 대상으로 '일에 대한 태도'를 조사한 결과, 한국은 일에 대한 가치관이나 성장과정의 두 측면에서 다른 나라에 비해 독특했다. 각 나라에서 아이들의 성장과정이 어떠한가에 따라 어른이 되었을 때 이들이 갖는 노동관이나 일과 맺는 관계가 다를 것이라는 그루엔[8]과 하이데[9]의 연구에 따라 이러한 차이를 확인하기 위해 각국 아이들의 성장 과정에 대한 질문도 던졌다.

우선 약 50년 전 모스와 바이스(Morse & Weiss, 1955)가 던졌던 질문과 동일한 질문, "만약 당신이 일을 안 해도 좋을 정도로 충분한 돈을 얻게 되었다면 그래도 계속 일을 하고 싶은가?"에 대해 나라별 반응은 다소 달랐다. "일을 그만두고 여가를 즐기겠다"고 대답한 이는 미국(59퍼센트), 독일(43퍼센트), 일본(40퍼센트), 한국(25퍼센트)

---

8. A. Gruen, *Der Verrat am Selbst, Die Angst vor der Autonomie bei Mann und Frau*, München, 1986.
9. H. Heide, *Arbeitsgesellschaft und Arbeitssucht*, in: H. Heide(Hrg.), *Massenphänomen Arbeitssucht*, Bremen: Atlantik, pp.19~54, 2002.

순으로 나타났다. 반면 "일이 돈 이상의 의미를 지니기 때문에 일을 계속할 것"이라는 응답이 한국(51퍼센트), 독일(43퍼센트), 일본과 미국(24퍼센트) 순이다. 한국인들은 '노는 것'에 대해 일종의 죄책감을 갖고 있다는 사실을 감안하면 그리 놀랄 일도 아니다. 그것이 P. 부르디외가 말한 아비투스(습속)로 굳어지다 보니, 이제는 잘 '놀 줄'도 모르는 사람들이 되고 말았다. 반면에 일이 돈 이상의 의미를 지닌다는 것은 일이 일종의 마약, 즉 현실적 고통에 대한 진정제가 되거나 아니면 가슴을 들뜨게 하는 흥분제로 작용했음을 암시한다. 이것이 일중독 사회 속에 사는 우리의 솔직한 모습이다.

또 자기 직무를 수행하는 기본자세에 대해 물은 결과, "비록 생활이 침해되더라도 열심히 일한다"는 한국(34퍼센트), 미국(24퍼센트), 독일(18퍼센트), 일본(10퍼센트) 순이었다. 일과 삶의 균형을 상실한 것이 한국에서 가장 심각할 뿐 아니라, 그 불균형의 상황 자체를 자연스럽게 받아들인다는 것이다. 일차적으로는 생계의 압박이 중요하겠지만, 심층적으로는 일이 일종의 마약 효과를 내기 때문이라는 가설을 지지한다.

"가정보다 일터에서 더 편안함을 느끼는가?"라는 질문에 대해 한국은 40퍼센트, 미국은 29퍼센트, 독일은 20퍼센트, 일본은 13퍼센트가 그렇다고 답했으며, "일을 통해 자아존중감, 인정감, 인간적 유대감을 느끼는가?"를 질문한 결과, 한국은 71퍼센트, 독일 62퍼센트, 미국 61퍼센트, 일본 49퍼센트가 긍정적으로 답했다. 이 두 가지 질문에 대한 결과 역시 앞의 가설, 한국인은 다른 나라들에 비해 일중독 증상이 심하다는 것을 지지한다. 그리고 이러한 결과는 맨 처음의 노동시간 현실, 즉 한국인의 실 노동시간이 세계 최고 수준을 유지하는 이유를 설명하는 실마리를 제공한다. 자발적이건 강제되었건, 일중독에 걸린 사람들은 잘 쉬지도 못하고 실직을 곧 죽음이라 인식한다. 아래의 응답 결과들은 이를 잘 증명한다.

"일이 너무 바빠 휴가 가기가 힘든가?"라는 질문에 일본 51퍼센트, 한국 45퍼센트, 미국 32퍼센트, 독일 19퍼센트가 긍정적으로 답했고, "실직이 이혼보다 고통스러울까?"라는 질문에 한국 65퍼센트, 미국 41퍼센트, 독일 40퍼센트, 일본 36퍼센트가 그렇다고 답했다. "만일 일이 없다면 불안할 것인가?"라는 질문에 일본 62퍼센트, 한국 57퍼센트, 미국 49퍼센트, 독일 25퍼센트가 긍정적으로 답했다.

요컨대 한국인의 일에 대한 가치관은 삶과 일의 불균형이 매우 석심할 정도로 일에 경도되어 있음을 알 수 있다.

다른 한편 한국인의 성장과정상의 특성을 국제적으로 비교해보자. 우선 "어린 시절에 마음의 상처를 받았는가?"라는 질문에 한국 53퍼센트, 일본 35퍼센트, 미국 32퍼센트, 독일 12퍼센트 순이었다. "우수한 성적으로 부모님을 기쁘게 해드리려 노력했는가?"라는 질문에 한국 75퍼센트, 미국 69퍼센트, 독일 50퍼센트, 일본 26퍼센트로 나타났다. 한국의 아이들은 어린 시절에 마음의 상처(트라우마)를 상대적으로 많이 받으며 자란다. 동시에 아이들은 높은 성적을 통해 부모의 사랑(인정)을 사고자 하는 경향성을 보인다. 부모의 조건 없는 사랑이 불충분한 경우, 아이들은 마음의 상처를 받으며 배척에 대한 두려움을 경험한다. 아이들조차 (권력자인) 부모의 사랑을 사기 위해 부모의 기대와 눈치를 보며 그에 자신을 맞추려 강제한다.

또 "가정에서 자신의 느낌을 솔직하게 잘 표현했는가?"라는 질문에 독일 63퍼센트, 미국 58퍼센트, 일본 39퍼센트, 한국은 29퍼센트 순으로 답했고, "어렸을 때 자신의 욕구나 소망을 잘 충족시킨 편인가?"라는 질문에 미국 77퍼센트, 독일 58퍼센트, 일본 55퍼센트, 한국 42퍼센트 순으로 답했다. "학교에서 일어난 일을 부모에게 설명하고 지지를 받았는가?"라는 질문에 한국 52퍼센트, 일본 47퍼센트, 미국 36퍼센트, 독일 31퍼센트는 '아예 설명도 안 했거나 설명했지만 지지를 못 받았다'고 했다. 이 모든 응답 결과 역시, 한국의 부모와 자녀 사이에 조건 없는 사랑이 결핍되었음을 증명한다.

이 모든 결과가 말해주는 것은 무엇인가? 어릴 적부터 마음의 상처를 많이 받은 채 자신의 느낌과 욕구를 솔직하게 표현·충족시키지 못했을 뿐만 아니라, 부모와 잘 소통하지 못하고 따뜻한 지지도 받지 못하면서 자란 경우, 특히 좋은 학교 성적으로 부모님을 기쁘게 해드린다는 성과주의적 삶의 태도를 반복하며 자란 경우, 요컨대 성장 과정에서 조건 없는 사랑을 받지 못한 경우, 한국과 같이 전형적인 일중독적 특성이나 일과 삶의 불균형이 상대적으로 극심하게 나타날 수 있다. 그것은 하이데(Heide, 2002)가 강조하는 바와 같이, 어린 시절에 마음의 상처를 많이 받을수록 일종의 '외상후 스트레스 증후군(PTSD)'에 시달리면서 사람들은 생존의 두려움을 특히 강하게 느끼기 때문이다. 그럴 때 대개 생존전략으로서 '강자와 동일시'를 하게 되고 이것이 곧 성과주의적 삶의 지향이나 강박적 노동관으로 연결되기 쉽다. 그렇게 자란 어른들은 어린 시절의 좌절감을 보상받기 위해, 또는 그러한 내면의 불안감과 두려움을 은폐하기 위해, 일이라는 일종의 중독물에 빠져듦으로써 견디기 어려운 심적 고통을 피해가고자 한다. 그 결과 사람들은 일의 결과가 얼마나 좋은가와는 무관하게, 오로지 일 속에서 삶의 의미를 찾으려고 하는 '자기강제'

를 하게 되고 자연히 실 노동시간도 길어질 수밖에 없다. 이 모든 현실은 경제와 사회가 이분법적으로 분리되었을 뿐만 아니라 마침내 사회가 경제 속에 합병된 결과, (돈이나 일에 의해, 즉 자본에 의해) '삶의 식민화'가 고도로 진척되었음을 말해준다.

이분법을 넘어 새로운 길로

그렇다면 사유와 노동의 이분법, 인간과 자연의 이분법, 경제와 사회의 이분법을 과감히 넘어가는 길의 입구는 어디에 있을까? 도대체 사유와 노동의 이분법, 인간과 자연의 이분법, 경제와 사회의 이분법을 넘는다는 것은 무엇을 뜻하는가?

사유와 노동의 이분법을 넘는다는 것은 너도 나도 삶의 문제 해결에 이론가이자 실천가로 적극 나서야 함을 뜻한다. 더 이상 가정과 학교에서 "땅 파고 살지 않으려거든 공부해라"라고 강요하지 않는 사회를 만드는 것이다. 모든 이가 땅을 파면서도 땅의 철학자가 되는 감동적인 사회, 이것이 돌파구다. 그것은 지금의 수직적 사다리 질서를 수평적 원탁의 질서로 바꾸어야 가능하다. 그 출발점은 우리 마음속의 사다리 질서부터 걷어내는 일이다.

인간과 자연의 이분법을 넘는다는 것은 한편으로 인간이 자연 속으로 겸손하게 회귀함을 뜻하며, 다른 한편으로 '자연의 노동'을 적극 인정함을 뜻한다. 인간이 자연으로 회귀한다는 것은 자연의 순환고리 중 일부로 동참하는 것이며 따라서 그 순환에 들어가지 못하는 '쓰레기'를 더 이상 만들지 않음을 말한다. 자연의 노동을 적극 인정한다는 것은, 햇볕의 노동, 바람의 노동, 물의 노동, 흙의 노동, 미생물의 노동, 풀의 노동, 밀알의 노동, 나무의 노동을 인간의 노동과 동등하게 보는 것이다.

> 별들이 온 힘으로 굴러서 해는 떠오르고
> 화분에 작은 싹 하나도
> 매순간 심호흡으로 자기 생을 밀어 올린다.[10]

경제와 사회의 이분법을 넘는다는 것은 돈벌이 그 자체를 목적이 아니라 살림살이의 수단으로 되돌린다는 말이다. 아이들을 점수나 등수로 판단해서는 안 되는 것과 마찬가지로, 한 사람을 직업이나 소득, 지위로 판단해서는 안 된다. 모든 사람을 사람 그 자체로 인정하며 살갑게 더불어 살 때, 비로소 경제 사회 이분법이 극복된다.

다시 물어보자. 사유와 노동의 이분법, 인간과 자연의 이분법, 경제와 사회의 이분법을 과감히 넘어가는 길의 입구는 어디에 있을까? 그것은 아마도 우리 자신 안에서 분리된 내면과 외면을 다시금 통일하는 데 있다. 참된 자아와 다시 접촉하는 것이다. 내가 살아 있다는 것이 무엇인가, 내 내면에서 꿈틀거리는 것이 무엇인가, 무엇이 나의 참된 행복인가, 무엇이 삶의 기쁨이요, 존재의 기쁨인가? 이런 질문에 답하려면 결국 외피에 가려진 내면의 진실을 찾아야 한다.

그런데 참된 자아는 과연 이 세상과 독립적으로 존재할까? 그렇지 않다. 우리는 나 홀로 가면서도 더불어 가는 존재다. 또 더불어 가

---

10. 조향미, 『그 나무가 나에게 팔을 벌렸다』, 실천문학사, 2006.

면서도 나 홀로 가기도 한다. '같이 또 따로, 따로 또 같이' 존재하는 것이 우리의 실존이 아닐까? 소유양식이 아닌 존재양식의 삶을 강조한 에리히 프롬, 라다크 마을이나 남태평양 아누타 섬, 그리고 북미 원주민들이 가졌던 '확장된 자아'의 삶, 사람을 관계적 존재로 보자는 신영복 선생의 시각도 바로 이런 점에서 일맥상통한다. 우리가 좁은 의미의 자아를 초월해야 하는 까닭이요, 그 자아를 부단히 확장할 필요이기도 하다. 결국 우리는 '더불어 행복' 할 수 있을 때 진정한 행복감을 맛볼 수 있다. 이것이 우리의 내면과 외면이 통일된 삶이 아니겠는가.

돈과 권력과 명예라는 외피 속에 깃든 있는 그대로의 나, 이것을 느끼고 참된 내면과 접촉하기 시작할 때 비로소 우리는 다양한 이분법 속에 뒤틀린 삶과 일, 가정과 사회, 그 모두를 건강하게 복원할 방도를 찾을 수 있다.

이러한 본질적 문제들을 회피한 채, 계속해서 비본질적인 응급처치(대증요법)에 매달릴 때 우리는 더 이상 되돌리기 어려운 파국을 맞을 것이다. 비록 오래전부터 수많은 현자들이 이런 경고의 나팔소리를 다양한 방식으로 내왔지만, 안타깝게도 현실은 절망적인 방향으로 더 많이 가고 있다. 그럴수록 우리는 더욱 근원에 충실하여 새 출발을 해야 한다. 모두를 살리는 것이 불가능하다면 비록 몇이라도 제대로 살려야 하지 않을까? 누군가 말했듯이, 내일 지구가 멸망한다 해도 차분히 '생명의 나무' 한 그루를 심는 심정으로…….

2. 경쟁 압박은 어떻게 내면화하나?
강자 동일시와 정서적 프롤레타리아화

경쟁 상황 자체는 우리가 만들어낸 것이 아니다.
경쟁 압박을 우리 스스로 받아들이기 시작하는 것,
바로 이것이 비극의 출발이다.

'팔꿈치 사회', 생존경쟁의 자화상

독일 말에 '팔꿈치 사회(Ellenbogengesellschaft)'라는 말이 있다. 1982년에 독일에서 '올해의 단어'로 뽑히기도 했다. 한마디로 옆 사람을 팔꿈치로 치며 앞만 보고 달려야 하는 치열한 경쟁사회를 일컫는다. 자본주의 경쟁사회를 이렇게 실감나게 표현할 수 있을까?

생각해보라. 마라톤 경주에서 서로들 앞만 보고 달리는데, 자기 옆에 다른 사람이 따라붙으려고 하면 팔꿈치를 옆으로 확 휘두르며 남의 옆구리 같은 곳을 찌르는 장면을. 누가 보아도 반칙이 틀림없지만 팔꿈치로 치는 사람이 절묘하게 자기감정을 숨긴 채 마치 달리기 자세를 크게 하는 듯하면서 경쟁자인 옆 사람을 밀쳐낸다면 마치 규칙을 준수하며 달리는 것처럼 보이리라. 그리고 이런 사람이 일등자리를 차지하기는 매우 쉬울 것이다. 그리고 사람들은 '일등'에게 박수를 보낸다. 칭찬을 하고 상을 주고 돈과 권력까지 안겨다주는 경우도 흔하다. 그런 식으로 '팔꿈치 사회'에서 절묘한 반칙은 교묘히 '세탁'되고 만다. 물론 이런 식으로 반칙을 하는 것은 부분적일 것이다. 대부분은 규칙을 준수한다. 그러나 게임의 규칙이 지켜진다고 해서 아무 문제가 없는 것은 아니다.

예컨대 '팔꿈치 사회'에서 심각한 문제는, 한 번 일등 한다고 영원히 일등 하는 것은 아니라는 점이다. 무수히 많은 새로운 경쟁자들이 호시탐탐 그 자리를 노린다. 시간이 갈수록 경쟁은 치열하다. 그것을 버텨내기엔 차라리 목숨을 걸어야 할 지경이다. 오죽하면 '국민 마라토너' 황영조 선수가 1992년 바르셀로나 올림픽과 1994년 히로시마 아시안게임에서 '일등' 자리를 두 번이나 차지한 뒤 1996년에 "더 이상 못 뛰겠다"며 스스로 '조기은퇴'를 선언하고 말았을까? 그것도 나이가 불과 26세인데. 어떤 기자가 황 선수에게 마라톤을 하면서 가장 고통스러울 때가 언제인지 물었을 때, 그는 "에스코트하는 차바퀴 밑으로 뛰어들고 싶은 마음이 생길 때"라고 대답했다고 한다.

그러나 '팔꿈치 사회'로 표현되는 자본주의 경쟁사회는 마라톤 경주와 차원이 다른 점이 있다. 마라톤에서는 설사 번번이 일등을 못한다고 하더라도 생존 자체가 위협에 처하는 것은 아닌 데 비해, 자본주의 상품경쟁에서는 남보다 계속 뒤처지게 될 때 생존 자체가 큰 위협을 받는다는 점이다. 더욱이 지금과 같은 신자유주의시대에 와서는 생존경쟁이 범지구적 범위에서 치열해지기에 심지어 '거지를 동정하지 마라'는 제목의 책이 나오기도 한다. '팔꿈치 사회'에서 살아남기 위해서는 거지에 대한 동정은커녕 자기 자신에게마저도 냉혹해야만 하는 '경제인(homo economicus)'이 되어야 한다는 것이다.

팔꿈치 사회 속 '생존논리'의 함정

이런 이야기가 있다. 여러 명이 타고 가던 배에 구멍이 생겨 계속 바닷물이 들어와 배가 가라앉게 되었다. 사람들은 "살려 달라!"며 아우성을 친다. 수영을 전혀 못하는 사람이 태반이고, 나머지 사람들 중 대부분은 수영은 하되 자기만 겨우 헤엄칠 수 있을 뿐 다른 사람을 구할 정도의 실력이 없다. 다행히 일부는 수영솜씨가 매우 뛰어나 생명이 위독한 이를 몇몇 구하려 애를 쓰기도 한다. 그러나 불행히도 육지는 한참 멀고 구조대는 오지 않는다. 고작해야 부서진 배의 나무토막들만 파도에 흔들릴 뿐이다. 이런 절망적 상황에서 과연 어떤 해결책이 있겠는가 하는 것이다.

어떤 이는 말한다. "어차피 용을 써봐야 모두 죽을 걸, 차라리 모든 걸 포기하고 기도나 하며 삶을 마감하는 것이 낫다." 또 다른 이는 이렇게 말한다. "그중에서 수영을 가장 잘하는 이가 일단 육지 쪽으로 나가 튼튼한 배나 구조대를 이끌고 다른 이들을 구하러 오면 되지 않겠는가?"

그러나 이 두 경우 모두 그렇게 해서는 '실제로 아무도 구할 수 없다'는 것을 잘 안다. 앞의 경우는 처음부터 포기하는 것이므로 특별한 구세주가 나타나지 않으면 결코 좋은 결과를 얻기 어렵다. 뒤의 경우는 겉으로만 모두를 구하고자 하는 것이지 사실은 저 혼자 살아남기 위한 전략일 가능성이 크다. 그러니 결코 자신 이외의 다른 사람을 구하기도 어렵거니와 심지어는 자기마저도 허무하게 희생되기 쉽다.

그렇다면 이 상황에서 최선의 방법은 무엇인가? 그것은 비록 나중에 모두 죽는 한이 있더라도 일단은 함께 살기 위해 '힘을 모으는 길'이 아닐까? 예컨대 수영을 잘하는 사람들이 부서진 배의 나뭇조각을 모으고 자기 옷을 찢어 서로 엮어 뗏목처럼 만들 수 있다. 경우에 따라서는 이미 목숨을 잃어버린 사람도 생길 수 있다. 하지만 최선을 다해서 함께 살고자 온갖 아이디어를 짜낼 수 있다. 이런 식의 대안적 '과정'이 있다면 혹시 나중에 좋은 '결과'가 나오지 않는다 하더라도 그 연대와 협동의 몸부림은 지극히 아름답다. 이것이 개별적 '생존전략'과는 전혀 다른, 인간다운 '삶의 철학'이다.[1]

박수치기 시합을 통해 본 경쟁과 지배

한 연약한 강사가 수백 명이 모인 강당에 들어섰는데 도저히 강의를 할 수 없을 정도로 장내가 시끌벅적하다. 학생들이 잡담을 많이 하고 장난을 치기 때문이다. 이때 이 강사가 수백 명의 학생들을 간단히 '장악'하는 방법은 무엇일까? 물론 이성적이고 평화적인 방법으로 말이다.

이때 가장 많이 쓰이는 방법은 아무래도 '박수치기 게임(경쟁)'일 것이다. 즉 이 연약한 강사는 학생들을 몇 개의 분단으로 나누고 "분단별로 박수치기를 해보라"고 한 다음 점수를 부여한다. "1조, 박수 한 번 쳐보세요. 아, 15점밖에 안 되네요" 하며 '15점'이라는 점수

---

1. 독일의 H. 하이데 교수는 이 '파산한 배'의 비유에 대해, "생존을 위해 높은 데로 오르는 이미지는 원래 인간 생존에 필연적인 것이 아니라 자본의 필요에 의해 만들어진 것이다. 이를 단지 우리 인간이 내면화하고 있을 뿐이다"라고 한 바 있다(필자와 개인 교신).

를 부여하는 순간 2조는 긴장한다. 당연히 1조보다 더 세게 치게 된다. "2조는 30점 나왔어요. 자, 3조도 한 번" 하는 순간 3조에서 한 학생이 앞으로 뛰어나와 게다리를 하고 몹시 우스꽝스런 몸짓을 하며 3조의 박수치기를 고무한다. 굉장하다. 강사는 "아, 3조는 80점까지 올랐어요. 대단합니다"라고 칭찬한다. 그러고는 "이제 1조가 다시 한 번 해볼까요?" 한다. 이에 1조는 두 명이 뛰어나와 힘찬 박수를 끌어낸다. 강사도 놀라는 척하며 "야~, 1조, 100점이에요, 100점"이라 한다. 다른 조 학생들은 "아이쿠, 졌구나" 한다. 그러나 강사는 "2조도 다시 한 번 해볼래요?" 한다. 격렬하다. "우와~, 2조는 150점이나 나왔어요" 한다. 이제 강사가 잠시 화장실을 갔다와도 될 정도로 박수게임이 자동으로 계속된다. 모두가 긴장하며 집중한다. 이때 강사는 "좋아요. 이제 그만!" 하며 "제 이야기 한 번 들어보세요" 하며 강의를 시작한다. 이런 식으로 연약한 강사는 박수경쟁을 통해 수백 명 학생들 모두를 쉽게 장악한다.

강사 입장에서 보면 이 게임에서 1조가 이기든 2조, 3조가 이기든 전혀 중요하지 않다. 강사에게는 오로지 이 박수치기 '게임', 즉 조별 '경쟁'이 계속되는 것, 이것이 중요하다. 반면에 학생들은 강사에게서 점수를 부여받는 순간, 거의 무조건적으로 더 높은 점수를 받으려는 경향이 있다. 이것이 본질적으로 중요하다. 즉 1조가 1등을 하든 2조가 1등을 하든, 박수치기 경쟁을 지속하는 한, 그 누가 승리하는가는 아무 상관없이 '모든' 학생들은 강사의 의도에 장악(지배)된다. 경쟁에 동참하는 모든 조들은 자기도 모르는 사이에 한 연약한 강사의 통제 아래 놓이게 되는 것이다. 한마디로 경쟁은 지배와 더불어 동전의 양면을 이룬다. 바로 이것이 우리 사회 및 전 지구를 지배하는 자본관계의 핵심적 본질이다.

따라서 진리를 위한 경쟁이 아닌 타자를 누르기 위한 생존경쟁, 즉 세계시장을 둘러싼 상품경쟁은 어떤 상품이 승리하는가와 무관하게 자본주의 세계체제의 지배를 존속시키는 조건이 된다. 내가 시장 경쟁에 참여하는 순간, 그 승패와 무관하게 경쟁의 희생자가 된다. 나아가 그것을 넘어 (우리 모두를 지배하는) 자본의 지배력을 강화시켜 주게 된다. 바로 이 점을 명확히 인식하는 것이 자본주의 경쟁의 본질을 꿰뚫어보는 것이다.

이 원리는 개별상품 간 경쟁, 개별회사 간 경쟁을 넘어 개별국가 간 경쟁에서도 마찬가지로 적용된다. 개별국가 차원에서 보면 앞의 박수경쟁에서 앞에 나와 다리를 벌며 박수를 고무하는 사람은 '국가경쟁력 강화'를 외치는 장관이나 대통령들이며, 불과 몇 분 만에 장내를 장악하는 강사는 세계자본주의를 총체적으로 관리하는 IMF, 세계은행(World Bank), WTO, G8 등인 셈이다.

그런데 이 박수치기 게임에서 강사에게 가장 치명적인 것은 무엇일까? 그것은 누군가가 일어나서 "우리가 왜 박수치기 시합을 해요?"라며 다른 사람들과 함께 그냥 하던 얘기를 계속하거나 모두 "재미없다!"며 밖으로 나가버리는 것이다. 그렇게 되면 그 강사는 결코 장내를 장악할 수 없다(이런 경우, 약삭빠른 강사는 그런 사람을 조용히 불러 금일봉을 주거나 나중에 좋은 상을 주겠노라며 다른 사람과 '분리' 전략을 구사할 것이다). 이와 마찬가지로 노동자들이 서로 자기 노동력을 팔기 위해 유혈적 경쟁(경매)을 하지 않고, 모두가 일어나서 "왜 우리끼리 피터지게 경쟁하나?"라며 한꺼번에 단결하여 몰려 나간다면 그것은 자본에 치명적이다. 그 자본은 이윤추구를 포기하든지 인간답게 살고자 하는 노동자의 요구를 억지로 들어주든지, 이 둘 중 '양자택일'을 해야 한다.

그런데 세계화시대와 더불어 자본은 또 다른 대안을 찾는다. 공장 문을 닫고 '해외로' 가는 것이다. 이것이 신자유주의적 개방화와 탈규제화 요구로 나타난다. 노동자 입장에서는 임금인상은커녕 고용보장이 안 되는 터라 심하게 말하면 "떠나지 말고 밥만 먹여주세요"라며 매달릴 판이다. 그 개별 기업주를 붙들고 아무리 빌어봐야 소용없다.

따라서 유일한 대안은 그 기업이 가는 곳마다 모든 노동자들과 연대하여 통일된 조건을 요구하는 것이다. 경쟁을 그만두는 것, 이것이 '노동조합'의 원초적 존재이유다. 즉 '경쟁과 분열'을 통해 지배와 착취를 강요하는 자본에 맞설 수 있는 것은 노동자 간 '경쟁의 지양'을 통한 단결과 연대뿐이다. 이것만이 노동자의 유일한 무기다. 이런 본질을 모든 노동자들이 꿰뚫어보고 실천하지 못한다면 노사 간 힘겨루기는 결과가 뻔하다.

경쟁의 내면화는 자기소외의 기초

본질적 사태가 이러한데도 어떻게 해서 사람들은 연대와 단결을 하지 않고 경쟁과 분열의 패러다임 안에서 오로지 '더 높은 사다리 오르기' 게임에 열중하게 될까? 그것은 한마디로 '경쟁의 내면화'로 설명할 수 있다. 자본이 강제하는 생존경쟁을 마치 자신의 삶의 논리인 것처럼 굳게 받아들이는 것이다. 이렇게 해서 대부분 사람들은 인간다운 삶의 논리를 적극 추구하는 대신 수동적인 생존논리에 갇힌 삶을 살게 된다.

그렇다면 이러한 '경쟁의 내면화'는 왜 이뤄지는가? 그것은 한 마디로 '강자와 동일시' 또는 '스톡홀름 증후군' 개념으로 설명이 가능하다. 예컨대 이런 것이다. 우리가 직접 상대하기엔 너무나 버거운, 엄청난 폭력으로 우리를 위협하는 깡패(가해자)를 만나게 되었을 때 우리가 선택할 수 있는 즉각적 대응방식은 대개 도망가거나 싸우는 것이다. 그러나 상황 자체가 절대 도망갈 수 없고 그렇다고 직접 맞서 싸워봐야 결과가 뻔하다면 어떻게 할까? 그것은 바로 그 깡패 같은 이 앞에 무릎을 꿇고 "형님, 알아서 모시겠습니다"라고 충성과 복종을 맹세하는 것이다. 그렇게 되면 엄청난 공포심이 갑자기 모종의 안도감으로 변한다. 피해자 자신이 마치 가해자와 일심동체가 된 것처럼 느끼고 행동하기 때문이다.

이제 자신이 느끼는 것, 생각하는 것, 행동하는 것은 사실상 자신의 내면이 요청하는 것과 다르다. 이렇게 해서 '자기소외' 또는 '자기배신'이 일어난다(앞에서 말한 "정서적 프롤레타리아화"와 같은 것이다). 나아가 이 피해자는 스스로 그 강자와 자신을 동일시하기 때문에, 강자에겐 굽실거리지만 자신보다 힘이 더 약한 이에게는 마치 강자처럼 폭력적으로 대한다. 이미 자신은 강자처럼 느끼고 행동하기 때문에 자기 안의 약한 요소들을 억지로 감추고 철저히 억누른다. 물론 묵시적 증오감과 더불어. 그런데 만약 자신 내부에 꼭꼭 숨겨두었거나 억압했던 약점들을 어느 날 갑자기 자기보다 더 약한 이들에게서 발견하게 된다면, 그는 자신의 약점에 대한 (불편한) 증오심을 다른 약자에게 (편안히) 모두 퍼부어버린다. 피해자 자신이 가해자로부터 받았던 폭력적 경험을 이제는 자신이 가해자로서 다른 피해자에게 투사하고 전가하는 것이다.

우리는 대개의 경우, 내가 일하는 기업이, 내가 만드는 상품이, 내가 사는 나라가 세계에서 최고가 되기를 원한다. 그래서 국가경쟁력을 높이기 위해 불철주야 열심히 공부하고 열심히 일하는 것이 가장 훌륭한 국민의 자세라 배웠다. 강자만이 살아남는다고 하는, 다윈의 진화론을 편협하게 해석한 적자생존 및 약육강식 논리를 인간사회에 기계적으로 적용한 결과, '사회적 다윈주의'가 우리의 의식과 행동을 거의 지배하게 되었다. 그리하여 우리는 생존을 위해 자신의 참된 느낌을 억압하고 기업과 국가가 요구하는 경쟁력 논리를 그 빈자리에 채워 넣는다. 앞서 말한 '정서적 프롤레타리아화'가 전개되는 방식이다. 바로 이것이 우리가 '강자와 동일시'를 하게 되는 사회적 조건이고, 또한 이것은 자연스럽게 '경쟁을 내면화'하는 심리적 토대가 된다. 그렇게 되면 "이제 경쟁을 벗어나서는 도저히 살 수 없다"는 체념적 태도를 갖는다. 나아가 "경쟁이야말로 인간 및 사회 발전의 효과적 방법"이라는 지배자의 논리를 그대로 수용하며 경쟁을 합리화한다.

문제는 이러한 '강자와 동일시' 및 '경쟁의 내면화'와 더불어 우리는 자신의 참된 내면과 점점 멀어지게 된다는 점이다. 그리하여 겉으로는 살아 있으되 속으로는 죽은 것이나 다름없는, 또한 겉으로는 부와 권력과 명예, 외모와 건강을 과시하되, 속으로는 끊임없는 불안과 공포, 두려움과 불만족에 시달리는 표리부동한 삶을 살게 된다. 그렇게 되면, 한마디로 우리는 제아무리 보약을 먹고 오래 살아봐야 결국 '헛살기' 쉽다.

소통과 연대로 팔꿈치 사회 넘어가기

이제 세계시장을 둘러싼 상품경쟁과 생존경쟁은, 동네 아이들끼리의 축구시합과는 달리 참된 '생존' 자체를 위협하는 것이라는 점이 분명해졌다. 게다가 이 생존경쟁에서 누가 일등 하고 누가 꼴찌 하든 아무 상관없이, 생존경쟁 자체가 모두를 권력과 자본의 지배 아래 예속시키는 '합리적' 방식이라는 점도 확실해졌다. 또한 그러한 '합리적' 방식을 내면적으로 수용하는 사회심리적 태도 자체는 '정서적 프롤레타리아화'나 '강자 동일시'에서 보듯, 대단히 비합리적이라는 것도 확인되었다.

그렇다면 대부분의 사회구성원이 문제제기조차 않고 굳게 내면화한 '경쟁 이데올로기'에 제대로 맞서는 방법은 무엇인가? 그것은 일차적으로 '탈경쟁'이 자아내는 모종의 두려움을 정면으로 꿰뚫으면서 넘어가는 것이며, 다음에는 '연대'의 실천을 통해 그 두려움의 축소와 에너지의 분출을 직접 경험하는 것이다.

우선 '탈경쟁'이 만드는 두려움을 피하지 말고 똑바로 쳐다보자. 우리는 대개 '팔꿈치 사회' 내지 경쟁논리로부터의 이탈은 마치 정체와 죽음을 뜻하는 것처럼 받아들인다. 정체와 죽음은 자연스럽게 두려움을 조장한다. 정체와 죽음이 아니라 발전과 생존만이 희망이라 보기 때문이다. 맞는 말이다. 그런데 과연 '탈경쟁'은 정체와 죽음을 초래하는가? 앞의 난파선 이야기의 비유를 빌려 말하자면, 우리는 서로 협동하고 연대(탈경쟁)하여 더불어 난관을 헤쳐나가기보다는, 좀 더 뛰어난 사람이 혼자라도 살아남아 다른 이를 나중이라도 구하려는 그런 전략을 택해야 하는가? 그리고 과연 경쟁은 무엇이던가? 상품경쟁, 생존경쟁, 시장경쟁은 결국 우리를 '합리적으로' 분열시키는 메커니즘이 아닌가? 또한 그 경쟁에서는 누가 일등 하는가와는 무관하게 모두가 권력과 자본의 지배 아래 종속되지 않던가? '더불어 행복하게' 사는 것이 우리 삶의 목표라면, 그 과정 또한 더불어 행복해야 하지 않을까?

    1988년 서울올림픽 때 있었던 일이다. 요트 경기에 출전한 캐나다의 로렌스 르뮤는 요트 남자 470급에 출전했다. 경기 도중 갑자기 강풍이 일어 함께 경기 중이던 싱가포르 선수들이 바다에 빠지고 말았다. 2위를 달리던 르뮤는 즉시 바다로 뛰어들어 경쟁자인 싱가포르 선수들을 구해냈고 자신은 22위로 밀려났다. 르뮤에게는 1등보다도 사람이 더 중요했다. 이것이 인간다움의 핵심이다!

    그렇다면 우리는 바로 여기서부터, 나부터, 타자와의 소통과 연대를 하나씩 실천해야 하지 않을까? 생존에 대한 두려움, 강자와 동일시, 경쟁의 내면화가 초래하는 자기소외나 자기고립을 적극적으로 넘어 '관계적 존재'로 다시 서려는 것이 소통이며, 문제 상황의 정면 돌파를 위해 힘을 합쳐 해결의 주체로 '함께 당당히' 나서는 것이 연대. 처음에는 주어진 조건 속에서 최대한 노력하고, 그러한 노력을 통해 새로운 조건을 창출하며, 새로운 조건 속에서 또다시 더 넓고 깊은 실천을 이뤄내는 식으로 한걸음씩 나아가야 한다. 그렇게 되면 우리는 무한한 생존경쟁의 틀로부터 강요받던 엄청난 두려움이 실제로 두드러지게 줄어드는 것을 체험할 수 있다. 두려움의 축소와 더불어 삶의 새로운 활기까지 치솟는 짜릿함도 맛볼 수 있다. 이것만이 자기소외와 자기배신을 제대로 극복하고 참된 '자아회복과 초월'을 가능하게 한다. 소통과 연대는 우리가 미래에 꿈꾸는 대안사회의 밑그림이기도 하지만, 동시에 그것은 대안사회로 가는 수단이자 일상적 과정이기도 하다.

한편 이러한 연대가 단순한 '도움'과는 질적으로 다름을 보여주는 좋은 일화가 있다. 1994년에 캐나다, 미국, 멕시코 사이에 북미자유협정(NAFTA)이 체결됨과 동시에 멕시코에서는 사파티스타 민족해방군이 출범했다. 자본과 권력의 일방적 착취와 억압에 저항하여 민중이 스스로 자신의 삶의 주인이 되겠다는 것이었다. 그 뒤 사파티스타 민족해방군이 전 세계 양심세력들의 집결을 호소했을 때 수많은 사람들이 농민군을 지지하러 멕시코로 몰려들었다. 이때 한 민족해방군 여성이 외쳤다.

"만약 당신들이 우리를 도와주러 왔다면 그냥 돌아가시오. 그러나 만약 당신의 문제와 우리의 문제가 뿌리가 같다고 보고 함께 해결하고자 한다면, 그렇다면 함께 일해봅시다." 이 단호한 목소리만큼 분명하게 '생동하는 연대'의 의미를 밝히는 논리는 없을 것이다.

3. 경쟁에 대한 오해와 진실
경쟁은 만들어지는 것

경쟁이 낳는 비극 중 하나는,
타자의 불행을 자기 행복의 기초로 삼는 일이다.
경쟁이 낳는 최대 비극은,
서로 경쟁하는 가운데 모두 공멸한다는 점이다.
스스로 의식하지 못하는 사이에.

경쟁은 필연이 아니라 자본의 필요로 만들어진다

많은 사람들이 믿는다. 경쟁은 좋은 것이라고. 아니, 경쟁은 우리 인생의 본질이라고. 그래서 필요하다고. 물론 지나친 경쟁이나 공정하지 못한 경쟁은 문제가 많다는 토를 단다. 많은 논란을 거치며 반박이 많아지면 이렇게 말한다. 현실 자체가 경쟁인데 그 누가 피해갈 수 있겠느냐고. 그래서 결론은 '경쟁은 필수'라 하게 된다. 이제 마지막으로 남은 것은 현실이 이러하니 우리 각자는 어떻게 하면 경쟁력을 높일 것인가, 하는 실천 방법을 고민해야 한다는 것이다. 그래서 자기계발서나 자기계발을 돕는 학원들이 인기를 끈다. 마침내 우리 사회는 '피로사회'가 되고 '일중독' 사회가 된다. 죽어가는 줄도 모르고 죽어가는 게임에 자발적으로, 때로는 무슨 사명감이라도 있는 듯 열심히 동참하는 것이다.

과연 그래야 하는가? 앞서 말한 이야기들이 정말 그런가? 왜 그럴까? 그런 식으로 해서 '모두' 행복의 방향으로 조금씩 나아가는가? 세상살이가 힘들어진다고 해서 무턱대고 시류에 따라가기보다는 오히려 걸음을 잠시 멈추고 스스로 물어야 한다. 그게 진실이냐는 물음을 말이다. 우리의 느낌이 위 질문에 대해 '뭔가 아닌 것 같다'라고 말한다면, 이 성찰은 우리 삶에 매우 소중한 돌파구를 여는 실마리가 될 수 있다. 그렇다면 하나씩 따져보자.

먼저 경쟁은 좋은 것이라는 말부터 한번 살펴보자. 원래 경쟁(competition)이란 말의 어원을 보면, 이 말은 라틴어로 '함께 추구하는 것'이란 뜻이 있다. 뭔가 바람직하거나 공통적인 것을 위해 더불어 가는 것이다. 만약 오늘날도 우리가 이런 의미로 경쟁이란 말을 쓴다면 단연코 경쟁은 좋은 것이다. 바람직한 것을 함께 추구하는데 그 누가 나쁘다고 하겠는가?

그러나 오늘날 문제시되는 경쟁은 생존경쟁이다. 다른 말로, '너 죽고 나 살자' 식의 적대적 경쟁이다. 다른 사람을 억누르고 내쳐야지만 내 생존이 보장되는 그런 사회가 곧 우리가 살아가는 이 자본주의 사회의 현실이다. 바로 앞서 말했던 '팔꿈치 사회'다. 팔꿈치로 주변 사람을 밀쳐내야지만 나의 생존이 일시적으로나마 보장되는 치열한 경쟁사회다. 만약 이런 냉정한 현실을 직시하지 않고 그냥 경쟁은 좋은 것이라고만 믿는다면 그것은 좋게 말해서 착각한 것이고 냉철하게 말하면 세뇌당한 것이다. 바로 여기서 경쟁을 구분할 필요를 느낀다.

현실적으로 살벌하게 다가오는 생존경쟁이란 초등학교 운동장에서 벌였던 놀이경쟁과는 전혀 다른 개념이다. 놀이경쟁에서는 청군과 백군으로 나뉘어 열심히 운동회를 하면서 재미를 느낀다. 나도 모르는 사이에 친구들과 친해지고 단합된 힘도 느껴진다. 같이 노는 것이 좋은 것임을 체험하는 순간이다. 게다가 축구나 씨름, 기마놀이나 배구, 굴렁쇠 굴리기나 피구와 같은 여러 경기를 하고도 개별 점수나 종합 점수가 나와 청군이 승리하고 백군이 패배하더라도 약간 속이 상하는 정도일 뿐 생존 자체가 문제되지는 않는다. 혹시 사회자를 잘 만난다면 승리한 청군이 마음이 아픈 백군을 위로하기 위해 업어주자고 말할지도 모른다. 그렇게 되면 청군은 이겨서 좋고 백군은 업혀가면서 기분이 좋다고 손을 흔들어댄다. 어른들 같으면 경기가 끝난 뒤에 청군과 백군이 막걸리 한 잔씩 걸치며 서로의 우애를 나누기도 한다. 이것이 놀이경쟁이다. 이 놀이경쟁은 비록 청군과 백군으로 나뉘어 놀기는 하지만, 함께 '즐거움'을 추구한다.

그러나 생존경쟁은 전혀 다르다. 승자와 패자의 운명이 천지 차이로 갈라진다. 삼성과 애플 사이의 치열한 경쟁을 보라. 법적으로 고소나 고발을 하고 상대방이 죽어야 내가 산다는 자세로 거의 '전쟁'을 하고 있다. 오늘날 세계시장에서 이뤄지는 생존경쟁은 다른 말로 '경제적 전쟁'이다. 프로이센 시대에『전쟁론』을 썼던 칼 클라우제비츠는 "전쟁이란 다른 형태의 (폭력을 쓴) 정치"라고 일갈한 바 있다. 전쟁이란 무턱대고 생기는 것이거나 우연히 발생하는 것, 독립적인 것이 아니란 지적이다. 이 말을 지금 여기서 말하는 생존경쟁에 적용하면 생존경쟁도 경제적 형태로 이뤄지는 전쟁이니 결국은 경제 영역에서 관철되는 정치의 한 형태라 볼 수 있다. 요약하면 오늘날 심각한 문제가 되는 경쟁이란 생존경쟁이며, 이것은 경제적 전쟁인데, 결국 경제적 형태를 빙자한 정치의 한 모습이란 것이다. 그렇다면 그 정치의 주체는 누구인가? 단도직입적으로 말하면 그것은 권력과 기업이고 권력과 기업은 결국 자본이다.

자본(capital)은 무엇인가? 원래 어원적으로 자본이란 동물의 머리(capita)에서 생겼다. 소가 송아지를 낳고 닭이 병아리를 까듯, 동물이 그 머릿수를 하나씩 불려나가는 데에 뿌리를 둔 것으로 여겨진다. 자본의 속성이 무한한 자기증식, 즉 작은 눈뭉치가 굴러가면서 커다란 눈덩이로 변모하듯 끊임없이 자기 몸집을 불려나가는 것도 결코 우연이 아니다. 흔히 우리가 살고 있는 이 자본주의 사회를 '돈 놓고 돈 먹는' 사회라 표현하는 것도 바로 이 무한한 자기증식을 본질로 하는 자본의 속성을 쉽게 드러낸 것이다. 그렇게 자본은 처음에는 작은 상업이나 공업으로 출발했지만 점차 대공업과 기계화를 통해 규모와 영역을 키웠고, 식민지 개척과 전쟁을 통해 세계를 지배하기 시작했다. 오늘날은 세계화와 정보화를 통해 세계를 자본의 무대로 만들고 있다. 그 흐름을 주도하는 것으로, 우선 각 나라의 독과점적 대기업과 정치가들이 있다. 다음으로 범지구적으로 활동하는 초국적기업과 세계금융자본 및 그들의 모임인 G8, G20, 세계경제포럼(WEF) 등이 있으며, 나아가 범지구적 관리 조직인 국제통화기금(IMF), 세계은행(WB), 세계무역기구(WTO), 자유무역협정(FTA) 등이 있다.

그렇다면 이 자본은 어떻게 해서 몸집을 효과적으로 불리는가? 바로 생존경쟁을 통해서다. 우선 각 나라별로 '국가경쟁력'을 드높이는 경쟁을 시키면 결론적으로 어느 나라가 일등을 하는가와 무관하게 경쟁에 참여하는 모든 나라가 최선을 다해 (허리띠를 졸라매며) 열심히 일할 것이다. 일한다는 것은 수출 경쟁력을 높이기 위해 한편으로는 사람의 정신적, 육체적 노동력을 최대한 짜내고 다른 한편으로는 자연의 물리적, 생태적 생명력을 최대한 짜내는 것을 말한다. 그 과정에서 사람과 자연이 훼손되고 파괴되어도 수출 경쟁력만 높인다면 좀 참아야 한다고 말한다. 처음에는 기업가나 정치가가 그렇게 말하고 언론이나 교육이 그 말을 이어받아 온 사회로 전파한다. 마침내 일반 사람들은 그 말을 굳게 믿고 내면화한다. 그렇게 해서 자본의 논리가 사람의 논리인 것처럼 둔갑하게 된다.

같은 원리가 한 나라 안에서도 관철된다. 각 회사들은 '기업경쟁력'을 높이기 위해 혼신을 다한다. 일단 무한 경쟁을 당연시하게 되면 한 나라 안에서 결과적으로 누가 승리하는가와 무관하게 모든 기업의 경영자와 노동자들은 최선을 다해 허리띠를 졸라맨다. 라이벌 기업, 경쟁 회사가 죽어야만 내가 살아나는 그런 게임이다. 그 말은 거꾸로, 우리 회사가 패배해야만 경쟁사가 살아남는다는 말이기도 하다. 그렇게 치열한 생존게임을 하는 가운데, 우수한 회사는 우수한 대로 좀 못한 회사는 좀 못한 대로 자기가 부리는 노동력을 효과적으로 지배한다. 전체적으로 보면 경쟁 원리를 통해 1등부터 꼴찌 회사까지 자본의 지배를 별 저항 없이 잘 받아들이게 만들 수 있다. 이게 바로 경쟁의 본질이다. 즉 경쟁이란 자본의 지배를 위한 수단이다. 그래서 경쟁과 지배는 동전의 양면과 같다. 경쟁과 지배가 동전의 양면이라는 명제, 즉 (생존)경쟁은 (자본의) 지배를 공고히 하는 수단이라는 명제는 '박수치기 게임'의 비유(연약한 강사가 조별 경쟁을 시킴으로써 연설에 집중하지 않던 전체 청중을 평화적으로 장악하는 것)나 '선착순 달리기'의 비유(말 안 듣는 학생들을 통제하려 체육 교사가 아이들에게 선착순 3명만 가려내는, 운동장 뛰어 돌아오기 게임을 시킴으로써 순식간에 모든 아이들을 말 잘 듣게 만드는 일), 또는 '자상한 남편'의 비유(중국 영화 〈홍등〉에 나오는, 서로 질투하며 경쟁하는 부인들을 여럿 거느린 남편이 극도의 자상함을 통해 효과적으로 여러 여성들을 동시에 관리하는 모습)를 통해 더욱 쉽게 이해할 수 있다.

현실 자본주의 경제가 돌아가는 원리가 이러하니, 갈수록 사람들이 피곤해지고 삶이 무의미하게 느껴질 수밖에 없다. 그런데도 우리는 '경쟁은 필연이고 좋은 것이니 해야만 한다'고 말한다. 이제부터 이런 생각은 버려야 한다. 그런 생각은 결국 자본과 그 대리인들, 대리 조직들이 만들어낸 것에 불과하다. 원래 사람이 살아가는 원리는 경쟁이 아니라 협동이다. 서로 돕고 나누는 가운데 온갖 역경도 이겨내며 같이 살아온 것이 인류의 생존방식이었다. 그 단초를 알 수 있는 것이 '오래된 미래'인 북미 원주민, 호주나 남태평양의 원주민들, 히말라야 산맥 주변의 라다크 마을과 같은 전통 공동체 마을들이다. 사실 우리의 전통 마을들도 두레와 품앗이 같은 우애와 호혜의 전통이 있지 않던가? 오늘날도 스페인의 몬드라곤 협동조합이나 방글라데시의 그라민 은행(마을은행) 같은, 협력적이고 연대적인 경제 방식이야말로 평화와 평등, 자유와 정의를 달성하는 건강한 방식임을 증명하고 있지 않은가?

결론은 이렇다. (비적대적인 '놀이경쟁'과 달리) 적대적인 생존경쟁은 좋은 것이 아니다. 인생의 본질은 경쟁이 아니라 협동이며, 독점이 아니라 나눔이다. 이미 우리의 마음과 느낌은 안다. 치열하게 경쟁할 때 마음이 평온한가, 아니면 서로 협동할 때 마음이 평온한가?

다음으로 (생존)경쟁은 필연이 아니라 자본이 자신의 필요에 따라 만들어낸 것이다. 나아가 일단 자본이 요구하는 경쟁에 빨려들다 보면 처음엔 공정 경쟁으로 출발하는 것 같지만 결국은 불공정 경쟁으로 갈 수밖에 없다. 그리고 처음엔 적절한 경쟁으로 가는 것 같지만 나중엔 지나친 경쟁으로 가게 되어 있다. 심지어 둘 다 죽을 듯 내달리다가 살기 위해선 먼저 무릎을 꿇고 피하라는 식의 공멸적인 '치킨 게임'으로 치닫기도 한다. 이처럼 지금의 경쟁은 상생의 경쟁이 아니라 공멸의 경쟁이다. 이런 불공정 경쟁이나 과당경쟁을 통제한답시고 국가가 '공정거래위원회' 같은 조직을 만들었지만 자본의 독과점이나 부정부패, 정경유착, 내부거래, 순환출자, 부당하청, 과당경쟁을 막는 데는 실패했다. 오히려 적정 경쟁이 아니라 경쟁의 세계화가 갈수록 심해지고 심지어 사람의 뼛속까지 경쟁 심리로 물들어 가지 않는가? 이것이 사태의 진실이다. 더 이상 이런 진실을 스스로 속여서는 안 된다.

경쟁에서는 누구도 영원한 승자가 될 수 없다

경쟁의 본질과 구조에 대해 살펴보았으니 이제 그 동학(dynamics)을 살펴보자. 정태적으로 보는 것이 아니라 동태적으로 본다는 것이다. 크게 세 가지 비유를 들어 (생존)경쟁이 이뤄지는 과정이 어떠한 모습을 띠며 결국 우리 삶에 어떤 영향을 미치는지 살펴보고자 한다.

첫째, '극장의 비유' 다. 동일한 시간과 공간에서 경쟁이 사회적으로 어떤 영향을 끼칠 수 있는지를 포착할 수 있는 비유다. 어느 도시에 영화를 즐겁게 감상할 수 있는 계단식 극장이 있다. 세계적 인기를 누리는 남녀 주인공의 멋진 사랑을 다룬 영화다. 사람들이 가득 찼다. 영화는 시작되었고 모두들 가만히 앉아서 조용히 영화를 보기 시작했다. 그런데 얼마 지나지 않아 갑자기 맨 앞줄의 누군가가 벌떡 일어섰다. 자기 혼자만 주인공의 멋진 모습을 좀 더 잘 보기 위해서였다. 그 옆에 앉아 있던 사람들도 "나도…"라고 말하며 일어서서 영화를 보기 시작했다. 그러니 그 뒷줄에 앉아 있던 사람들은 갑자기 영화를 잘 볼 수 없게 되었다. 그 순간에 바로 앞줄 사람들에게 "좀 앉으시라"고 부탁할 수도 있었지만 혹시 결례가 되거나 보복을 당할까봐, 그리고 짜증도 나고 귀찮기도 해서 자기도 그냥 일어서버렸다. 이런 식으로 둘째 줄, 셋째 줄… 해서 영화관에 있던 모든 사람이 일어서게 된다. 약 30분 늦게 극장에 들어온 사람이 "어? 내가 잘못 들어왔나?" 할 정도로 이상하다. 모두 일어서서 영화를 보고 있었기 때문이다.

그런데 좀 있다가 맨 앞 줄 사람이 의자 위에 올라서서 영화를 보기 시작한다. 자기 혼자만 영화를 더 잘 보기 위해서였다. 이제 그 옆 사람도 의자 위에 올라간다. 둘째 줄, 셋째 줄, 넷째 줄, …… 그런 식으로 모든 사람들이 의자 위에 올라가서 영화를 본다. 만약 다른 사람들이 이 영화관 속의 사람들을 보았다면 아마도 "미친 사람들"이라 했을지 모른다. 이런 식으로 "나 혼자만" 잘살겠다는 이기적 행동이 (만일 소통과 연대가 부재하다면) 온 사회를 미친 사회로 만들 수 있다. 오늘날 생존경쟁이 바로 그러한 속성을 갖고 있다. 나 혼자만 또는 우리끼리만 잘살고자 상대방을 적대시하는 경쟁, 그런 '적대적 경쟁'의 구도 위에서는 어느 누구도 참된 인간성을 누리며 행복하게 살기는 어렵다.

둘째, '수험생의 비유'다. 이것은 시간적으로 경쟁사회가 어떤 식으로 변해가는지를 포착하고자 하는 이야기다. 예컨대 약 30년 전까지만 해도 사람들은 이렇게 말했다. "네가 원하는 대학에 가려면 고1 때 좀 놀더라도 2,3학년 때 열심히 하면 된다." 그 뒤로 한 10년

이 흐른 뒤 사람들은 말했다. "요즘은 중1 때부터 열심히 하지 않으면 네가 원하는 대학에 가기 힘들다." 그리고 지금이 왔다. 오늘날은 어떤가? 어떤 아이가 자신이 원하는 대학에 가려면 언제부터 열심히 해야 한다고 하는가? "초등학교 때부터"라고 하는 사람도 있지만 "유치원부터"라고 하는 이도 있다. 심지어 "태아 때부터" 영어를 공부해야 치열한 생존경쟁에 살아남을 수 있다고 한다. 어느 사이트는 '태아영어교실'을 운영하기도 한다. 많은 돈을 주고 엄마와 태아가 같이 영어공부를 하는 것이다. 세 살 먹은 아이의 혀 밑 근육을 잘라 영어 발음을 원어민처럼 하게 만들려는 엄마의 이야기가 해외 토픽에 소개될 정도였다. 한편, 아직도 엄마 품이 그리운 아이들을 홀로 해외 어학연수를 보내거나 영어 어학연수 도중에 불안해서 수학 과외 교사까지 붙여주는 열성 부모도 있다. 아이와 엄마를 해외에 보내놓고 아빠는 나 홀로 돈만 벌어다 부쳐주는 '기러기 아빠' 이야기도 더 이상 낯설지 않다. 2013년 2월, 어느 일간지는 '연봉 1억을 받는 사교육 대리모'들이 서울 강남 일대에 꽤 많다고 보도했다. 명문대에 자녀를 보낸, '검증된' 입시 전문가 주부들이 이웃에 사는 네 살배기 아이를 도맡아 아침부터 저녁까지 영어 책 읽어주기, 과학 영재 교육, 논리적 대화와 토론, 레고블록 놀이 과외, 원어민 영어 과외, 주말 체험학습 및 보고서 작성 등을 체계적으로 시키는 대가로 한 달에 1천만 원 이상을 받는다는 것이다. 네 살짜리 아이가 하루 종일 명문고나 명문대 입시를 목표로 체계적 사교육을 받는 이런 모습을 두고, 많은 이들은 교육이 아니라 '사육'을 당하는 것이라 안타까워하기도 한다.

이 이야기는 비유가 아니라 실제 현실을 추적한 것이다. 30년 전과 20년 전, 10년 전, 그리고 현재를 비교해보아도 경쟁의 물결이 시간적으로, 역사적으로 어떤 결과를 초래하는지 명확해진다. 경쟁, 생존경쟁 내지 기득권(더 많은 돈과 권력, 명예 등)을 향한 경쟁은 동태적으로 볼 때 마치 늪에 빠지는 것과 같다. 일단 한번 빠지면 발버둥 치면 칠수록 더욱 깊이 빠져든다. 마지막에 우리를 기다리는 것은 죽음뿐이다. 그렇다면 우리가 경쟁을 하는 까닭이 먼저 죽으려고 하는 것인가?

바로 여기서 또 하나 질문을 던져야 한다. 학생들이 공부하는 까닭이 오로지 대학을 가기 위한 것인가, 하는 질문이다. 그것도 일류대학에 말이다. 대학(大學)이란 무엇인가? 말 그대로 큰 배움을 얻는 곳이다. 큰 배움이란 모름지기 지식과 정보, 기술과 기능, 그리고 지혜와 통찰을 갈고 닦아야 한다. 그런데 오늘날은 일부의 지식과 정보, 일부의 기술과 기능을 얻는 데 그친다. 그것도 배움 그 자체가 아니라 취업을 위해서다. 스펙을 쌓는다는 말이 유행인데, 이 말 자체도 어불성설이다. 스펙(specification)이란 원래 어떤 상품의 기능적 특성을 말한다. 하기야 오늘날엔 노동력도 상품으로 사고파는 물건이나 다를 바 없으니 그렇게 말하는 것도 틀린 말은 아니다. 만약 그렇다면 진정 대학다운 공부란 인간 노동력이 상품으로 거래 대상이 되는 자체가 문제이니 이를 근원적으로 고쳐야 한다고 말해야 바른 공부가 아닌가? 그러나 대부분은 남들과 다른 탁월한 스펙을 쌓아 자기 노동력을 잘 팔아야만 생존이 보장된다고 믿는다. 그럴수록 대학은 학문, 즉 진리탐구와 사회비판, 대안제시의 전당이라는 본연의 역할을 방기하는 셈이 된다. 이런 본질적인 면을 놓친 채 오로지 이른바 '일류대학'에 가서 기득권층에 편입되려는 야심만 불태운다면 아마도 우리 사회는 갈수록 더 야만스런 사회, '만인의 만인에 대한 투쟁'만 남는 사회가 될지 모른다. 사실 지난 수십 년 사이의 변화가 이미 그런 사회를 만든 것이 아닌가? 우리의 선택은 앞으로도 더욱 더 늪에 빠질 것인가, 아니면 지금부터라도 연대와 협동의 새로운 사회를 실천하는 구조적 변화를 위해 함께 힘을 모을 것인가, 하는 갈림길 사이에 있다.

그래서 우리는 '내가 원하는 대학에 들어가려면?' 이란 질문을 넘어 '대학에 가지 않아도 인간답게 사는 방법은?' 과 같은 질문을 던져야 한다. 분명 교육자나 과학자, 연구자가 되려면 대학에 갈 필요가 있다. 하지만 기술자가 되거나 예술가가 되려면 다른 기관에 가야 한다. 오늘날 교육은 너도 나도 대학에 가야 하고 그것도 서울로, 그것도 이른바 'SKY대' 라는 일부 극소수 대학만 가야 성공한 것처럼 여겨지는 시대다. 잘못되어도 한참 잘못되었다. 그래서 앞으로 필요한 사회는 시인학교, 기술학교, 애니메이션학교, 뮤지컬학교, 발명학교, 학문학교, 농부학교, 목공학교, 생태건축학교 등이 평등한 위상을 차지하는 사회, 그리고 각 영역별로 일정한 기준(예 70점)을 달성하고 나오는 사람들에게는 비슷한 대우를 해주는 사회, 그리하여 모든 사람의 개성을 자유롭게 살리면서도 서로 평등하게 존중하며 사는 사회다. 이것이 내가 말하는 '원탁형 사회' 다. 이것은 지금처럼 극소수의 상류층이 기득권을 독차지하는 반면 대다수의 사람들은 생존경쟁에 목을 매는 '사다리꼴 사회' 를 극복하기 위해 바람직한 대안으로 제시되는 것이다.

셋째, 'PC방의 비유' 다. 이제 좀 더 본질적인 이야기를 할 순서가 되었다. 개별 자본, 즉 기업 간 경쟁은 어떤 결과를 초래하는가?

결론은 자기파멸이다. 'PC방의 비유'는 그래서 나왔다. 1990년대 중반에 어느 PC방이 있었다. 사실 대부분 가정에 컴퓨터가 없었을 때 이야기다. 주인은 당시로서는 최첨단인 386 컴퓨터를 수십 대 사 들이고 의자도 인체공학적으로 설계된 의자로 구비하여 일등급 PC 방을 열었다. 투자된 비용만 해도 1억이 넘었다. 일부는 자기 돈으로 충당했지만 일부는 은행에서 대출했다. 주인의 예상처럼 손님이 여기저기서 몰려왔다. 날마다 손님이 불어나는 듯했다. 주인은 "이런 식이라면 1년도 안 되어 본전은 뽑을 것"이라 장담했다.

그런데 6개월쯤 지나자 그 근처에 다른 PC방이 등장했다. 그 주인은 486 컴퓨터로 쫙 깔고 의자는 물론 잠도 잘 수 있는 소파까지 들였다. 심지어 배가 고프면 밥도 먹을 수 있게 전기밥솥도 갖다 놓았다. 투자에 은행 융자까지 포함해서 무려 수억 원이 들었다. 기본 시설이 기존 PC방보다 훨씬 좋다는 소문이 나면서 손님들이 대거 이동했다. 그 바람에 기존 PC방은 파리만 날리게 되었다. 이용요금도 내리고 온갖 혜택을 덧붙여준다고 해도 손님들은 새로 생긴 곳으로 가버렸다. 야속했지만 그것이 자본주의 경쟁이니 할 수 없었다. 반면에 새로 생긴 PC방 주인은 좋아서 입이 다물어지지 않았다. "과연 투자한 만큼 이익을 보는구나" 하면서 흡족해했다. 하루하루 새날이 밝을수록 돈을 버는 기쁨에 가슴이 뛰었다. '시간은 돈'이라는 말이 정말 맞다고 생각했다. 그렇게 몇 달이 지났다.

그러다 바로 길 건너편에 또다시 최첨단 장비를 갖춘 PC방이 새로 생겼다. 새 점포는 586 컴퓨터 최신 버전을 깔았다. 책상과 의자 모두 최첨단으로 바꾸었다. 안락한 소파나 배고픔을 해결하는 밥솥은 물론 각종 간식과 음료수까지 골고루 갖추었다. 밤샘하는 손님들을 위한 침대까지 갖추었다. 단기 고객과 장기 고객을 별도로 관리하면서 각종 혜택을 주었다. 기존 PC방과 동일한 이용료로도 훨씬 좋은 서비스를 누릴 수 있으니 손님들은 새 PC방으로 몰려들었다. 건너편의 486 PC방은 '닭 쫓던 개 지붕 쳐다보는' 꼴이 되었다. 스스로 경쟁자를 물리쳤노라고 승리감에 도취했는데, 그 승리감이 하루아침에 사라질 줄은 꿈에도 몰랐다. 그 이전의 386 PC방을 물리치고 새로운 승자가 됨으로써 맛보았던 승리감을 이제는 586 PC방에 빼앗긴 셈이다. 동일한 승리의 원리가 동일한 사람에게 패배의 원리로 적용되는 순간이었다. 은행에서 빌린 억대의 대출을 미처 다 갚기도 전에 이제는 이자조차 감당하기 어렵게 되었다. 버티고 버티다 그만 도망을 다니게 되었고 신용불량자로 낙인이 찍혔다.

　과연 이걸로 끝난 것일까? 아니다. 계속해서 최첨단 장비의 PC방이 생기면서 기존 PC방은 몰락한다. 그리고 이제는 사람들이 PC방으로 몰리지도 않는다. 스마트폰 시대가 되면서 PC 기능을 스마트폰이 대신 해결하기 때문이다. PC도 없고 스마트폰도 없는 꼬마 손님들만 PC방에 들락거리니 겨우 살아남은 주인들도 유지비를 감당하기 힘겨울 정도다.

　사실 이러한 풍경은 PC방에만 국한되지 않는다. 빵집도 그러하고 카페도 그러하며 문구점이나 옷가게도 그러하다. 무한 경쟁이 일어나면서 투자원금, 즉 본전도 뽑기 전에 망할 준비를 해야 하는 게 현실이다. 그래서 동네마다, 도시마다 상점들이 몰린 골목에는 수시로 간판이 바뀐다. 한번 간판이 바뀔 때마다 얼마나 많은 돈이 낭비되고 얼마나 많은 물자가 낭비되며 얼마나 많은 사람들이 한숨을 내쉬는지 모른다. 이러한 비유가 우리에게 가르치는 것은 크게 세 가지다.

첫째, 어느 누구도 영원한 승자로 남을 수는 없다는 점이다. 한번 승리했다고 영원히 승리한다는 보장이 없기 때문이다. '고생 끝에 낙이 온다'는 말이 있지만, 무한 경쟁의 영역에는 해당하지 않는다. 고생 끝에 다른 고생이 기다리고, 또 다른 고생 끝엔 새로운 고생이 기다린다. 갈수록 태산이고, 그야말로 무한한 경쟁이다. 그 맨끝에는 죽음이 기다린다. 죽지 않고 살려면 경쟁을 그만두어야 한다. 경쟁이 아닌 다른 원리 위에 새로운 경제를 구축하면 된다.

둘째, 무한 경쟁을 하는 세계에서는 각 개별 자본의 수익률이 갈수록 떨어진다. 이를 비판적인 정치경제학의 용어로 '이윤율의 경향적 저하'라고도 한다. 요즘 많은 이들이 "생산해서는 도무지 재미를 볼 수 없다. 이제 돈 벌려면 유통밖에 없다"고 하기도 한다. 일정 부분 맞는 말이다. 경쟁이 치열해지다 보니 은행 빚을 내더라도 각종 투자는 많이 해야 하지만, 본전도 찾기 전에 다른 경쟁업체가 더 좋은 설비로 경쟁을 걸어온다. 서로가 서로를 죽이는 게임을 하다 보니 투자 대비 수익률, 즉 이윤율은 갈수록 떨어진다. 그래서 공장에서 생산해서는 도무지 남는 게 없다는 말이 나온다. 그런데 유통은 전화한 통화만으로 돈을 벌 수 있으니 훨씬 간편해 보인다. 같은 물건이라도 싼값에 납품하는 공장을 찾아 물건을 달라고 한 다음 그 물건을 찾는 곳에 팔면 된다. 그러면 늘 일정한 수익을 챙길 수 있다(물론 유통업조차도 경쟁이 치열해지면서 갈수록 수익률이 떨어진다. 제조업이나 유통업 가리지 않고 갈수록 힘들어지는 까닭이다). 사태가 이러하다 보니, 생산을 담당하는 공장들의 경쟁은 더욱 치열해진다. 하청에 하청을 줄수록 죽을 맛이다.

셋째, 무한 경쟁이 형식적으로는 생산성 경쟁으로 나타나지만 사실은 파괴성 경쟁으로 치닫는 경향이 있다. 앞서 말한 바, 제조업이나 유통업 가리지 않고 단가인하 경쟁이 이뤄질수록 사람과 자연의 생명력을 가혹하게 파괴하는 경향이 있다. 그 정도로 생산과정이 비인간화, 반생명적으로 변한다. 생각해보라. 기업들은 갈수록 노조를 파괴하려 하고 실질임금을 낮추려 한다. 노동시간을 늘리고 각종 복지 혜택을 축소하려는 경향이 있다. 원청에서 하청으로, 대기업에서 중소영세기업으로 내려갈수록 노동조건은 비인간화한다. 원료나 부품을 해외에서 조달하는 경우 그 해외 현지의 노동조건은 더욱 열악하다. 개인적 저항이나 노조의 저항에 직면한 경우 개별 자본은 어쩔 수 없이 약간의 양보를 하지만, 전반적으로는 노동과 자연을 희생시켜 더 많은 이윤을 벌고자 한다. 무한 경쟁이 결국 무한 파괴로 치닫는 배경이다.

경쟁은 궁극적으로 인간이 없는 사회를 만든다

이제 조금씩 분명히 보이기 시작한다. 경쟁이란 게 원래부터 인간 사회의 작동원리가 아니었다는 사실이, 그리고 경쟁의 과정이나 결과가 '너 죽고 나 살자'라는 원리 탓에 결코 인간적이지 않다는 사실이, 나아가 경쟁에서 승리한다는 것이 결국은 극소수의 기득권 그룹에 들고자 하는 것임이 드러난 셈이다. 여기서 말하는 기득권이란 대체로 돈과 권력을 말한다. 실제로는 돈과 권력은 분리되기도 어렵다. 돈이 곧 권력이고 권력을 쥐자마자 돈이 저절로 굴러들어오기 때문이다. 그래서 정치와 경제도 분리해서 파악하기 어렵다. 대개 우리는 정경유착이 문제라고 말하지만, 정경분리가 되기도 어렵거니와 정경유착이야말로 자본주의 사회경제 시스템의 본질을 말해주는 것으로 파악하는 게 옳다. 이제 좀 더 구체적으로 현실을 보자.

실제로 학교와 직장, 그리고 사회 전체, 나아가 세계 전체를 살펴보면 이렇다. 학교에서는 소수의 공부 잘하는 아이들이 부모나 교사로부터 우대를 받지만 대부분의 아이들은 고도의 스트레스와 두려움, 그리고 열등감에 시달린다. 대한민국 모든 학생들의 유일한 학습 목표인 대학 진학, 그것도 일류대 진학이란 것도 사실상 5퍼센트 정도밖에 되지 않는 극소수의 아이들을 위한 것임에도, 마치 모든 아이들이 열심히 하기만 하면 모두 성공할 수 있을 것 같은 착각을 굳게 하고 있다. 이런 상황에서 벌어지는 경쟁, 구체적으로는 입시라는 이름의 전쟁은 잘하는 아이나 못하는 아이를 가리지 않고 모두를 극도의 스트레스로 몰아넣는다. 그 결과 10대 청소년이 1년에 300명 정도가 자살할 지경에 이르고 청소년 행복도가 OECD 국가 비교에서 꼴찌를 면하지 못한다. 학생들 사이의 폭력이나 왕따 현상도 결국은 이러한 측면과 무관하지 않다. 아이들이 경쟁하지 않고 학습의 즐거움을 느끼면서 내면이 행복하게 자란다면 이런 일은 결코 일어나지 않을 것이기 때문이다. 게다가 해마다 5만 명에서 8만 명 정도의 학생들이 탈학교 청소년으로 변모한다. 더 이상 이런 학교에 다니기 싫다는 것이다. 그렇다. 오로지 입시경쟁만을 위해 존재하는 학교, 그러한 경쟁에서 좋은 성적을 거두도록 학생을 엄격하게 통제하고 관리하는 분위기, 그리하여 창의성이나 자율성이 억압되는 환경 속에서 마음 편하게 배움을 지속할 수 있는 학생이 얼마나 있겠는가? 따지고 보면 학생이나 교사나 모두 고통이다. 이것이 경쟁을 통한 학습이라는 구시대적 패러다임이 만들어낸 치명적 결과가 아닌가?

다음으로 직장 현실을 보자. 경제개발 초기 단계에서는 노동력이 대거 필요했기 때문에 정리해고 같은 단어는 낯설었다. 그러나 이제 경제가 어느 정도 성장하고 몸집이 커진 상태, 그리고 시장이 포화에 가까운 상태에서는 기술혁신이 역설적으로 인간 노동력을 밖으로 밀어낸다. 새로운 혁신을 통해 수용되는 노동력보다 밖으로 방출되는 노동력이 훨씬 많다. 갈수록 살아남기 위한 생존경쟁이 더욱 치열해진다. 이제 실업자와 취업자 사이의 경쟁은 물론 취업자 중에서도 정규직과 비정규직 사이의 말없는 경쟁이 치열하다. 여성과 남성 사이의 경쟁도 가혹할 정도로 치열하다. 한 기업의 노동자와 경쟁 기업의 노동자 사이의 말없는 경쟁 또한 거칠다. 같은 사업장 안에서도 경영 위기가 오나 안 오나 정리해고는 상시적 위협 요인이 되고 있다. '잘리지 않고' 살아남기가 모든 노동자들에게 지상명령이 되었다. 게다가 언제 잘릴지 모르는 분위기 때문에 '아직 살아 있을 때 많이 벌자'며 더욱 일에 매달린다. 잔업, 철야, 특근도 마다 않고 기업이 시킨다면 무엇이건 할 태세다. 갈수록 몸과 마음이 피폐해지는 까닭이다. 돈 버는 남편들은 '돈 기계'로 전락한 나머지 일을 마치고 집에 돌아와도 '애완견 대접'도 못 받는다고 한탄할 지경이다. 부인이나 아이들은 집에 오면 애완견과 다정하게 소통하지만 아빠가 퇴근 후 집에 오면 쳐다보지도 않기 때문이다. 이런 가정이 한둘이 아니다. 아이들은 학교에서, 어른들은 직장에서 경쟁 패러다임에 파묻혀 살아야 하니, 갈수록 삶은 곽팍해진다.

모든 인간은 태어날 때부터 죽을 때까지 존중 받아야 한다. 이것이 인간 존엄성의 원리 아닌가? 그러나 경쟁 시스템은 극소수의 존중 받을 사람과 대다수의 무시해도 좋은 사람으로 가른다. 극소수의 존중 받는 이들은 많은 경우 '우월감'에 젖어 산다. 이것이 지나치면 타자를 멸시하기 쉽다. 비인간화된다는 말이다. 반면 대부분의 존중 받지 못하는 이들은 '열등감'에 젖어 산다. 자기비하, 자신감 또는 자존감 결여, 소극성, 피동성, 나아가 우울증까지 동반할 수 있다. 행여 그 열등감을 남에게 들킬까봐 노심초사한다. 그러면서 열등감을 감추기 위해 자신의 탁월성을 증명하느라 별 의미도 없는 일에 엄청난 에너지를 소모하기도 한다. 이런 식으로 억압된 열등감은 가끔 주변 사람에게 갑작스런 공격성으로 나타나기도 한다. 서로 상처를 주고받는 일이 허다하다. 이런 식으로 사람 사이에 우열을 나누는 경쟁 시스템은 결국 우등생이나 열등생 모두를 비인간화한다. 갈수록 인간미 없는 사회가 만들어지는 배경이다.

 사회 전체적으로 보라. 선거 때마다 '중산층'을 만들겠다, 부자를 만들겠다는 것이 선거구호로 등장하는 배경도 사실은 사회 전체가 극소수의 부자와 대부분의 허덕거리는 사람들로 양극화했기 때문이 아니던가? 이른바 '20대 80 사회'라는 용어가 1990년대 이후에 이런 양극화 사회를 특징짓는 말이었다. 한 사회의 20퍼센트에 이르는 자들이 사회적 부의 80퍼센트를 차지한다는 말이다. 그런데 그 사이에 '10대 90 사회' 또는 '1대 99 사회'가 등장한다. 부의 편중이 더 심해졌다는 말이다. 2011년에 '월가를 점령하라'는 새로운 시위대들이 내세운 것도 '1대 99 사회'에 대한 저항, 즉 1퍼센트가 99퍼센트의 부를 독점하는 현실에 저항해야 한다는 것이었다. 가장 잘산다는 미국조차 이런 식의 빈부격차, 빈익빈 부익부 현상이 심해졌다는 것은 대단히 시사적이다. 북미 대륙은 물론 유럽 대륙 역시 마찬가지다. 무한 경쟁, 적대 경쟁을 조장하는 시스템은 결국 극소수의 경쟁력 있는 자들에게만 유리한 게임일 뿐이다. 한편 인도나 중국, 방글라데시와 같은 가장 가난한 나라의 사회조차 그러한 빈익빈 부익부 현상이 압도한다. 아무리 가난한 나라라도 극소수의 부자들은 천문학적인 부를 누리며 흥청망청 살아간다. 결국 전 세계적으로 어느 나라 할 것 없이 경쟁 시스템 아래서는 사회 양극화의 쓰라린 현실을 겪을 수밖에 없는 셈이다.

세계적 차원에서도 부자 나라와 가난한 나라, 북반구와 남반구 사이의 격차는 더욱 벌어지고 있다. 리스본그룹이 펴낸 「경쟁의 한계」라는 보고서는 1980년대 이후 '지구촌 자본주의' 시대가 도래했음에도 막상 개발도상국은 자금 흐름에서도 고립과 단절을 경험하게 되었다고 고발한다. 일례로 1980년에 전체 개도국은 국제자금의 55퍼센트를 유입했고 14퍼센트를 유출했으나 10년 뒤인 1990년엔 그 비율이 각기 2퍼센트 정도로 줄어들고 말았다. 1992년에 창설된 리스본그룹은 '콜럼버스의 아메리카 대륙 발견' 500주년을 맞아 지구촌이 더 이상 정복과 경쟁이 아닌 협력과 상생의 패러다임으로 거듭날 것을 촉구하기 위한 소장 학자들의 모임이다. 이들은 위 보고서에서 지구촌 경쟁이 심화한 결과, 부자 나라들조차 실업자가 대량생산되어 몸살을 앓고 있다고 고발한다. 일례로 1973년엔 OECD 회원국의 실업자는 1,130만 명(1년 이상 실업상태인 장기실업자는 10퍼센트 정도)이었으나 경쟁의 격화로 1991년엔 실업자 수가 3,000만 명으로 급증했고 장기실업자도 50퍼센트를 차지하게 되었다고 지적한다. 또한 이 그룹은 아시아, 남아메리카, 아프리카의 개발도상국들이 서로 이전투구 식 경쟁을 하는 사이에 실질적 이득은 서구 선진국들이 독차지했다는 사실을 지적하기도 한다.

실제로 개발도상국들은 1990년대 이래로 한국, 대만, 홍콩, 싱가포르 등 신흥공업국(NICs), 중동 산유국가(OPEC), 동구권, 인도나 중국, 브라질 등 후발 개도국, 그리고 아직도 정체를 면하지 못하는 사하라 이남 아프리카 나라들 등으로 분화되면서 상호 경쟁이 치열해진 반면, 구미 각국의 다국적기업이나 세계금융자본은 한편으로 개도국들을 새로운 생산입지나 판매시장으로, 다른 한편으로는 조세피난처로 십분 활용하면서 무한한 자본 증식을 추구했다. 그 가운데 전 세계적 차원의 독과점이 형성되었다. 일례로 자동차 타이어 산업의 경우, 1980년에 13개 기업이 전 세계 타이어의 80퍼센트를 생산했는데, 1990년엔 6개 기업이 전체의 85퍼센트를, 그리고 2000년엔 3,4개 기업이 카르텔을 이뤄 대부분의 타이어를 생산할 정도가 되었다. 이렇게 세계적 독과점을 형성하기 위해서라도 독점자본들은 각국 정부에 탈규제, 개방화, 민영화를 적극 요구해왔다. 특히 1980년대 이래 남미의 부채 위기 국면에서 국제통화기금이나 세계은행은 긴급 구조조정 자금을 수혈하면서 그러한 변화를 '구조조정'이라는 이름으로 강요해왔다. 나오미 클라인의 표현처럼 그러한 강요된 변화란 결국 '충격요법'을 통한 자발적 노예화에 불과했다. 요컨대 부국들의 정치가들과 초국적 자본은 가난한 나라의 독립성과 자립심을 심대하게 훼손해놓고, 그로 말미암아 빚더미에 오른 빈국들에 다시금 최후의 생명력마저 빨아가기 위해 신자유주의적 구조조정을 강요해온 것이다. 바로 이것이 생존경쟁의 원리 위에 움직이는 세계경제의 실상이다.

경쟁사회에서 나의 행복은 남의 불행을 전제로 한다

　이제는 이와 같은 경쟁, 즉 기득권을 향한 적대적 경쟁, 그리고 마침내는 너 죽고 나 살자는 식의 생존경쟁이 가진 한계와 모순을 하나씩 따져보자.
　우선, 기득권 경쟁의 한계는 크게 세 가지 측면으로 정리할 수 있다. 첫째, 누누이 강조하지만 승패로 갈라지는 기득권 경쟁, 생존경쟁은 극소수만을 위한 게임이란 점이다. 누구나 도달할 수 있는 목표가 아니라 오로지 소수만 성공하게 되는 목표치를 정해 놓고 그것을 위해 모두가 달려가는 배타적 게임이기 때문이다. 극소수의 성공이 마치 누구에게나 가능한 보편적인 것처럼 착각하게 만든다. 주로 언론과 교육이 그렇게 만들어간다. 많은 경우, 이 극소수의 기득권은 개인적으로나 구조적으로 대물림된다. 개인적 대물림이야 자본주의 상속제도에 의해 가능하다. 그것마저 온갖 편법을 동원해서 탈세를 하는 것이 현실이다. 재벌이나 정치가들이 그런 일을 가장 모범적으로 행한다. 운 좋게 들키지 않으면 넘어가고 만일 운 나쁘게 들켜서 사회 문제화해도 사후적으로 세금을 내면 그만이다. 법적으로 문제가 되어 구속 위기에 처하더라도 큰 걱정은 없다. 재벌이 평소에 체계적으로 관리해온 판사나 검사, 정치가들이 무대 뒤에서 고도의 '작전'을 세워 빠져나갈 구멍까지 만들어준다. 그 사이에 불법 상속된 재산으로 이미 세금을 내고도 남을 만큼 벌어 놓은 경우도 많다. 돈 좀 내고 보석 신청을 한 다음 '휠체어'를 타고 나오면 해방이다. 텔레비전 화면 속의 개그가 아닌 실제로 이뤄지는 대 국민 쇼는 이런 식으로 이뤄진다. 평소에 관리해온 언론들도 적극 협력한다. 그리고 그들은 그날 밤 최고급 호텔을 빌려 큰 잔치를 벌이며 샴페인을 터뜨릴지도 모른다. 이런 식으로 온 사회는 갈수록 극소수 기득권 동맹이 지배하는 나라로 변하고, 대다수 사람들은 너도 나도 '기득권 그룹'을 선망할 뿐 아니라 그런 그룹에 들기를 열망하며 ('강자 동일시' 심리가 작동하면서) 그들이 만들어놓은 무한 경쟁의 게임을 무비판적으로 수용하고 만다.

둘째, 기득권 경쟁의 다른 한계는 '영원한 승자'가 없다는 점이다. 『세계는 넓고 할 일은 많다』라는 책을 통해 세계 경영의 선두주자로 맹위를 떨치던 김우중 대우그룹 회장이나 한보의 정태수 회장도 1997년 'IMF 위기'를 맞아 그룹과 함께 하루아침에 가라앉고 말았다. 일본의 경우도 마찬가지다. 제2차 세계대전 뒤에 맥아더가 일본 군국주의의 재발을 막기 위해 미쓰비시, 미쓰이, 스미토모 등 3대 재벌을 해체하여 각 계열 회사들을 독립 회사로 만들고 말았다. 1980년대 이래 오늘날까지 도요타가 일본의 간판 기업이 되었지만 이것조차 영원하지 않았다. 수년 전부터 대대적인 도요타 자동차 리콜 사태로 말미암아 그 명성에 금이 가기 시작했기 때문이다. 미국의 포드나 지엠 역시 마찬가지다. 1903년에 설립되어 세계 자동차 산업의 선두주자로 자리매김한 포드 자동차, 그리고 그의 라이벌인 지엠 자동차가 2008년 세계금융위기 때 부도 위기에 내몰려 국가로부터 막대한 구제금융을 받은 것도 대표적 사례로 꼽을 만하다. 사태가 이러하다면, 자본주의 경쟁사회에서 가장 현명한 자는 잘될 때 충분히 벌고 다른 곳으로 튀는 자임을 알 수 있다. 영원한 승리가 없으니 일시적 승리를 영원히 연속적으로 이어가는 것, 정치경제학적 용어로 '특별 잉여가치'를 한 곳에서 계속 추구하는 게 아니라 부단히 공간과 영역을 이동해가며 추구하는 것이 핵심이다. 마치 약삭빠른 야구 선수나 게릴라 전사처럼 '치고 빠지는' 식이다. 이렇게 무한 경쟁의 원리는 극소수에게는 천문학적인 기득권을 갖다 주지만 결코 영원한 것이 없기 때문에 승자조차도 극도의 불안감에 시달리게 하며, 그에 대한 해결책으로 교묘함과 약삭빠름을 추구하게 한다. 그러니 성실하게 땀 흘리며 살아가는 보통사람들은 결코 이들을 따라가지 못한다. 현실이 이러한데도 대부분의 사람들은 언론과 교육의 효과로 인해, 그리고 '강자 동일시'를 통한 자기기만으로 인해 '나도 할 수 있다'는 환상을 품게 된다.

셋째, 기득권 경쟁 속에서는 승자나 패자 모두가 사회적 파괴의 공범자가 된다는 점과 연관된 한계다. 여기서 말하는 사회적 파괴란 인간성, 공동체, 생태계 등이 지속적으로 파괴되는 것을 말한다. 기득권 경쟁이 계속되면 종국에는 사회적 파괴가 극단적으로 진전된 나머지 경쟁적으로 획득할 기득권이 더 이상 남아 있지 않은 상태가 될 수 있다. 이것이 세 번째 한계다. 예를 들어 보자. A라는 기업이 경쟁력 있는 상품을 만들어 최고의 자리에 올랐다 하자. B라는 라이벌 기업도 가만히 있지는 않는다. 서로가 더욱 경쟁력 있는 기업이 되기 위해 뼈를 깎는다. 여기서 경쟁력의 핵심은 생산성이다. 그런데 생산성이란 무엇인가? 투입 대비 산출의 비율이다. 투입이란 구체적으로 인건비, 원료비, 부품비, 설비비, 에너지비, 금융비 등 각종 비용이다. 산출이란 생산물의 양이나 매출액으로 표시된다. 여기서 경쟁력을 위해 생산성을 높인다는 것은 가능하면 인건비, 원료비, 부품비, 설비비, 에너지비, 금융비 등 각종 비용은 줄이고, 생산량이나 매출액은 높이는 것이다. 그리하여 정리해고, 비정규직화, 외부 하청, 사내

하청, 임금 동결, 노조 억압, 원료 무단 채취, 납품단가 인하, 폐수 무단 방출, 산업 안전 미비, 에너지 비용 인하, 금융계 청탁이나 부당 대출 등이 예사로 이뤄진다. 또 동일한 비용에도 생산량을 늘리기 위해 노동시간 연장이나 노동강도 강화가 이뤄진다.

결국 이것은 무얼 말하는가? 개인의 인격이나 존엄성, 즉 인간성이 훼손되고 가정이나 마을, 지역 공동체가 막대한 피해를 입으며, 자연 생태계가 무자비하게 파괴되는 것을 의미한다. 기득권 경쟁을 하는 가운데, 승자나 패자나 모두 자기도 모르는 사이에 이러한 파괴적 과정의 공범자가 되어버린다. '죽기 아니면 살기로' 경쟁하는 가운데 서서히 죽어가는 것이다. 이러한 파괴의 물결에 승자와 패자가 모두 협동하게 되는 꼴이므로, 불편한 표현이지만 공범자라고 말할 수밖에 없다. 그렇게 공범적으로 파괴한 결과, 역설적이게도 나중엔 더 이상 자본 증식에 동원할 토대가 남아 있지 않게 되는 자가당착에 빠질 수 있다. 여러 가지 장애물에도 불구하고 여기저기에서 터지는 노동 저항들, 세계 곳곳에서 행해지는 다양한 대안적 시도들, 석유 및 자원 고갈 사태, 기후 위기, 핵 위기, 식량 위기 등이 그 구체적 증거들이다. 바로 이런 점이 기득권 경쟁의 새로운 한계를 설정한다.

한편 이러한 기득권 경쟁은 몇 가지 모순을 안고 있다. 첫째는 생산과정에서 '갈-비의 변증법'이 작동하면서 인간성 소외가 일어난다는 점이다. '갈-비의 변증법'이란 아랫사람에 대해선 적절히 갈구고, 윗사람에겐 잘 비벼야지만 주어진 시스템 속에서도 잘 살아남을 수 있는 현실을 빗대어 표현한 것이다. 변증법이라고 한 까닭은 이렇다. 우선 하류층은 두텁고 상류층은 뾰족한 사다리꼴 질서 속에서 한 단계씩 올라갈수록 갈구는 방법과 비비는 방법이 절묘하게 변화와 발전을 거듭한다(정-반-합의 과정)는 것이다. 높이 올라갈수록 그 방법들이 교묘해지거나 눈에 잘 보이지 않는 식으로 변한다. 그리고 맨 아랫사람이 한 칸 윗 단계로 올라갈 때마다 과거의 자신을 부정하는, 부정의 부정 원리가 작동한다. 그래야 현재의 자신을 정당화하고 유지할 수 있기 때문이다. 또한 아래로 갈구고 위로 비비는 빈도가 많아지고 습관화할수록 나중엔 인간성이라는 질이 변한다(양질전환의 원리). 따지고 보면, 계속 아랫사람을 갈구는 사람이나 시달리는 이나 모두 고유의 인간미를 상실하기 쉽다. 비비는 것도 마찬가지다. 계속 아첨하고 비비기만 하거나 계속 그런 아첨을 받는 이들은 나중에 줏대 없는 사람으로 변하거나 늘 다른 사람 위에 군림해야지만 마음이 편해지는 그런 식으로 변하고 만다. 고유의 인간성을 상실한다는 말이다. 오늘날 대부분의 '회사형 인간'들이 바로 그런 식의 모습을 보이는 것도 우연이 아니다. 기업 조직만이 아니라 조폭 집단의 경우나 군대 조직, 정치가들의 조직 역시 그런 면모를 보인다.

다음으로 분배과정을 보면 한마디로 '승자독식'이다. 물론 승자가 100퍼센트를 다 갖고 가는 건 아니다. 비교적 고른 분배가 사회적으로 바람직하다면, 이것은 오로지 일부 극소수에게 대부분의 기득권을 다 몰아주는 형태라는 것이다. 상징적인 표현으로, '20대 80 사회' 또는 '10대 90 사회', 심지어 '1대 99 사회' 등이 사회적으로 널리 공유될 정도다. 그래서 대부분 경쟁에 참여하는 자들이 수단과 방법을 가리지 않고 '탑(top)'에 들려고 한다. 무엇을 위한 승리인지, 공정하고 적절한 게임인지 물어볼 여유조차 없다. 한 눈 팔면 뒤처지기 때문에 오히려 그런 질문 자체가 금기시된다. 2012년 7월 초에 각 언론에서는 오늘날 한국사회에서 10억 이상의 금융자산을 보유한 부자들이 14만 명 정도라고 보도한 바 있다. 이들은 평균 144억 원을 갖고 있고 자녀를 위한 사교육에도 한 달 평균 1천만 원 이상 쓴다고 한다. 백화점의 명품 가게들은 이런 사람들을 유혹하기 위한 각종 아이디어를 짜낸다. '당신이 사는 곳'이나 '당신이 타는 차' 그리고 '당신이 입고 있는 옷'이 '당신의 품격'을 말해준다는 그럴듯한 광고에 대부분 넘어간다. 구매력 측면에서 극소수에만 해당할 수 있는 것임에도 부단히 계속되는 '세뇌 광고'에 대부분의 시민들은 그것을 동경하고 선망하게 되며 마침내 자신도 그럴 수 있을 것처럼 착각하게 된다.

직업적으로 보면 한국사회는 판사, 검사, 변호사, 정치가, 기업의 CEO를 비롯한 임원, 공무원, 대기업 관리직, 교수, 교사, 국회의원, 시장, 대통령 등이 최고의 기득권 자리로 분류된다. 대학으로 보면 지방대에 비해 서울 소재 대학, 그중에서도 SKY로 상징되는 극소수 대학들이 최고의 기득권 대학이다. 게다가 한국사회는 여전히 양성평등과 거리가 멀다. 지난 수십 년 동안 많은 진전이 있었지만 아직도 남녀 임금 격차는 40퍼센트 내외이고, 교육계를 제외한 대부분의 조직에서 여성 리더들은 극소수에 머물고 있다(이른바 '유리천장'의 존재). 한마디로 남성이 (선천적) 승자로서 독과점을 하는 상황인 셈이다. 이런 식으로 성별, 직업별, 계층별, 계급별 구분들이 중첩되면서 승자들이 사회적 부를 독식하는 시스템이 고착화하고 있다. '개천에서 용 난다'고 하던 시대는 오랜 과거의 일이 되어버리고 만 셈이다.

셋째, 가장 불편한 진실이 하나 더 있다. 그것은 승자가 누리는 기득권은 결코 하늘에서 떨어진 것도 아니요, 땅에서 솟은 것도 아니란 점이다. 그것은 결국 승자가 경쟁의 과정에서 성공적으로 따돌린 광범위한 패자들이 희생양으로 된 것을 토대로 한다. 극소수가 누리는 기득권의 토대는 결국 대부분의 패자를 희생양으로 한 것이란 점이 사태의 본질이다. 나의 행복이 타자의 불행을 전제로 한다는 사실, 이것이 불편한 진실이다. 만일 나의 행복이 타자의 불행을 토대로 한다면 나의 행복 역시 불완전할 수밖에 없다. 생각해보라. 꼭 같은 경우는 아니지만, 남의 재산을 빼앗아 부자가 된 자가 과연 마음이 편할 수 있을까? 그렇게 부자가 되었다면 보복의 두려움에 하루라도 두 다리 쭉 뻗고 잠을 잘 수 있을까? 대개 부잣집의 담벼락이 특별히 높거나 보안이 강화되는 이유도 바로 그러한 두려움의 결과가 아닐까?

물론 여기서 말하는 기득권이란 아주 극소수만이 누리는 엄청난 부와 권력만 뜻하는 건 아니다. 사실은 여성에 비해 남성이 기득권층이 될 수 있고, 실업자에 비해 취업자가, 비정규직에 비해 정규직이, 생산직에 비해 관리직이, 중소기업에 비해 대기업이, 후진국에 비해 선진국이, 고졸자에 비해 대졸자가, 지방에 비해 서울이 기득권을 누리기 쉽다. 게다가 자연 생태계에 대해서는 모든 인간이 기득권자가 되기 쉬운 형국이다. 이런 면에서 보면 극소수의 최고 부자들이나 최고 권력자들만 기득권 그룹이라고 할 수 없다. 어쩌면 가장 높은 곳에서부터 가장 낮은 곳에 이르기까지 모든 사람은 자연 생태계나 사회적 약자에 대해 상대적으로 일정한 기득권을 누린다고 보아야 더 정직할지 모른다. 하지만 일반적으로 말해 우리는 극소수의 기득권 그룹을 상정할 수 있고 현실적으로 그것이 사태의 핵심을 이룬다.

바로 이 지점에서 '나의 기득권이 수많은 약자의 희생물에 토대한 것'이란 사실을 양심적으로 아는 기득권 그룹은 과연 어떻게 행동하는 것이 올바를까? 크게 두 가지다. 하나는 이른바 '노블레스 오블리주(noblesse oblige)'를 실천하는 것이다. 전통적인 대표 사례로 경주 최씨 가문을 들 수 있다. 지금도 그 앞마당에 놓여 있는, 이 가문의 '집안을 다스리는 육훈' 중에는 "1년에 만 섬 이상의 재산은 모으지 마라"는 것과 "사방 100리 안에 굶어 죽는 사람이 없게 하라"는 말이 있다. 지나친 권세나 재산은 자제하고 사회로 돌리라는 것이다. 이것이 곧 '가진 자의 의무'를 뜻하는 노블레스 오블리주의 전형이 아니던가? 그러나 이것 또한 최씨 가문이 기득권 구조 자체에 대해서는 문제제기를 하지 않는 것을 전제로 한 것이다. 그래서 두 번째 방식이 나온다. 그것은 기득권 구조 자체를 허무는 활동이다. 지금과 같은 사다리 질서 속에서 기득권 경쟁을 하는 원리 자체를 바꾸려는 것이다. 그리하여 대안적 구조, 예컨대 원탁형 구조를 만들어 누구나 자신의 개성과 잠재력을 살리면서도 전체적으로 누구나 비슷한 대접을 받으며 보람 있게 살 수 있는 그런 평등하고 자유로운 구조를 만드는 것이다. 경주 최씨 가문의 예를 든다면, 만일 최씨 가문이 양반과 상민, 그리고 천민으로 나뉜 사회구조를 타파하여 모든 사람이 동등한 자격으로 살아가는 사회를 만드는 운동을 했다면 바로 이 경우에 해당할 것이다. 사실 오늘날도 많은 종교인들은 일정한 종교 행사에 참여하여 기부를 하거나 헌금을 많이 냄으로써 사회적 약자를 배려하는 실천을 행하지만, 막상 빈부격차가 날 수 밖에 없는 사회구조나 기득권 경쟁원리 자체를 바꾸자고 주창하는 이들은 별로 없다. 이에는 여러 가지 이유가 있겠지만, 기득권 그룹은 기득권 자체를 누리면서 중독되어가고, 비기득권 그룹은 기득권 자체를 선망하고 열망하면서 중독되어가기 때문이다. 나는 이를 각기 향유중독과 동경중독이라 부르고 싶다. 결국 상층부건 중하층부건 상관없이 모든 사람들이 기득권의 본질이나 원천에는 별 관심을 두지 않고 오로지 기득권을 차지하려는 강박에 사로잡힌 나머지 기득권 중독에 빠진 결과, 우리는 이 잘못된 게임 자체를 바꾸려하기보다는 너도 나도 그 속에 편입되기 위한 게임에 몰두할 뿐이다.

원래 경쟁이란 말조차 협동의 뜻을 담고 있다

이제 좀 더 분명해졌다. 지금까지 우리가 알아왔던 경쟁(생존경쟁 또는 기득권 경쟁)이 결국은 허망한 것이란 점이. 그리고 본질적으로 경쟁이란 파괴성을 띠기 때문에 당장 그만두어야 한다는 사실이 말이다. 그리하여 비인간적이고 반생명적인 경쟁의 원리 대신 인간적이고 생명적이며 평화적인 연대와 협동의 원리 위에 새로운 사회경제 시스템을 구축해야 한다는 사실도 분명해졌다. 이것은 단순한 '노블레스 오블리주' 차원을 넘어가는 것이다.

그래서 이제부터는 소통, 연대, 협동의 원리에 대해 차분히 정리해보기로 한다. 참고로 앞서 살폈듯이, 경쟁이란 말도 원래는 '함께 추구하는 것'을 뜻했다. 이런 의미에서 참된 경쟁이란 결국 협동을 뜻하고 있음을 명심할 필요가 있다. 현실 경제에서 수많은 기업들, 특히 세계적인 다국적 내지 초국적 기업들이 '전략적 제휴'를 하는데, 실은 이것이 '이윤'을 목적으로 한 것만 아니라면, 그리하여 진정으로 인류의 삶에 필요한 것을 효율적으로 제공하기 위한 활동이라면 이것이야말로 참된 경쟁(함께 추구하는 것)이 될 수 있다. 그러나 현실은 필요의 원리가 아니라 이윤의 원리, 그것도 무한 이윤을 좇는 것이기 때문에 참된 경쟁, 즉 소통과 협력이 아니라 파괴와 분열로 치닫게 된다.

잠시 아래의 시 한 수를 감상하자.

>나치 일당이 공산주의자를 잡아갈 때
>나는 침묵했다
>나는 공산주의자가 아니었기에
>
>그들이 사회민주당원들을 감금했을 때
>나는 침묵했다
>내가 사회민주당원이 아니었기에
>
>그들이 노조 활동가들을 잡아갈 적에
>나는 침묵했다
>나는 노조원이 아니었기에
>
>그들이 유대인들을 잡으러 왔을 때
>나는 침묵했다
>나는 유대인이 아니었기에
>
>마침내 그들이 나를 잡아갈 때
>세상에는 날 위해 싸울 이들이

하나도 남아 있지 않았다

「그들이 나를 잡아갈 때」라는 제목의 이 시는 마틴 니묄러(1892~1984)라는 독일 고백교회의 목사가 쓴 참회의 시다. 그는 1933년에 히틀러 나치 일당이 권력을 장악하고 제2차 세계대전을 일으키며 1945년까지 수백만 명의 사람들을 죽이고 박해한 데 대해 "나치만 책임이 있는 것이 아니라 목사인 나도 책임이 있다"고 했다. 사실 그 자신은 나치 시절에 폭압정치와 여론조작, 유대인 박해가 심해지자 양심적인 목사들과 함께 저항운동을 하기도 했다. 그 와중에 나치에게 붙잡혀 8년 동안 옥고를 치르기도 했으나 전쟁 말기에 연합군에 의해 구출되었다. 그랬던 그가 고희(70세) 무렵에 이 시를 쓰게 되었는데, 그 취지는 나치가 정권을 잡기 전부터 시민적 양심과 연대를 촉구하여 나치의 발흥을 진작 막아냈어야 했다는 것이다. 이런 참회에 근거하여 다시금 온 사회에 양심의 경종을 울리고자 이 시를 남겼다. 독일의 지식인 한나 아렌트도 뉘른베르크에서 열린 전범재판에 끌려온 나치의 하수인들이 ("왜 수많은 사람들을 학살했는가?"라는 질문에 대해) "나는 오직 주어진 명령에 복종했을 뿐"이라 담담하게 진술하는 것을 보고, '악의 평범성' 즉 우리 모두 아무 생각 없이 살아갈 때 누구나 천인공노할 만행을 저지를 수 있음을 경고한 바 있다.

이러한 니묄러 목사의 고백은 한 개인의 양심과 철학이 얼마나 중요한가를 지적하기도 하지만, 사실은 소통과 연대의 중요성을 특별히 강조하고 있다. 당장 내 일이 아니라고 타자의 고통을 외면하는 순간 우리는 탈연대를 실천하는 셈이다. 그렇게 우리는 상호 고립되고 원자화한다. 그렇게 될수록 지배자들의 힘은 더욱 강해진다. 반면 아무리 작은 일이라도 타자의 고통이 나의 고통임을 느끼면서 소통하고 연대하는 순간, 우리의 힘은 두 배 이상으로 커진다. 그리하여 내가 고통을 당할 위기에 처하게 되더라도 평소에 연대했던 힘들이 나를 구출할 것이다. 이런 믿음이 존재하는 한 우리들은 외부의 압력이나 위협에 굴하지 않고 당당하게 살아갈 수 있다. 지배자들과 자본의 논리는 사람들을 경쟁과 분열로 몰아가서 '분할통치'를 하려고 하지만, 풀뿌리 민초들의 논리는 소통과 연대를 통해 '공생공락' 하는 것이다.

그러면 여기서 이런 질문이 필요하다. 사태의 본질이 이러한데도 왜 우리는 대개 소통과 연대를 하지 않고 경쟁과 분열에 빠지고 마는가? 그것은 앞서도 말했지만 우리가 기존 시스템, 즉 기득권 경쟁을 강제하는 사회경제 구조 자체를 바꾸려 하기보다는 그 속에서 좀 더 높은 자리를 차지하는 것을 인생의 목표로 삼기 때문이다. 왜 그렇게 될까? 그것은 우리가 '어떻게 감히 내가 이 구조를 바꿀 수 있단 말인가?' 하고 아예 처음부터 체념하기 때문이다. 또한 그것은 우리가 '나도 저 위의 높은 사람들처럼 강자가 되어 기득권을 맘껏 누려야지'라고 욕망하며 '강자 동일시' 태도를 취하기 때문이다. 그렇다면 왜 우리는 변화를 꿈꾸기보다 이런 강자 동일시의 태도를 갖게 될까? 그것은 한편으로 변화를 꿈꾸던 사람들조차 좌절하거나 핍박을 받고 상처를 받는 것을 보았기 때문에, 그리고 다른 한편으론 그저 주어진 현실 구조에 잘 적응하여 상부(권력자)로부터 인정받고 출세한 사람을 보면서 '나도 (저 사람처럼) 할 수 있다'는 꿈을 꾸기 때문이다. 요컨대 저항과 억압에 대한 두려움, 그리고 성공한 자에 대한 부러움이 한데 섞인 결과, 우리는 '강자 동일시' 심리를 강하게 내면화한다. 많은 경우 우리는 (힘 센 자를) '미워하면서도 닮아가는' 현상을 관찰할 수 있는데, 이것도 같은 원리에서 나온다. 그리하여 우리는 소통과 연대를 통해 옆 사람과 손잡고 더 나은 구조를 창조하려는 변화의 의지를 속으로 억누르면서, 오로지 기득권 경쟁 구조에 잘 순응하여 개인적으로 성공하고 보는 것이 더 '현실적'이라며 경쟁을 내면화하고 만다. 그리고 이런 마음을 대부분의 사람들이 갖게 될수록 온 사회의 경쟁 구도는 더욱 치열해지며 사회가 더욱 심하게 분열된다. 친구나 이웃도 라이벌, 즉 경쟁 상대나 적으로 둔갑하는 것이다. 그 결과 역설적으로 사람들을 경쟁하게 만든 극소수 지배자들의 힘은 더욱 강해진다. 이것이 또 다른 불편한 진실이다.

만일 우리가 평소에 친구나 동료, 이웃과 폭넓게 소통하고 단결하며 연대하는 실천을 한다면 우리는 니묄러 목사의 시에 빗대어 이런 기쁨의 시를 쓸 수 있을지 모른다. 이 시의 제목을 「우리가 연대할 때」라고 하자.

> 그들이 공산주의자를 잡으러 왔을 때
> 나를 비롯한 모든 사람들이 힘을 합쳐
> 아무도 잡아가지 못하게 힘겹게 막아냈다
>
> 그들이 사회민주당원을 잡으러 왔을 때
> 나를 비롯한 모든 이들이 단결하여
> 아무도 잡아가지 못하게 했다

> 그들이 노조 활동가를 잡으러 왔을 때
> 나를 비롯한 모든 이들이 기꺼이 하나가 되니
> 그들은 누구도 잡아가지 못했다
>
> 그들이 유대인을 잡으러 왔을 때
> 나를 비롯한 모든 이들이 연대를 해서
> 그들을 거뜬히 물리치고 말았다
>
> 그들이 나를 잡으러 왔을 때
> 이 세상 모든 이가 나랑 힘을 합해
> 그들을 모조리 사로잡고 말았다

이 얼마나 통쾌한가? 물론 현실은 이와 다르다. 그러나 현실의 삶에는 경쟁과 분열만 존재하는 건 아니다. 연대와 협동의 원리를 실천하는 삶도 많다. 앞서 말한, 요트 경기장의 캐나다 선수 르뮤는 88년 서울올림픽에서 1등을 포기하고 싱가포르 선수의 생명을 구했다. 아마도 목숨을 구한 싱가포르 선수는 캐나다 선수를 영원히 기억하며 경쟁이 아니라 협동이 삶의 본질임을 온몸으로 느꼈을 것이다. 사실 소통과 단결, 연대와 협동이 없는 삶이 도대체 가능하기나 한 것인가? 만일 자본주의나 신자유주의가 말하는 것처럼 이 세상이 오로지 경쟁과 자기 이익의 원리로만 움직인다면 가정이나 학교, 직장이나 사회, 그리고 모든 인간관계가 하루라도 제대로 지탱될까? 그나마 우리 마음속에 배려와 나눔, 소통과 공감, 연대와 협동, 단결과 공생 등과 같은 가치가 있기 때문에 이 가혹하게 강요되는 경쟁의 세상에서조차 사람 냄새 나는 틈새들이 존재할 수 있는 것이 아닌가? 아니, 더 정확하게는 이러한 인간적 공간들, 원초적으로 인간적일 수밖에 없는 공간이나 시간, 관계들이 오히려 자본주의 시대에 들어서서, 그리고 신자유주의의 물결로 인해 지속적으로 파괴되는 것이 역사적, 사회적 과정의 본질이 아니겠는가? 이것이 냉혹한 현실 뒤에 감춰진 진실이다. 그렇다면 마르크스가 말한 계급투쟁이란 단순히 부르주아와 프롤레타리아 계급 사이의 투쟁이 아니라, 보다 근본적으로 (인간 및 자연의) 근원적 생명력과 자본의 파괴성 사이의 투쟁이라고 해야 옳다.

니묄러 목사의 시가 자본의 파괴성으로 말미암아 원자화, 고립화하여 경쟁과 분열에 적응된 우리 개인의 모습을 반성하는 것이라면, 내가 그를 응용한 연대의 시는 자본의 파괴성에도 불구하고 인간적 소통과 연대를 통해 그 파괴성을 효과적으로 막아내는 희망의 실마리를 노래한 것이다.

경쟁을 넘어선 공동체적 개인을 꿈꾼다

이제는 경쟁 개념 자체에 대한 긴 논의를 마무리할 때가 된 듯하다. 그래서 여기서는 경쟁이 아닌 협동, 분열이 아닌 연대, 적대감이 아닌 공감, 무시가 아닌 소통이 어떻게 가능할지 생각해보기로 하자.

어린 시절에 읽었던 동화 중에 토끼와 거북이 이야기가 있다. 아마도 국어책에서 읽은 듯하다. 토끼와 거북이가 심심한 나머지 달리기 시합을 하기로 한다. 토끼가 언덕 같은 데를 잘 달리니까 산꼭대기까지 가는 건 일도 아니라고 생각한다. 거북이는 당연히 느리니까 토끼한테 질 게 뻔했지만 재미 삼아 해보기로 한다. 아니나 다를까, 출발한 지 얼마 지나지 않아 토끼는 저 멀리 달렸고 거북이는 지렁이 처럼 천천히 갔다. 한참 달리던 토끼가 뒤를 돌아보니 거북이가 보이 지 않을 정도로 까마득하게 보였다. 그래서 토끼는 "잠을 좀 자며 쉬 었다 가도 되겠다"고 생각했다. 편한 마음으로 토끼는 낮잠을 즐겼 다. 그러다가 한참 뒤에 깨어보니 아뿔싸, 그렇게 늦게 가던 거북이 가 거의 산꼭대기에 다다르지 않았는가? 토끼는 뒷다리가 보이지 않 을 정도로 열심히 달렸다. 그러나 토끼가 거의 정상에 뛰어오를 무렵 이미 거북이는 정상에 올라 앉아 있었다. 결국 걸음이 느렸던 거북이 가 한 번도 쉬지 않고 꾸준히 갔더니 게으름을 부리던 토끼를 이기고 말았다.

이 이야기는 '자만하지 말고 부단히 뛰어야 승리한다'는 교훈을 준다. 우리는 이런 식으로 어릴 때부터 경쟁, 즉 토끼처럼 자만하지 말고 거북이처럼 부지런히 달려야 승리한다는 점을 배웠다. 어릴 적 부터 배운 이런 가르침이 언론이나 교육을 통해 부단히 반복되다 보 니 우리는 두 가지 내용을 당연시하고 자연스럽게 여긴다. 즉 경쟁은 무조건 필요하다는 것과 경쟁을 하면 무조건 이겨야 한다는 것을 마 치 진리처럼 받아들인다.

그러나 여기서 질문할 것이 있다. 첫째, 토끼와 거북이가 정말 심 심했다면 굳이 산꼭대기까지 달리기 시합을 할 필요가 있었을까? 달 리기 시합의 결과 승자인 거북이는 만세를 불렀겠지만 패자인 토끼 는 하루 종일 기분이 나쁘지 않았을까? 그러니 달리기 경주 말고 오 히려 둘이서 더 재미있게 놀 방법을 찾아볼 수도 있지 않았을까? 왜 피곤하게 경쟁을 하는가? 경쟁을 않고도 재미있게 놀 방법이 얼마든지 있는데 말이다.

둘째, 경쟁을 하면 무조건 이겨야 한다는 생각은 일종의 강박증이 아닐까, 하는 점이다. 어느 누구도 자신의 중심이 탄탄하게 서 있고 주변으로부터 충분한 사랑을 받고 있다면 별로 경쟁할 필요도 느끼지 않고 경쟁을 하더라도 꼭 이겨야 한다고 생각하지 않는다. 재미 삼아 경쟁을 하는 경우라도, 만약 그 사람의 내면에 열등감이나 공허감이 크다면 '꼭 내가 이겨야 한다'는 강박 또는 집착에 시달리기 쉽다. 손상된 자아 존중감, 즉 자존감을 되찾고 싶기 때문이다. 그래서 『경쟁에 반대한다』라는 책을 쓴 알피 콘 선생은 이렇게 말한다. "우리는 자신의 능력을 근본적으로 의심하기 때문에 경쟁을 하며, 결국 낮은 자존감에 대한 보상을 위해 경쟁하는 것이다." 다시 말해, 열등감에 시달리는 사람일수록 경쟁에서 승리하여 자기 존재를 확인받고 싶어 하는 것이다.

한편 토끼와 거북이의 달리기 이야기에 또 다른 버전이 있다. 윤구병 선생의 이야기다. 토끼와 거북이가 잘 어울려 놀고 있었는데 갑자기 늑대 한 마리가 나타났다. 늑대가 한꺼번에 둘 다 잡아먹기가 어려우니 꾀를 냈다. 저 산과 강을 건너 언덕까지 한 바퀴 돌고 오는 경주를 하는데, 늦게 오는 놈을 잡아먹겠다는 것이었다. 앞서 나온 이야기 식이라면 토끼건 거북이건 먼저 달리려고 애를 썼을 것이고 토끼가 낮잠을 자거나 게으름만 피우지 않는다면 이길 확률이 높았을 것이다. 그런데 여기서는 이야기가 좀 다르다. 토끼와 거북이는 늑대의 의도를 눈치 채고 대단히 훌륭한 꾀를 냈다. 그것은 서로 협동하여 달리기를 한 뒤 맨 마지막에도 같이 들어오는 것이다. 둘 중에 진 놈을 잡아먹겠다고 했으니 둘 다 같이 들어오면 누구도 잡아먹히지 않을 것이란 이야기다. 그래서 산을 오를 때는 토끼가 거북이를 등에 태우고 달렸다. 강을 건널 적에는 거북이가 토끼를 등에 업고 헤엄쳤다. 그렇게 해서 서로 도와가며 한 바퀴 돌아 최종 골인 지점에 같이 손잡고 들어왔다. 이 장면을 보고 늑대는 슬그머니 꼬리를 감추며 사라지고 말았다. 이런 이야기다. 이 이야기의 교훈은 경쟁과 분열은 죽음이요, 단결과 연대만이 인간답게 살 수 있는 길이라는 것이다.

물론 현실은 이와 다르다. 설사 토끼와 거북이가 같이 들어왔다 하더라도 늑대는 약속을 지키려 하지도 않고 슬그머니 사라지지도 않을 것이다. 현실의 늑대는 아마도 "너희 둘 다 패배한 자들이니 둘 다 잡아먹고 말겠다"며 덤벼들지도 모른다. 실제로 대기업, 재벌, 다국적기업, 초국적기업, 세계금융자본들은 수단과 방법을 가리지 않고 중소영세 기업을 잡아먹으며 돈벌이를 추구하지 않는가?

그러나 그럴수록 사람과 사람 사이의 소통과 공감, 단결과 연대는 필수적이다. 그래야만 잘못된 구조나 모순을 뚫고 진정으로 건강하고 행복한 사회를 만들어낼 수 있기 때문이다.

여기서 시장경쟁이나 자유무역을 옹호하는 시장만능주의자들이 약방의 감초 격으로 인용하는 '공유지의 비극' 이야기를 잠시 살펴보자. 그들은 이 이야기를 이렇게 본다. "공유지? 말이 좋지 원래 사람들은 이기적이기 때문에 마을 사람들이 공동의 목초지 같은 걸 놓아보아야 모두 자기 가축만 돌보려 한다. 그래서 그 공동의 목초지는 금세 황폐화하고 오로지 소똥만 나뒹굴 것이다." 이게 그들이 말하는 공유지의 비극이다. 결국 공유지 같은 건 비효율적이기 때문에 모두 민영화나 사유화를 해야 한다. 그래야 각자 자기 이익을 위해 잘 돌볼 것이다. 이런 식이다.

자, 여기서 중요한 것은 시장주의자들은 '인간은 이기적이다'란 전제를 무비판적으로 받아들인다는 점이다. 그리고 이것을 당연시하며 공유지는 반드시 망가지므로 공유지 자체를 없애야 한다고 본다. 결국 사유화나 상품화를 정당화하는 논리다.

그러나 우리는 여기서 두 가지를 포착해야 한다. 첫째, 위 이야기의 핵심은 인간의 이기심 또는 자기 이익만 헤아리는 편협함이야말로 '공유지의 비극'을 초래하는 뿌리라는 것이다. 시장자유주의자들이 말하는 인간의 이기심, 바로 그게 문제다. 바로 그 이기심 탓에 이 세상이 험악해지고 있지 않은가?

둘째, 인간은 이기적인 면도 있고 이타적인 면도 있다. 갓 태어난 아기는 생존을 위해 엄마(어른)의 절대적인 보살핌이 필요하다. 이런 면에서 인간은 이기적이다. 그러나 충분한 사랑, 조건 없는 사랑을 받게 되면 이 아이는 내면이 행복해지고 충만해지면서 서서히 주변을 사랑하게 된다. 자신만을 위한 이기심과 더불어 주변도 생각하는 이타심이 공존하게 된다. 한 사람 속에서도 이러한 성질이 공존하는데, 어느 면이 실제 행동으로 작동하는가는 사회적 상황이나 관계 속에서 결정된다. 만일 이타심보다 이기심이 더욱 강한 사람이 있다면 그것은 어릴 적부터 주변의 사랑이나 인정을 받지 못해서 그럴 확률이 높다. 반면에 서로 돕고 사는 공동체가 활성화한 상태에서라면 사람들은 이기심을 가능한 한 자제하면서 오히려 이타심을 더 많이 발휘하게 될 것이다.

독일인 레기네 슈나이더가 쓴 『새로운 소박함에 대하여』를 보면 우리는 '공유지의 희극'도 가능함을 알 수 있다. 북독일의 전통적인 항구도시인 함부르크의 어느 지역에 공원이 하나 있었다. 처음엔 예뻤지만 세월이 가면서 개똥이나 쓰레기도 많이 쌓이고 술주정뱅이들이 맥주 캔을 버리거나 오줌을 싸고 갔다. 냄새가 나서 사람들은 쉴 수도, 잔디나 벤치에 앉아 책을 읽을 수도 없게 되었다. 여기까지가 바로 '공유지의 비극'이다. 그런데 소냐라는 한 여성이 이를 가슴 아프게 여긴 나머지 하루는 작정을 했다. 이웃집 문을 두드려 얼굴을 마주하며 함께 공원을 깨끗하게 만들자고 제안했다. 한 사람이 나서니 "그거 좋은 일"이라며 너도나도 같이 하자고 나섰다. 그렇게 깨끗이 청소를 한 다음 집집마다 다과를 들고 나와 소박한 잔치를 벌였다. 길을 지나던 사람이나 청소를 같이하지 않은 사람들도 불러 모았다. 나무와 꽃도 심었다. 공원에 모인 사람들이 모두 행복해 했다. 그리하여 비극으로 끝날 뻔했던 공유지가 희극으로 전환되었다. 바로 이것이 희망의 근거다.

우리는 이기적인 면도 있지만 이렇게 더불어 같이하고 싶어 하는, 이타적이고 공동체적인 마음도 갖고 있다. 사실 개인(individual)이라는 말도 그 뿌리는 공동체(community)로부터 하나씩 분리된 쪼가리, 그래서 개인 안에 공동체가 있고 공동체 안에 개인이 존재하는 것이 인간 존재의 본질이 아니던가? 그래서 모든 개인은 처음부터 끝까지 '공동체적 개인'일 수밖에 없다. 서로 마음의 문을 열고 소통하고 단결하면 '공동체의 희망'을 얼마든지 만들 수 있다는 말이기도 하다.

4. 경쟁교육의 허와 실
학교가 가르치지 않는 열 가지

학교는 경쟁이 초래하는
비인간적 결과에 관심을 갖기보다는
비인간화를 무릅쓰고라도 오로지
경쟁에서 승리하는 데만 관심을 갖는다

학교 교육의 안타까운 현실

"0교시가 싫어요" "광우병 쇠고기 먹기 싫어요"라고 외치며 십대 여중생, 여고생이 2008년 5월 촛불 문화제의 문을 열었다. 촛불의 열기는 100일 이상 이어졌지만, 정부도 사회도 변한 것이 별로 없었다. 전경과 살수차가 등장하고 구속, 탄압의 물결이 촛불을 진압했다. 아이들은 다시 학교로 갇혔다.

그 와중이던 2008년 6월, 한 여고생이 스스로 목숨을 끊었다. 여고 2학년으로 학교 성적도 일등 수준이던 '우등생'이었다. 유서에 나타난 자살 동기는 "나는 애니메이션 공부를 하고 싶은데 부모님은 무조건 명문대학을 가라는 것"이었다. 이런 식으로 아이가 하고 싶은 일과 부모가 생각하는 아이가 해야 할 일이 너무나 다르다. 이런 갈등을 겪지 않는 가정이 거의 없을 정도다. 오늘도 내일도 불안하다. 오늘날 한국에서는 1년에 300명 내외의 10대 청소년이 자살한다. 그리고 1년에 5~8만 명의 학생들이 학교를 그만둔다. 더 이상 군대식 규율에 굴복하기 싫고, 공부만 강요하고 대학 입시만 강요하는 분위기가 싫다는 것이다. 만약 이런 현실을 보고도 어른들이 반성하지 않는다면, 그리하여 반성에 기초한 대안적 실천을 않는다면 아이들의 죽음은 계속될 것이다. '사회적 불감증'의 심각성이 바로 여기에 있다.

우리나라의 교육열은 세계 최고 수준을 자랑한다. 아이들은 새벽같이 일어나 아침밥을 먹는 둥 마는 둥 하며 서둘러 집을 나선다. 그렇다고 오후에 일찍 집에 오는 것도 아니다. 아이들이 자랄수록 귀가 시간은 늦어진다. 고등학생이 되면 심지어 저녁 식사 뒤에 야간 '자율' 학습을 '해야만' 한다. '야자'가 끝난 뒤에라도 바로 집에 오면 그나마 다행이다. 많은 경우 야자에 이어 학원이나 독서실로 달려간다. 흔한 말로, 아이들은 학교와 학원, 즉 학교를 두 군데 다니는 셈이다. 겨우 밤 열두 시기 넘어야 집에 올 수 있다. 매일 1박 2일, 아니 '무박 2일'로 학교를 다니는 것이다. 해마다 대학입시가 있는 날은 국가적인 '비상사태'가 선포되는 날이다. 집집마다 어머니들이 마음을 졸이며 시험장 문 앞에 나와 기도를 한다. 절이나 교회 등에서는 '합격' 기원 기도회가 열리기도 한다. 방송과 신문 등에서도 대학 입시와 관련된 이슈에 대해선 촉각을 곤두세우고 마치 '큰일'이라도 벌어진 것처럼 흥분한다. 사태가 이러하니 한국의 교육열이 세계 최고라 하는 것은 최소한 겉보기엔 당연한 결과다.

그러나 바로 이런 현실 속에 아이들이 서서히 '죽어' 간다는 것이 가장 큰 문제다. 원래 교육은 아이들을 살리는 것이어야 한다. 아이들이 스스로 제 앞가림을 하고 동시에 다른 존재들과 더불어 살아갈 지혜와 의지를 갖추도록 도와주어야 하는 것이다. 그래야 아이도 살고 사회도 살아난다.

그런데 위에 간단히 묘사된 한국의 교육 현실은 그런 '살림'의 교육과 거리가 멀다. 한마디로 '죽임'의 교육인 것이다. 아이들을 점수에 주눅 들게 하고 새벽부터 밤까지 점수경쟁이라는 감옥에 가둔다. 즉 '너 죽고 나 살자!'라는 식이다. 주기적으로 시험이 있을 때마다 아이들은 시험에 대한 '공포'로 삶의 감각이 마비된다. 희로애락을 있는 그대로 느끼지 못한다. 집안에 경조사가 있어도 수험생의 '열외'는 항상 인정된다. 인정을 넘어 당연시된다. 수험생이 친지의 초상집에 가서 슬픔에 잠겨 엉엉 울고 있으면 '수험생이 왜 저러나? 미친 놈 아니냐?'라고 생각할 정도다. 시험 성적이 대개 상위권인 아이들은 강박적인 점수경쟁 때문에 스스로 스트레스를 받고, 중하위권 아이들은 선생님의 '사랑의 매' 또는 '격려와 독려' 때문에 물리적 스트레스를 받기 일쑤다. 최하위권 아이들은 선생님들 입장에서 '인건비'도 안 나오기 때문에 사랑의 매도 맞지 못한다. 아예 관심의 대상도 되지 못한다. 그런 아이는 당장은 매를 안 맞아서 얼싸 좋아하지만 책가방을 메고 집으로 오는 길에 '나는 선생님도 버린 놈'이라는 생각이 드는 순간, 인생 전체가 컴컴한 먹구름으로 뒤덮인다. 심리적 상처를 크게 받는다.

대학입시 시험일은 약 이십 년 가까운 인생을 하루아침에 판결받는 날이다. 입시를 잘 보면 그간 인생은 성공이란 결론이 나고, 잘못 보면 그간 인생은 실패로 낙인찍힌다. 그리고 대학에 들어가면 "이제부터 실컷 놀자!"라고 외친다. 무릇 대학이란, 글자 그대로 본격적으로 '큰 공부'를 해야 하는 곳인데도 말이다. '큰 공부'란 낭만과 지성이 어우러지면서도 진리와 정의를 향해 꾸준히 노력하는 것이다. 그런데도 특히 '고용 없는 성장'의 시대인 요즘은 대학에 입학하자마자 예전처럼 마치 '실컷 놀아볼' 새도 없이 곧바로 '토익'이나 '공무원' 시험, '고시' 열풍에 휩싸인다. 갈수록 태산이다. 내가 추구하는 꿈이나 참된 행복은 언제 오는 것일까? 미래는 짙은 안개 속처럼 불투명하고 대도시의 스모그처럼 암담하다. 도대체 무엇이 잘못된 것일까?

바로 여기서 우리 학교나 교육 시스템, 그리고 사회가 가르쳐주지 않는 것을 꼬집어낼 필요가 있다. 겉으로 보이는 세계적 '교육열'에 빗대어 '학교에서 가르치지 않는 것 열 가지'를 정리해보면 다음과 같다.

첫째, 공부의 궁극적 목적이 행복한 삶이란 것을 일관되게 가르치지 않는다. 행복한 삶이 목적이고 공부는 그것을 위한 한 가지 수단에 불과함을 가르치지 않는 것이다. 마치 열심히 공부하는 것이 목적이고 그것을 위해 오늘의 행복한 삶을 영원히 유보해야 하는 것이 당연시된 듯한 현실이다. 이 현실을 바꾸어야 한다. 과정도 행복하고 결과도 행복한 그런 학습과정이 되어야 하는 것이다.

둘째, 대학이란 그 자체로 공부의 끝이 아니라 비로소 '큰 공부(大學)'를 시작하는 곳이라는 점을 가르치지 않는다. 초중고 시절에는 우선 친구들과 잘 지내고 동시에 자신이 정말 잘할 수 있고 꼭 하고 싶은 일이 무엇인지, 자신의 잠재력이 어디로 튀는지 그런 것을 차분히 찾아내야 한다. 다양하고 즐거운 체험이 가장 중요하다. 그런 과정 속에서 앞으로 자신이 더욱 정진할 길을 부모나 선생님과 잘 상의한 다음 대학 진학 여부를 결정해야 한다. 자신이 갈 길에 도움이 될 선생님을 찾고 그 선생님이 있는 대학을 찾아야 한다. 그 대학이 시골에 있든 도시에 있든 상관없이 자신의 길을 이끌어줄 스승을 찾아나서야 하는 것이다. 그래야 진학해서도 '큰 공부'를 할 수 있다.

현재의 대학은 솔직히 말하면, 졸업장과 자격증 그리고 동문회 관계망이나 기득권을 획득하기 위한 수단에 불과하다.

셋째, 우리 사회가 '상중하'라는 사다리 질서로 되어 있어, 우리가 공부를 열심히 해야 하는 이유가 따지고 보면 결국은 상층부로 진입하여 기득권을 많이 차지하려는 것이라는 삶의 진실을 있는 그대로 가르치지 않는다. '모두 너희를 위한 길이야!'라는 명분 아래 아이들을 닦달하고, 나아가 그 닦달이 결국은 너희가 행복하게 살도록 돕는 것이니 '제발 참아라, 또는 나중에 선생님의 깊은 뜻을 알게 될 거야'라며 심지어 폭력까지 정당화하고 만다. 그러나 이 사다리 질서는 가면 갈수록 치열한 경쟁의 물결 속에 편입되는 것이며, 위로는 부단히 충성과 아부를 해야 하고 아래로는 통제와 감시를 해야 하는 비인간화의 길이다. 이런 사실을 학교는 가르치지 않는다.

넷째, 학교와 부모는 아이들이 '인재'가 되고 '영재'가 되고 '천재'가 되는 것을 바라지만, 이런 인재, 영재, 천재와 같은 말들이 결국은 아이들을 삶의 주체가 아니라 누군가 써먹기 좋은 자원, 즉 수단으로 보는 잘못된 철학에 기초해 있음을 가르치지 않는다. 앞서도 말한 바, 교육이란 아이들의 자율성과 협동성을 가르쳐야 하는데, 단지 아이들을 돈벌이 수단으로 만들기 위해 각종 시험으로 원자재를 등급별로 분류하고 또 다른 시험으로 수요자가 필요한 노동력 자원을 골라가도록 하고 있다. 그 과정에서 극히 일부를 제외하고는, 아이들이 일상적으로 느껴야 할 배움의 기쁨이나 행복은 좌절되고 유보되기 일쑤다.

다섯째, 초중고에서 수백 번 반복하며 '국기에 대한 맹세'를 하지만, 진정으로 '조국'과 '민족'을 사랑하기 위해 몸과 마음을 바치는 구체적 방법에 대해서는 가르치지 않는다. 맹세는 맹세대로 골백 번 하지만, 학교 밖으로 나가면 대부분의 사람들은 돈을 벌기 위해 조국의 산천을 마구잡이 개발로 파헤치고 공동체를 폭력적으로 파괴하는 등 이웃의 불행을 조장하는 일이 흔하다. 진정한 사랑이라면 국토가 파괴되는 현장에 저항할 줄 알아야 하고, 선생님과 아이들이 손잡고 파괴를 저지하는 일에 나서야 한다. 진정한 이웃 사랑이라면 우리 사회가 '20대 80 사회'로 양극화되는 현실에 문제를 제기하고, 불평등과 양극화를 저지하고, 고루 인간답게 사는 사회를 만들기 위한 실천에 나서야 한다.

여섯째, 초중고 학생들이 단지 아직 어른이 아니라는 뜻에서 미숙한 학생이 아니라, '나날이 자라는 과정에 있는 하나의 인격체'임을 가르치지 않는다. 아이들을 미숙아로 보는 관점은 아이들을 통제의 대상으로 만든다. 그러나 아이들을 성숙과정에 있는 인격체로 보는 관점은 아이들이 스스로 책임성 있고 자율성 있는 삶의 주체로 성장하도록 곁에서 도와주게 한다. 통제의 대상이 아니라 모두가 삶의 주체라고 보는 것이다. 두발 단속이나 복장 단속, 지각 단속, 술 담배 무조건 금지 등과 같은 각종 통제는 아이들을 삶의 주체로 보는 것이 아니라 불신과 감시의 대상으로 보는 것이다. 단속이나 통제를 우선시하기 전에 아이들이 스스로 토론하고 현실의 문제점을 정리해 스스로 대안이나 해결책을 찾아가도록 조언하는 방식이 옳다.

일곱째, 각종 시험에 대해 무조건 잘 보아야 한다고 가르치지만, 실상 이런 시험문제야 시간이 흐르면 대부분 잊어버릴 것이고 나아가 참된 삶에 별로 필요도 없는 허황된 것들이 대부분이란 사실을 가르치지 않는다. 불과 수십 년 전만 해도 우리 어머니들은 아이가 시험점수가 별로 좋지 않아도 '그래, 몸 튼튼하고 친구들하고 잘 지내면 된다' 라시며 시험에 목을 매지 않았다. 오늘날 진정으로 우리가 시험보아야 하는 것은 '이런 시험이 과연 삶에 무슨 의미가 있는가?' 하는 문제다. 기존 시험이란 자신이 다른 사람보다 기억력이 좀 더 탁월함을 뽐내는 데 도움이 될지는 몰라도, 그 사람 생각의 깊이나 인생관의 진실성이나 올바름에 대해서는 아무 말도 해주지 않는다.

여덟째, 입시경쟁이 결국은 기업들이 써먹기 위한 노동력 경쟁으로 연결되고, 노동력 경쟁은 결국 상품경쟁, 생존경쟁으로 연결된다는 사실을 학교는 가르치지 않는다. 그리고 이러한 생존경쟁은 마침내 일등이든 꼴찌든 모두가 자기도 모르는 사이에 자본(이윤 논리)의 지배를 받게 된다는 사실, 그렇게 되면 모든 개인은 오로지 돈의 논리에 짓눌려 자신의 참 행복을 찾기 어렵다는 사실, 이런 것을 학교는 가르치지 않는다.

아홉째, 다른 사람을 배려하고 타인에 대해 친절하고 우애와 환대의 정신을 갖는 것이 교과서 내용을 외우는 것보다 훨씬 더 중요하다는 사실을 학교는 일관성 있게 가르치지 않는다. 성적이 좋은 아이는 행실이 나빠도 봐주지만 아무리 우애롭고 정직한 아이라도 성적이 나쁘면 시원찮은 존재로 취급받는다. 심지어 생활환경을 정리하고 청소하는 일마저 벌칙의 일부로 만듦으로써, 그것이 마치 죄인들이 하는 일인 양 가르치고 만다.

열 번째, 개인적 차원을 넘어, 사회질서 자체가 더 이상 사다리 질서가 아니라 '원탁형 질서'로 바뀌어야 사람이 참으로 사람답게 살 수 있는 구조가 만들어진다는 것을 학교는 가르치지 않는다. 원탁형 질서란 성적 중심으로 상중하를 나누는 것이 아니라 각자의 개성이나 소질에 걸맞게 맞춤형 교육을 하고, 각자의 잠재력을 어느 정도 발휘하며, 모두에게 고른 대우를 하는 사회다. 굳이 제도적으로 말하면, 고교평준화를 넘어 대학평등화, 대학평등화를 넘어 직업평등화를 이루어야 한다. 이 평등화는 개성 없는 기계적 평준화가 아니라 각자의 소질과 취향을 살리는 '개성 있는 평등화'여야 한다. 획일적인 시험과 기준에 아이들을 기계적으로 맞추려 할 것이 아니라 다양한 아이들의 소질과 개성에 학교와 교육을 맞추어나가야 한다. 그래서 모든 사람들이 자기가 하고 싶은 일을 마음껏 하면서도 다른 사람과 비슷하게 고른 대접을 받으며 살 수 있는 사회를 만드는 것이 우리 모두의 과제다. 학교에 다니는 시절부터 이런 부분을 토론하고 의지를 가다듬으며 정책이나 구조에 반영되도록 어깨를 걸고 힘을 모으는 일, 이런 일을 우리 모두가 해야 하는 것이다.

요컨대 학교는 더 이상 주어진 사다리 질서 속에서 극히 일부의 출세와 성공을 위한 통로여서는 안 되며, 모든 사회구성원이 사람답게 살도록 도와주는 삶의 공간이어야 한다. 노동력의 관점이 아니라 사랑의 관점에서 일관성 있는 교육이 이뤄져야 한다. 아이들을 '감옥 속의 죄수'로 취급하지 말고 '책임성 있는 방목'을 실천해야 한다. 사랑의 관점이란 개인적 차원에서는 우애나 연애로 나타나고 사회적 차원에서는 환대나 연대로 나타난다. 우애나 연애, 환대나 연대가 흘러넘치는 '행복사회'를 만들기 위해서라도 우리는 지금까지 세계적 교육열에 파묻혀 학교가 미처 가르치지 못했던 열 가지를 의식적으로 가르쳐나가야 한다. 그리고 이러한 노력은 그 과정 자체는 힘들겠지만, 동시에 행복한 여정이 될 것임에 틀림없다.

시험의 공포로부터 배움의 기쁨으로

지금의 학교는 배움의 기쁨보다 시험의 공포가 지배하는 공간이다. 아이들만 시험의 공포에 시달리지 않는다. 교사들도, 교장도 마찬가지로 시달린다. 작은 성과급조차 시험 결과에 따라 달라지기 때문이다. 부모는 어떤가? 부모 역시 시험의 공포에서 자유롭지 못하다. 아이가 100점이 아니라 60점짜리 성적표를 들고 오는 순간, 부모의 가슴은 철렁 내려앉는다. 아이가 1등이 아니라 꼴찌 비슷한 등수를 차지했다는 사실을 아는 순간 부모의 피는 거꾸로 솟는다. 그러니 아이들은 오죽하랴? 오죽하면 줄줄이 자살하거나 학교를 뛰쳐나오는가?

오늘날 아이들이 학교에 가는 이유는 친구들과 즐겁게 어울리면서도 자신을 알아가는 가운데 꿈을 키우는 것이 아니다. 오로지 부모에게 효도하고 선생님에게 칭찬받기 위해 시험 준비를 하는 것이 그 이유가 되어버렸다.

사실 학교란 이래야 한다. 그것은 참된 배움의 과정을 체험하면서 이 세상에 살아 있다는 것이 얼마나 좋은지, 친구들과 함께 아무 걱정 없이 어울려 논다는 것이 얼마나 신나는 일인지, 수업 시간에 사회와 자연과 언어나 수학을 하나씩 알아가는 것이 얼마나 기쁜지 느끼면서도 내가 무얼 잘하고 무얼 하고 싶은지 서서히 깨달아가는 것이다. 자아발견과 시민 소양, 바로 이것이 교육의 기본 방향이 되어야 하지 않을까? 자아발견이란 내가 좋아하는 것, 내가 잘할 수 있는 것, 내가 의미를 발견하는 것을 찾으며 나도 이 세상에서 뭔가 보람을 느끼며 살 수 있는 소중한 존재임을 깨닫는 것이다. 시민 소양이란 이 세상은 나 혼자만 사는 것이 아니기에 사회와 역사는 어떻게 생겼으며 윤리와 도덕은 무엇인지, 이 사회에서 더불어 살아가는 데 필요한 것은 무엇인지를 알아가는 것이다. 나중에는 공동체를 위해 뭔가 작은 기여라도 할 수 있게 역량과 태도를 길러가는 것이 중요할 것이다.

그러나 불행히도 아이들은 자아발견과 시민 소양이라는 가장 기본적인 방향과는 멀게, 오로지 성적 경쟁과 대학입시라는 방향으로 내몰리고 있다. 아이들이 원해서 그런 것인가? 절대 아니다. 그러면 누가 문제인가? 어른들이 문제다. 도대체 어떤 어른들인가? 그것은 "공부를 잘하는 것만이 잘 먹고 잘사는 지름길이다"라고 믿는 모든 어른들이다. 아하, 결국은 공부를 잘해야만 돈을 잘 벌고 대접을 받으면 살 수 있다는 것이다. 누가 아무리 좋은 교육을 하고 아무리 좋은 강의를 해도 대부분 어른들의 마음은 이로부터 조금도 변하지 않는다. 그렇다면 이를 조곤조곤 따져보자.

첫째, 한국에서 공부를 잘해서 이른바 '일류대학'을 나와 돈을 잘 벌고 대접을 잘 받으며 사는 사람들은 과연 얼마나 되는가? 혹시 우리 모두는 공지영 작가의 책 제목처럼 '의자놀이'를 하는 건 아닌가? 누군가는 탈락할 수밖에 없는 게임인데도 그 게임 자체를 문제 삼고 다른 놀이를 하기보다는 꼴찌가 되지 않으려고, 아니 일등이 되려고 옆 사람을 팔꿈치로 밀치는 게임을 계속하는 것이다. 어른들은 위만 보는데 아이들은 대부분 그 아래에 있으니 스트레스 충만한 학교가 되는 것이다.

둘째, 한국에서 일류대를 나와 그럴듯한 지위를 누리며 사는 사람들 중에서 과연 올바른 소신과 철학을 가지고 사회정의를 위해 사는 사람이 많은가 아니면 가능한 한 자신의 기득권을 더욱 불리기 위해 돈과 권력에 절어 사는 사람이 많은가? 과연 우리 아이들은 어떻게 살아가야 할까? 그리고 바로 이 문제 때문에 세상이 갈수록 험해지는 건 아닌가?

셋째, 과연 일류대를 나오고 대기업에 취업하거나 공무원이 되거나 전문직으로 살아가거나 하는 사람들 중에 어느 정도가 진정으로 자신의 적성과 맞는 일을 하며 신바람 나게 살고 있는가? 혹시 겉으로는 그럴듯하지만 속으로는 "내 진정한 꿈은 이게 아닌데…" 하며 스트레스 속에 살고 있지나 않은가? 어쩔 수 없이 생계 때문에 억지로 살다가 인생 마지막에 후회할 삶을 살 것인가, 아니면 내일 종말이 와도 지금까지 후회 없이 살았기에 기꺼이 마무리할 수 있도록 살 것인가?

오해를 피하기 위해 이런 말을 꼭 하고 싶다. 만약 아이가 자신의 꿈을 어느 정도 세웠다면 당연히 그 방향으로 실력을 키울 필요가 있다. 그 과정에서 아이가 스스로 필요를 느껴서 '일류대학'을 간다면 그것은 좋은 일이다(일류대를 갔다면 그걸로 만족할 것이 아니라 '전문가 백치'가 아닌 '철학 있는 전문가'가 되도록 역사와 사회에 대한 공부를 깊이 있게 하도록 권장하자). 그러나 꼭 일류대가 아니라도 실력을 증진하는 데 도움을 줄 수 있는 '일류 스승'을 찾는다면 그것도 참 좋은 일이다. 그렇게 실력을 쌓다 보면 나중에 생계는 저절로 해결할 수 있게 된다. 어른이 말려도 아이가 제 살 길을 스스로 찾는다는 뜻이다. 여기서 중요한 것은 생계에 갇히지 말고 꿈의 실현과 더불어 사회에 헌신하도록 용기를 북돋는 것이다. 요컨대 꿈의 발견, 실력 증진, 사회 헌신, 바로 이 세 가지 내용을 갖고 아이들과 함께 행복하게 인생 여행을 하는 것, 이것이 곧 건강한 교육이요 배움이다.

전국 여기저기서 청소년이 학업 스트레스에, 학교 폭력에 시달리고 시달리다 마지막 저항으로 자살을 선택하고 있다. 부모는 '조건 없는' 사랑으로 아이들과 함께 행복하게 생활하는 것, 부모가 없다면 이웃이나 마을, 선생님이 부모 대신 '조건 없는' 사랑을 베푸는 것, 바로 이것이 학교 폭력을 예방하고 학업 스트레스를 없애며, 나아가 장래에 아이들이 신바람 나게 자신의 잠재력을 뿜어낼 수 있게 밑거름을 듬뿍 주는 일이다. 그렇게 되면 굳이 아이들을 선행학습이나 시험 같은 것으로 닦달하지 않아도 훌륭한 인격체로 잘 커서 자신의 길을 멋지게 살아갈 것이다. 아, 이렇게 올바른 길은 있지만 과연 우리는 '옆집 아줌마'와 함께 이 길을 걸어갈 용기가 있는가? 마지막 아이디어는 이렇다. 혼자서 가려면 두렵지만 여럿이 같이 가면 즐겁다는 사실이다.

무엇이 학부모를 불안하게 하나?

"부모는 멀리 보라 하고 학부모는 앞만 보라 합니다. 부모는 함께 가라 하고 학부모는 앞서 가라 합니다. 부모는 꿈을 꾸라 하고 학부모는 꿈 꿀 시간을 주지 않습니다. 당신은 학부모입니까, 부모입니까? 부모의 모습으로 돌아가는 길, 참된 교육의 시작입니다."

—공익 광고

이 이야기의 핵심은 '불안감'이다. 모든 부모는 인간성에 충실하지만 일단 학부모만 되면 인간성에 반하는 경쟁력 논리에 충실하게 된다. 경쟁에서 뒤처질까봐 불안하기 때문이다. 치열한 경쟁에서 살아가는 자신의 현실이 지긋지긋하다는 사실 자체가 그런 불안을 부추긴다. 게다가 자신이 과거 학생 시절에 느끼도록 강요받았던 열등감, 그 자체를 서둘러 덮어버리고 싶은 것이기도 하다. 행여 아이가 자신의 그런 내면을 들여다볼까봐 두려운 것이다. 그래서 조급해진다. 그리고 더 이상 열등감을 느끼지 않기 위해, 그리하여 정반대로 주변 모든 이들에게 "내 자식이 일류대학에 들어갔다!"고 자랑하고 싶어진다. 일류대 강박증도 여기서 생긴다. 부모가 그 어떤 희생을 치르더라도 아이를 일류대학에 보내기만 한다면 평생의 한이 다 풀릴 것 같다고 생각하게 되는 까닭이다.

2003년에 『나부터 교육 혁명』이란 책을 낸 이후 다행스럽게도 많은 학부모나 선생님들을 만나 강의나 토론을 할 수 있었다. 선생님들조차 현재 학부모거나 예비 학부모였다. 그 과정에서 가장 많이 등장한 질문이나 고민은 대체로 다음과 같다. 강의 도중에는 재미있다고 박수를 치면서도 막상 학부모로서 '자기 문제'로 돌아와 생각하면, 오히려 고민거리가 더 많이 생긴다고 했다.

학부모 갑: "현재 저희 아이는 (제가 좀 힘들긴 하지만) 공동육아에서 잘 자라고 있는데요. 이제 곧 초등학교에 입학해야 하는데, 무지 갈등이 돼요. 초등학교도 공동육아처럼 대안학교를 가야 할지, 아니면 남들처럼 그냥 일반 초등학교로 보내야 할지 잘 모르겠어요. 우리만 괜스레 유난 떠는 것 같기도 하고요."

학부모 을: "저도 마음은 선생님 말씀처럼 아이들을 자연에서 자유롭게 자라게 놔두고 싶은데, 현실이 그렇지 않아요. 애가 막상

시험 점수를 받아 오는 걸 보면, 그냥 모든 게 무너지는 것 같거든요. 마구 화가 치솟아 오르기도 하지요."

학부모 병: "다른 애들은 학원이나 과외다, 학습지다, 하고 열심히 다니는데, 우리 애만 이렇게 두다가는 정말 심각하게 뒤처지지나 않을까, 내심 불안한 걸요. 애들 아빠가 회사 생활을 힘들게 하는 걸 보면 애들만큼은 공부를 좀 잘해서 아빠처럼 힘들게 살지 않도록 해야 할 것 같기도 하구……."

학부모 정: "세상은 하루가 다르게 급변하는데, 선생님 말씀처럼 그렇게 느긋하게 애들을 키우면 이 치열한 경쟁사회에서 어떻게 살아남을 수 있겠어요? 나중에 애들이 '왜 엄마아빠는 나를 마구잡이로 내버려 두어 내 인생을 요 모양 요 꼴로 만들었어요?' 라며 원망할까봐 은근히 걱정이 되기도 해요."

학부모 무: "애들 아빠가 이런 강의를 들어야 하는 건데… 참 아쉽군요. 집에서 애들 교육 이야기를 하다 보면 도저히 말이 안 통하거든요. 옆집 아줌마도 무섭지만 애들 아빠가 더 무서워요. '뼈 빠지게 일해서 돈 벌어다 주니, 정말 세상 물정 모르는 소리 한다' 며 저를 야단치거든요."

학부모 기: "아, 글쎄, 고등학교 다니는 우리 아이가 도리어 저보고 '아이고, 우리 엄마는 정말 천진난만하셔. 세상이 어떤 세상인데, 아직도 19세기 같은 이야기만 하는 거야?' 라고 하는 거예요. 제가 시험 점수 올리는 것도 중요하지만 자기 좋아하는 것 하면서 영화도 보고 전시회나 공연 같은 것도 많이 보는 게 좋다고 이야기하면 글쎄 순진하다고 하지 뭐예요?"

불안과 두려움의 뿌리

이 모든 학부모들(교사 포함)의 공통점, 곧 '불안감'은 금세 배우자와 아이들에게 전염된다. 이웃과 온 사회까지 전염시킨다. 다른 말로, 사회구성원 모두가 뚜렷한 줏대나 소신 없이 흔들린다는 것이다. 아이를 정말 사랑하기는 하는데, 정작 어떻게 해야 그 사랑이 제대로 구현될지 잘 모른다는 말이기도 하다. 사랑하는 마음이야 굴뚝같지만, 사랑하는 방법에 대해 확신이 안 선다는 말이다.

바로 여기서 과연 '확신'이란 무엇인가 생각해보자. 내가 무슨 행위를 해서 성공적인 결과가 나타날 가능성이 아주 높다면 확신이 생긴다. 그러나 아무리 최선을 다해 어떤 행위를 하더라도 결과의 성공 가능성이 매우 낮을 것으로 판단된다면 확신이 생기기 어렵다. 그렇다면 보통 사람들이 큰 의심 없이, 다른 말로 확신을 갖고 자신 있게 가는 길은 과연 무엇인가? 그것은 '유난 떨지' 말고 다 남들 하듯이 하는 것, 또 우리 사회에서 이미 성공한 사람들이 보여준 모델을 따라 하는 것이다.

남들 하는 대로 하는 것은 혹시 결과가 나빠도 나 혼자만 그런 건 아니니 별로 억울할 일이 없다는 생각이고, 성공한 사람들을 모델 삼아 본받고자 노력하는 것은 나도 그렇게 하면 성공할 가능성이 높다고 생각하는 것이다.

우리가 갖는 불안감의 뿌리도 우선은 여기서 찾을 수 있다. 그것은 앞에 말한 확신의 근거라는 면에서 첫째, 남들이 다 가지 않는 '독특한' 길을 가려는 데서 오는 것, 둘째, 통상적으로 성공한 사람을 모델로 하지 않아 '불확실한' 길을 가려는 데서 오는 것이다.

남들이 다 가지 않는 길을 간다는 것은, 얼핏 나 혼자만 유난을 떠는 것처럼 보이기도 한다. 하지만 이 세상은 더욱 자세히 보면 모두 같은 길을 가지 않는다. 다 다른 것도 아니지만 다 같지도 않다. 이런 사람들도 많고 저런 사람들도 많다. 대다수가 간다고 하는 것도 상대적 다수에 불과하며, 극소수가 하는 일이란 것도 상대적 소수에 불과하다. 중요한 것은 우리 스스로 마음 깊은 곳에서 정말 절실하다고 느끼는 길, 정말 가고 싶다고 느끼는 길을 찾고 꾸준히 걷는 일이다. 남들이 간다고 나도 덩달아 가는 것은 겉보기에는 '안심'이 되지만 속으로는 늘 (가장 중요한) '2퍼센트 부족', 즉 '공허함'을 느낄 뿐이다.

다음으로 통상적으로 성공한 모델을 추종하는 행위의 본질은 무엇일까? 아이들을 사랑한답시고 어른의 경험 중 성공적 결과 모델만을 아이들에게 강요하는 것은 그 방법론이 치명적이다. 우선 통상적으로 성공한 사람들은 우리 사회의 극히 일부분에 불과함에도, 모든 부모들은 아이들을 호되게 시키기만 하면 자신들의 아이도 그렇게 될 것이라 '착각'한다. 예컨대 아무리 좋은 학원에 보내고 열심히 과외를 시켜도 모든 아이들이 'SKY 대학'을 갈 수는 없는 노릇이다. 게다가 과연 일류대학, 일류직장이란 것이 도대체 무엇인가? 그것은 진정한 진리 탐구나 자아실현 및 사회 공헌과는 무관하게 돈이나 권력, 명예와 위신 같은 기득권을 독점할 수 있다는 말이 아니던가? 또한 어른들 관점에서 가장 성공한 모델을 추출한 뒤 이를 한창 자라는 아이들에게 무비판적으로 무조건 따르라는 식은 아이들에게 일종의 폭력이다. 사랑이 사랑으로 드러나는 것이 아니라 폭력으로 변형된다. 그래서 아이들이 부모와 심한 갈등을 일으키기도 한다. 영화 〈김씨 표류기〉에 나오는 여자 주인공처럼 혼자 자기 방에 틀어박히는 '히키코모리'가 많이 나오는 것도 이런 배경이 있다. 오죽하면 '안티 엄마 카페'까지 생기는가? 어른들의 잘못된 사랑이 아이들에게는 원한이나 상처를 초래하는 것이다. 이런 뒤틀린 사랑은 삶을 과정으로 보는 것이 아니라 결과로만 보기 때문에 생긴다. 날마다 아이들의 성장이나 변화를 자상하게 보면서 서로 아기자기한 대화와 소통을 통해 매 순간 삶의 기쁨, 존재의 기쁨, 관계의 기쁨을 누리는 것이 아이와 어른이 모두 행복해지는 길이다. 이런 과정을 무시하고 오로지 시험 점수나 등수, 입시 합격 여부 같은 결과에만 초점을 맞춰 아이들을 대하면 과정과 결과가 모두 나빠질 가능성이 높으며, 혹시 결과가 성공적이라 해도 그것은 지극히 일시적이거나 표피적으로만 그럴 가능성이 높다. 수많은 일류대 학생들이 '적성에 맞지 않아' 아깝게도 퇴학을 하거나 전공을 완전히 다른 걸로 바꾸는 까닭도 바로 그 때문이다.

그런데 이 모든 이야기들은 우리 학부모들이 개별적 차원에서 어떤 생각과 선택을 하는지와 관련된다. 바로 여기서 또 하나 기억해야 할 질문은, 그렇다면 왜 우리는 대체로 이런 생각을 하게 되었는가, 하는 점이다. 여기에 답하려면 아무래도 '경쟁 지상주의'를 핵으로 하는 사회경제 시스템의 문제를 도외시할 수 없다. 개인의 줏대와 소신, 철학이 확고하지 않다는 점도 문제지만, 왜 마음으로는 좋은 생각을 하면서도 실제 선택은 엉뚱하게 흘러가는가, 하는 문제와 관련해서는 시스템과의 관계라는 차원이 있다.

따지고 보면, 현재 우리 삶을 규정하는 시스템이란 한마디로 '경쟁사회'다. 앞서 말했던 '팔꿈치 사회'처럼, 옆 사람을 팔꿈치로

치지 않으면 내 생존이 보장되지 않는 사회다. 치열한 경쟁사회다. 유명한 찰리 채플린의 영화 〈모던타임스〉(1936)에도 경제대공황기에 일자리 하나를 놓고도 수천 명이 몰려들어 서로 경쟁하는 팔꿈치 사회의 모습이 날카롭게 풍자되고 있다. 불행히도 70년 전 영화가 나온 시점에 비해 대망의 21세기라는 현재 시점에도 별로 나아진 게 없다. 오히려 갈수록 더하다. 우리 부모 세대보다 우리 세대가, 우리보다 아이들 세대가 더욱 치열해진다. 그러니 살벌한 생존경쟁에 대비하도록 아이들을 철저히 준비시키는 길이 현명한 교육이 아닐까, 하는 신념을 갖게 되는 것이다. 동시에 그런 길을 가지 않거나 다른 철학을 갖는 것은 이미 '인생 실패'를 결정해놓고 달려가는 것이 아니냐는 생각을 하게 한다.

바로 여기서 몇 가지 짚을 점이 있다. 첫째로, 치열한 경쟁사회라는 시스템조차 영원한 자연법칙이 아니라 사람이 만들어간다는 점이다. 현재의 자본주의 역시 수억 년 인간의 역사 중 불과 500년 내외의 특수한 현상이다. 얼마든지 변할 수 있다는 말이다. 둘째로, 경쟁사회를 만들고 조장하는 세력이 따로 있다는 것이다. 한마디로 기득권 세력이다. 자본주의 경쟁사회가 탄생한 데에는 이미 봉건주의 사회를 깨면서 급부상한 자산가들, 상공인 계급들이 단결하고 혁명을 일으킨 과정이 있었다. 그 이후 수백 년간 기득권의 아성을 확고히 쌓으면서 경쟁 이데올로기를 체계화하고 유포해왔다. 셋째로, 기득권의 이해관계를 대변하는 경쟁 이데올로기를 중간층이나 기층 민중이 스스로 '내면화' 했다는 점이다. 경쟁질서가 만들고 강화하는 '사다리 질서' 자체를 문제 삼기보다는 그 질서를 인정하고 어떻게 하면 남보다 더 빨리 더 높이 올라가 더 많이 차지할 것인가, 하는 기득권 경쟁의 덫에 빠져버린 것이다. 일부 성공한 '강자'들과 자신을 '동일시'하는 심리적 과정도 숨어 있다. 그들이 누리는 부와 권력, 위신과 외양에 좌절한 결과 선망하고 집착하게 되는 것이다. 기득권층은 기득권에 중독되어 변하지 못하고 비기득권층은 기득권을 동경하고 강박적으로 집착하기에 변하지 못한다. 이 모든 현상은 개인적 차원이나 사회적 차원에서 우리 모두가 병들어감을 암시한다. 경쟁의 승자가 겉보기에는 폼 나는 승리에 도취될지 모르나 그것은 일시적이며, 진정한 내면의 평화나 행복의 관점에서는 결코 '인생 성공'이 아닐 수 있다. 남들을 다 누르고 자신이 최종 승자가 되려는 과정에서 남들을 울리고 자신을 억압할 수밖에 없기 때문이다. 갈수록 정도는 심해진다. 그러니 경쟁의 성공 또는 성공에 대한 집착은 승자나 패자 모두를 아프게 하고 병들게 한다. 개인도 변해야 하지만 시스템도 같이 변해야 한다. 서로가 서로를 변하게 만들 것이다. 이것이 진리다.

불안과 두려움을 이겨내기

이제 학부모들의 불안 뒤에 어떤 뿌리가 있는지 알았으니, 그 해결책도 의외로 명확하다. 물론 말이 쉽지 실천이 쉽지는 않다. 그러나 문제 인식을 근본적으로 하는 이가 늘수록, 또 소신을 갖고 꾸준히 실천하는 이가 늘수록, 사태를 근본적으로 해결하려는 이들이 소통과 연대를 많이 할수록 우리 미래는 밝아질 것이고 새로운 변화의 가능성도 높아진다.

첫째, 학부모 갑처럼 대안적 길을 가는 것을 "괜스레 유난 떠는 것" 같다고 볼 필요가 없다. 아이나 학부모를, 그리고 온 사회를 병적인 상황으로 몰아가는 현재의 흐름에 제동을 거는 일, 그에 대한 대안을 만드는 일은 오히려 권장해야 할 일이지 유별난 일탈이 아니다. 이런 면에서 현재의 병적 상황을 더욱 적극적으로 고쳐나간다는 사명감을 가질 필요가 있다. 그러나 사명감으로만 뭉치면 힘들다. 오히려 내가 편하고 아이가 편해서 우리가 행복한 선택을 한다는 관점이 필요하다. 또한 나 혼자만 하면 불안하지만, 더불어 같이하는 사람들을 만나고 상담하고 토론하고 같이 실천하면, 불안감이 아니라 기쁨이 커진다. 생태유아교육운동, 참교육운동, 동화읽는어른모임, 어린이책시민연대, 어린이도서관연대, 참교육학부모연대, 평등교육학부모연대, 대안교육연대, 대안교육부모연대, 사교육걱정없는세상, 각종 인문학모임, 작은도서관연대, 학벌없는사회 등 풀뿌리 모임들이 무수히 생성되는 것도 바로 그런 까닭이다. 오늘 당장 주변에 그런 모임들이 없는지 온라인, 오프라인에서 찾아보라. 그리고 회원으로 가입하고 참여하시라. 마음으로 만나면서 서로 같은 길을 걸어보자. 전혀 다른 삶이 펼쳐진다. 그렇게 함께 나누는 삶, 이것이 행복이다.

둘째, 학부모 을이나 병처럼 "막상 시험 점수를 보면" 모든 게 확 뒤집어지고 "아빠처럼 힘들게 살지 않게 하려면 그냥 두면 안 된다"는 입장에 대해선, 시험이나 점수를 '초월' 해 다른 기준으로 대응하는 것이 해결책이다. 어른들 마음속에 '상처 입은 자아'가 숨어 있다는 것도 보아야 한다. 아이가 원하면 대안학교를 찾는 것도 한 방법이고, 일반학교로 가더라도 점수에 초연해서 아이 내면에 초점을 맞추면 된다. 만약 시험 점수나 등수 때문에 꾸지람을 받은 아이가 자살했다고 치자. 과연 그 부모는 죽은 아이를 안고 무엇이라 울부짖을까? "성적 같은 건 하나도 중요하지 않으니, 제발 우리와 함께 살아만 다오"라고 하지 않을까? 아이가 살아 있을 때는 점수나 등수에 목을 매지만, 정작 아이가 목을 매고 나면 점수나 등수가 '필요 없다'고 한다. 때가 늦었지만, 이것이 우리 본심이다. 아이들이 잘 먹고 잘 자라는 것, 친구들과 좋은 관계를 맺고 부모와도 친밀한 관계를 맺는 것, 아이의 성적보다 마음을 잘 알아주는 것, 그러면서도 하고 싶은 걸 찾아 성실히 정진하는 것, 자기 좋은 일을 하면서도 사회적으로도 도움 되는 일을 하는 것, 바로 이런 것이 행복의 지름길 아닌가? 이런 길을 가려면 시험 점수나 상대 비교 같은 것을 '초월'하여 아이의 내면에 귀를 기울이고 아이의 내적 성장과 성숙(새롭게 배우고 깨치는 기쁨)에 초점을 맞추어 살아가면 된다. 아이가 즐겁고 건강하게 자라기만 하면, 때가 되면 나중에 자신의 소질과 끼를 마음껏 발휘하게 된다는 것이 대안학교의 대명사인 '서머힐 스쿨'의 A. S. 닐 교장의 확신이다. 아이들은 믿는 만큼 자란다. 내면이 튼실하게. 차곡차곡 새겨나간 굵은 나무의 나이테처럼.

셋째, 학부모 정이나 기처럼 "아이의 원망"이 두렵다거나 "아이가 오히려 나를 순진하다고 비웃는" 경우, 해결책의 핵심은 '인생의 자기책임성' 개념이다. 부모라고 아이의 인생을 처음부터 끝까지 책임질 필요도 없고 그것은 오히려 해롭다. 부모는 '보험회사'가 아니다. 거꾸로 아이들도 부모의 보험회사가 아니다. 부모는 아이들이 스스로 설 수 있을 때까지 오로지 사랑으로 돌보는 일을 할 수 있을 뿐이다(보호자, 조언자, 후원자, 격려자). 아이들이 어릴수록 조건 없는 사랑을 듬뿍 베풀어야 하며, 사춘기를 지나면서부터는 조금씩 정을 떼면서 독립을 준비하게끔 약간의 거리를 두면서 사랑을 베푸는 것이 바람직하다. 부모는 부모대로, 아이는 아이대로 자기 인생은 자신이 책임을 지고 자율적으로 만들어가야 한다. 부모는 곁에서 따뜻하게 조언과 후원만 하면 된다. 혹시라도 아이가 더욱 경쟁 마인드로 부모를 가르치려 드는 경우, 부모는 "경쟁사회가 현실이지만 그 현실이 옳지 못하고 병든 것이기 때문에 정말 올바른 길, 정말 행복한 길을 가자는 것"이라고 차분하게 설득하면 아이도 이런 관점을 마음으로 반길 것이다. 때로는 '옆집 아줌마' 뿐만 아니라 우리 아이도, 심지어 선생님마저 치열한 경쟁 이데올로기를 무비판적으로 수용한 채, 오로지 점수기계, 시험기계만을 만들고자 한다.

한편 학부모 무의 경우, 배우자가 문제다. 많은 경우 안타깝게도 아내는 남편만 바뀌면 좋겠다고 하고, 남편은 아내만 바뀌면 된다고 한다. 물론 둘 다 바뀌어야 한다. 따라서 '나부터' 줏대를 바로 세우고 비슷한 문제의식을 가진 사람들끼리 소통과 연대를 강화하고 토론과 대화를 확장하면서 사회적 분위기를 바꾸어가야 한다. 그렇게 되면 마치 난공불락의 아성으로 보이던 '경쟁사회' 시스템이 흔들리기 시작할 것이고 작지만 아름다운 대안적 실천들이 서서히 각광을 받게 될 것이다. 돈과 권력, 위신과 체면을 중시하는 시스템보다 내면의 평화와 행복, 나눔과 보살핌을 중시하는 시스템이 건강하고 지속가능하기 때문이다. 대학 진학이나 취업에는 재수나 삼수, 심지어 칠전팔기도 되지만, 인생에는 재수가 불가하다. 한 번밖에 없는 인생, 후회 없는 선택은 무엇일까? 과연 우리는 내심 불안과 두려움에 떨면서 아이들을 '경쟁사회'에 적응하기만을 계속 강요할 것인가, 아니면 매 순간 인생의 아기자기한 과정에 주목하면서 어른과 아이 모두 '행복사회'를 만들어가는 데 동참할 것인가?

생계의 길 vs. 꿈의 길

이런 맥락에서 학부모이건 부모이건 그 용어 자체는 중요하지 않다. 문제는 자녀를 대하는 우리의 느낌, 의식, 태도, 행동이다(자본은 그 자체로 증식하는 것이 아니라 사람의 느낌, 의식, 태도, 행동 등을 매개로 증식한다). 우리가 아무리 좋은 강의나 책을 접하고 또 깊이 있는 토론까지 해도 집에만 돌아오면 걱정과 불안이 샘솟는 까닭은 무엇일까? 그 까닭 중 하나는 "과연 우리 자식이 앞으로 어떻게 먹고살까?" 하는 두려움 때문이다. 사실 이런 두려움도 이해할 만하다. 왜냐하면 (학)부모 자신이 지금 이 세상에서 살아가는 데 많은 어려움을 직접 겪기 때문이다. (학)부모들이 어려움을 겪는 이유는 무엇인가? 그것은 노동시장의 현실이 사다리꼴로 위계화되어 있고, 높이 올라간 자는 많이 누리지만 중간이나 아래쪽은 늘 빡세게 살아야 하기 때문이다. 이것이 부정할 수 없는 현실이다. 그러나 이 부분에서 우리는 과연 현실이랍시고 무조건 순응해야 하는가, 아니면 이 현실을 찬찬히 들여다보면서 잘못된 것을 혁신해야 하는가? 달리 말해, 흔히들 말하는 우리 눈앞의 현실이란, 적응해야 하는 현실만 있는 게 아니라 변화시켜야 하는 현실도 있다.

바로 여기서 우리는 인생의 두 갈래 길을 상상해볼 수 있다. 그것은 생계의 길과 꿈의 길이다. 생계의 길이란 우리 사회 대부분의 사람들이 달려가는 길로, 인생의 목적을 잘 먹고 잘사는 것, 즉 생계 해결에 둔다. 다른 삶의 가치는 외면한 채, 오로지 먹고사는 데 인생을 다 바치는 것이다. 결국 돈을 많이 벌어 남부럽지 않게 잘사는 게 인생의 목표가 된다. 돈을 많이 벌려면 어떻게 해야 하는가? 일류 직장이나 일류 직업을 가져야 한다. 그러려면 어떻게 해야 하는가? 일류 대학을 가는 게 가장 빠르다. 또 그러기 위해서는? 그렇다. '공부를 열심히' 해야 한다. 이것이 결론이다. 그래서 4천만 부모들은 아이들에게 말한다. "제발, 아무것도 안 해도 좋으니, 공부 좀 열심히 해라!" 공부 잘해서 좋은 대학을 가고 좋은 직장을 가면 돈을 많이 벌어 행복해질 것이라고 생각하는 길, 바로 이것이 생계의 길이다. 4천만, 아니 5천만 국민이 대부분 이 길로 달려가지만 과연 그 대부분이 행복한가? 아니면 극소수만 행복한가? 일류대, 일류 직장에 들어가는 사람은 극히 일부분이다. 그리고 그 일부분조차 진정으로 행복한가? 저녁 드라마나 주말 드라마들이 우리에게 보여주는 것은, 학벌 좋고 재산 많고 잘생기고 부모 배경 든든하고 멋진 호화 주택에 사는 사람들조차 행복하지 않을 수 있다는 점이다. 진정한 사랑과 믿음이 결여된 인간관계 때문이다. 게다가 극소수의 성공한 사람들조차 과연 자신의 꿈을 실현하며 사는가? 생계는 해결했을지언정 꿈은 이루지 못하고 인생을 마친다.

　반면 꿈의 길을 가는 자는 어떠한가? 꿈의 길을 가는 이는 다른 사람의 평가나 시선에 맞추어 살지 않는다. 자신이 좋아하거나 잘하는 일, 아니면 사명감을 느끼는 일에 일관되게 매진한다. 혹시 부모가 경제적으로 뒷받침을 못해준다 하더라도 마음의 지지만 있다면 얼마든지 용기 있게 달려 나간다. 혹시 마음의 지지가 없더라도 내가 갈 길은 꼭 간다. 꿈이 확실하다면. 당장은 힘들지만 나중엔 부모조차 그 일관된 마음에 감동하고 마침내 시시의 눈물을 흘릴 때가 온다. 자신의 꿈을 이루고자 하는 이는 자신의 실력을 키우기 위해 막노동도 마다 않는다. 부모가 밀어준다면 더욱 좋지만 그렇지 않아도 즐겁다. 막노동을 하면서 몸은 힘들지만 마음은 기쁘다. 자신이 어디로 가야 할지 방향을 알고 어떤 선생님을 찾아 배워야 할지 알기 때문이다. 남들이 말하는 일류대가 아니라도 좋다. 내 꿈을 이루는 데 도움을 주는 훌륭한 선생님이라면 서울이나 지방, 국내나 해외를 가리지 않고 달려갈 자세가 되어 있다. 그렇게 고생해서 목표를 갖고 찾아간 선생님에게 배우는 학생은 일 분 일 초라도 아깝고 소중하다. 선생님의 말씀이 귀에 쏙쏙 들어온다. 실력이 갈수록 향상되며 새로운 배움을 얻는 기쁨을 누린다. 꿈의 길을 걷는 이는 꿈을 꿀 때부터 그리고 그 길을 걷는 모든 발걸음이 즐겁다. 나중에 꼭 성공해야 기쁜 게 아니다. 결과나 속도가 아니라 과정이고 느낌이다. 이렇게 열심히 가다 보니 실력은 증진되고 어느새 선생님이 "자네 실력을 보아하니, 이제 내 조교로 따라 다녀도 되겠군"이라 하고 새 길이 열린다. 이 사람은 비록 날마다 호화판 뷔페 음식을 먹지는 않지만 된장찌개에 김치를 먹더라도 행복하다. 비록 세계적 유명인사가 되지 않더라도 자신의 마을이나 지역에서 이웃에게 유익한 일을 하면서 자신의 꿈을 실현할 수 있다. 이게 사회 헌신이다. 이렇게 꿈의 길을 가는 사람은 일류대학이나 일류직장에 목숨 걸지 않고 '일류인생'을 산다. 일류대나 일류직장은 소수에게만 기회가 주어지지만 일류인생은 누구에게나 열린 기회다. 그를 위해서는 꿈의 발견, 실력 증진, 사회 헌신 등 세 요소만 갖추면 된다. 꿈의 길을 걷는 자는 꿈도 이루고 생계도 해결한다.

자, 이제 우리는 자녀들에게 우리가 그런 것처럼 생계의 길만 가도록, 아니, 생계의 길에다 고속도로를 내놓고 남보다 더 빨리 달려가라고 등을 떠밀 것인가, 아니면 천천히 오솔길로 가더라도 네 자신의 꿈을 찾으라고 격려하면서 매 발자국마다 행복을 느끼며 살게 도울 것인가? 사회구조도 중요하지만, 그 이전에 부모 자신의 가치관부터 찬찬히 되돌아볼 일이다. 그에 기초하여 이웃과 더불어 사회를 바꾸어야 한다. 그래야 남을 짓밟아야 하는 '팔꿈치 사회'를 극복하고 모두 웃을 수 있는 행복사회가 올 것이다.

5. 돈벌이 경쟁과 제도화된 무책임
기업의 사회적 책임(CSR)의 허와 실

돈벌이 경쟁은 기업이나 정부를
보다 책임성 있는 존재로 만들기보다는
사람과 자연에 대해 갈수록 무책임하게 만든다.
끝내 기업과 정부의 정당성 자체가 위기에 빠질 때까지.

기업의 사회적 책임은 새로운 생존전략의 일환

자본주의가 발달하면서 크게 두 가지 측면에서 '기업의 사회적 책임(Corporate Social Responsibility: CSR)'이 부각된다. 하나는 기업의 사회적 권력이 막강해지면서 기업에 대한 사회적 기대와 압력이 커지기 때문이다. 둘째는 기업의 사회적 모순이 커지면서 그 모순에 적절히 대응하지 않으면 경제적 성과가 위험에 처할 수 있기 때문이다. 사실 이 두 측면은 긴밀히 연결되어 있다. 이윤을 추구하는 기업 활동의 과정에서 온갖 사회적 모순이 생기지만, 아무런 사회적 압박이 없다면 기업은 별다른 책임을 지려 하지 않는다. 따라서 한편에서는 사회적 모순, 다른 한편에서는 사회적 압박이 존재할 때, 기업의 사회적 책임은 공론화한다. 즉 변화된 여건 속에서 기업의 새로운 생존전략으로 등장한 것이 기업의 사회적 책임이다. 여기서 말하는 '기업의 사회적 책임'은 단순한 '이윤의 사회환원'이 아니라 '기업활동 전 과정에서의 자기책임성(self-responsibility)'을 뜻한다.[1]

그런데 경제 세계에서 '너 죽고 나 살자' 식의 적대적 생존경쟁이 심화하면서 기업들은 그 본연의 사회적 책임을 망각하거나 기만하기 쉽다. 시장경쟁이 격화할수록 양심적인 기업은 생존하기가 어려워지기 때문이다. 그러나 많은 연구들은 사회적 책임을 잘 수행하는 기업들이 내부 구성원에게서는 물론 사회구성원 전반으로부터 신뢰와 정당성을 확보하기 때문에 더 오래 존속할 수 있다고 보고한다. 이렇게 기업의 사회적 책임은 오늘날 냉혹한 경쟁이 이뤄지는 경제세계에서 한편으로는 위협으로, 다른 한편으로는 기회로 작용하기도 한다. 그러나 현실은 대부분의 기업들이 말로는 기업의 사회적 책임을 외치지만 실제로는 진정성이 없음을, 아니, 본연의 사회적 정당성조차 상실하고 있음을 자주 보여준다. 이것도 결국 무한 경쟁과 무한 이윤을 추구하는 자본주의 경제의 근본원리 때문에 나온 부산물이다. 요컨대 적대적 생존경쟁에 불과한 돈벌이 경쟁은 기업들이 아무리 CSR을 잘 수행한다고 선전해도, 마침내 '제도화된 무책임'을 부르고 만다는 것이 또 다른 진실이다.

여기서 우리는 '기업의 사회적 책임'을 단순히 그 종류와 기능을 정태적으로 파악하기보다는 그 '(무)책임성'이 기업과 사회의 동태적 상호작용 속에서 어떻게 '사회적으로 구성'되는가에 초점을 두고 그 이론과 현실을 고찰하고자 한다. 사례연구에서는 서해안 기름 유출 사태와 연기군(현 세종시) 고층아파트 건설 사례, 그리고 쌍용자동차 사태나 삼성전자 백혈병 사례 등을 두루 살핀다.

---

1. 대개의 논의들은 '기업의 사회적 책임(CSR)'을 사회적 기대와 압력에 대한 기업의 반응(responsiveness) 정도로 정의하거나 적극적 경영전략의 일환으로 취급하기도 한다. 이 글에서는 진정한 책임이란 보다 심층적으로 '자기책임성'에서 출발한다고 보기에, CSR도 '기업 활동의 전 과정에서의 자기책임성'으로 정의한다.

기업의 사회적 책임에 관한 논의

'기업의 사회적 책임' 이슈가 본격적으로 공론화한 것은 1950년대부터다. 제국주의 내지 식민주의가 전성기를 구가하던 1900년대까지만 해도 기업의 사회적 공헌과 같은 주제에 대해 이러저러한 논란이 많았다. 특히 H. 스펜서나 W. G. 섬너로 대변되는 '사회진화론' 같은 입장에서 보면, 기업의 사회공헌은 치열한 생존경쟁에서 오히려 걸림돌로 인식될 판이었다. 기껏해야 '자위' 수준이라고 할 수 있는, 기업가의 개인적 자선행위 정도가 고작이었다.

스미스 회사의 판례

그런 상황에서 1952년에 미국의 A. P. 스미스 재봉틀 회사가 뉴저지 주의 저명한 프린스턴 대학에 1,500달러의 기부금을 준 데 대해 그 주주 중 한 사람인 바로우가 무효소송을 제기하면서 '기업의 사회적 책임' 이슈가 비로소 공론화하기 시작했다. 그 소송의 핵심은 주주들이 가져가야 할 몫을 경영자들이 잘못 판단하여 대학에 주었기에 큰 손해를 보았으며, 따라서 그 기부행위는 무효라는 것이다. 이에 대해 뉴저지 고등법원은 1953년, "기업은 좋은 시민성을 지닐 의무를 지니고 있으므로 기부행위가 직접적으로 기업의 이익에 연결이 안 된다 할지라도 기업의 사회적 책임으로 인정한다"는 취지의 판결을 내렸다. 그것도 재판부 전원일치의 판결이었다. 이에 불복한 주주들이 대법원에 항고했으나 기각되고 말았다. 요컨대 기업의 기부행위에 대해 '직접적 이익의 원칙' 대신에 '총체적 이익의 원칙'이라는 새 법리가 적용되었다.

이 판결은 당시까지의 보수적 분위기에 신선한 바람을 불어넣었다. 학계에서는 1953년에 보웬(Howard R. Bowen)이『기업가의 사회적 책임(Social Responsibility of Businessman)』을 저술함으로써 이 주제를 처음 언급하였고 그 뒤 많은 연구가 뒤따랐다. 그럼에도 사회적 책임에 관한 논의가 그동안 제대로 진전되지 못했는데, 그것은 그 개념의 모호성, 즉 과연 사회적 책임이 진정 무엇을 의미하는지에 대한 일치된 견해가 없기 때문이다. 그러나 A. P. 스미스 판례가 나온 뒤로, 그간 높은 이윤을 즐기던 다른 기업들도 그 판결 취지에 걸맞게 '선량한 시민성'의 획득과 '고상한 이미지'의 확보를 위해 사회공헌에 관심을 갖게 되었다. 그리고 이 모델이 다른 나라들에도 확산되었다. 1970년대 이후 '기업의 사회적 책임'에 대한 논의는 더욱 활성화한다. 그것은 노동소외, 노동억압, 소비자 기만, 환경파괴, 부정부패, 탈세, 사회 양극화 등 제반 이슈들이 폭발하면서 기존의 노동운동은 물론 새로운 사회운동이 기업에 압박을 가한 결과였다. 이제 오늘날엔 기업의 사회적 책임 내지 사회공헌과 같은 의제는 주요 기업들에 선택요소가 아니라 '필수요소'가 되고 말았다. 기업에 대한 사회의 좋은 이미지야말로 고부가가치를 창출하는 무형자산이라는 인식이 널리 퍼졌기 때문이다.

기업의 '5D전략'

그러나 '기업의 사회적 책임'에 대한 사회의 압박이 증가한다고 해서 기업들이 진정성을 갖고 그 책임을 다하는 것은 아니다. 그들은 대개 세 가지 전략('3D전략')으로 대처한다. 첫째, 부정(Deny), 둘째, 지연(Delay), 셋째, 지배(Dominate)전략이 그것이다. 먼저 부정전략이란 기업이 책임질 직접적 대상이나 상황 자체가 존재하지 않는다고 부인하는 것이다. 상황 자체가 존재한다고 하더라도 대개 인과관계를 부정하거나 책임을 다른 데로 돌린다. 다음으로 지연전략이란, 책임을 져야 할 대상이나 상황 자체를 더 이상 부정할 수 없는 경우 그 해결에 대해 시기상조론을 펴는 것이다. 아직 문제 자체가 심각한 상황이 아니라거나 그 해결을 위한 역량이 미처 구비되지 않았다는 식이다. 오랜 시간을 끌면서 저항세력이 지치게 되거나 세력관계가 뒤바뀌면 포장만 달리하여 자기들의 의도를 관철한다. 끝으로 지배전략이란, 어차피 부정도 못하고 지연도 못할 조건이라면 문제 상황에 대한 주도권을 기업이 장악하려는 것이다. 문제 상황의 규정 자체를 기업에 덜 불리하게 한다거나, 우호적인 학자나 전문가를 초청해서 토론회를 열어 해결방식을 기업에 유리하게 끌고 가는 식이다. 그리하여 '전화위복' 을 꾀한다. 대단한 위기에 휘말린 기업이 오히려 그 위기를 딛고 더욱 번창하게 되는 것은 이 지배전략이 효과를 낸 결과다.

지금까지의 경험과 판단으로 나는 위 '3D전략' 에다가 두 가지를 더 부가해 '5D전략' 이라 명명한다. 하나는 왜곡(Distort)전략이고 다른 하나는 기만(Deceive)전략이다. 왜곡전략이란 문제 상황을 비틀어 더 이상 본질적인 문제가 아니라 보상적인 문제로 치환하는 것이다. 특히 건설이나 개발과 관련된 사례에서 두드러지듯, 처음에는 사업 그 자체를 할 것인가 말 것인가 하는 가부문제로 시작하지만 대개 끝은 보상문제로 귀착한다. 다음으로 기만전략이란 전문가회의 등을 통해 형식적 민주주의를 준수하는 모습을 보이지만, 실제로는 뇌물, 감투, 암약 등을 통해 대 사회적 사기를 치는 것이다. 서류조작, 자료

조작, 통계조작, 수치조작이 기본이다.

특히 시민사회가 생생하게 살아 있고 각종 운동조직이 힘을 발휘하기 시작하면, 저들은 크게 세 가지 전술로 사기를 친다. 하나는 부정부패(corruption)전술이다. 돈을 주면서 저들은 홍보비라 하기도 하고, 수고비라 하기도 한다. 대부분 언론에서는 그럴듯하게 '로비'라고 부른다. 그러나 본질은 뇌물이다. 뇌물과 선물의 차이는 대가성이 있는가 하는 것이다. 진정한 선물은 마음의 선물이다. 그러나 뇌물은 대가를 바라고 물질을 제공하는 것이다. 둘째는 감투씌우기(cooptation)전술이다. 일례로 삼성이 그들을 수사하던 검사에게 접근하여 검사직을 포기하고 삼성의 부장 자리로 오라고 꾄 것이 대표적이다. 많은 정치권력이 저들을 귀찮게 하는 인사들에게 매력적인 자리를 줌으로써 거북한 목소리를 내지 못하게 하는 것도 전형적 사례다. 셋째는 우호적 협력(cooperation)전술로서, 저항하는 주체를 독립적인 것처럼 내버려두되, 우호적 관계를 형성함으로써 협력자 내지 동반자로 기능하게 만드는 것이다. 대부분은 이런 것을 '누이 좋고 매부 좋은' 관계를 유지한다고 하며 '윈-윈'이라고 말하기도 한다. 그러나 그것은 자기들만의 윈-윈이지 사실은 다른 사회구성원들의 희생을 대가로 자기들끼리만 배를 채우는 것에 불과하다. 서글픈 것은 상대적으로 비판적인 세력이 자본의 대형사업 진행과정에서 '비판적 조언자'로 참여함으로써 일종의 '알리바이' 역할을 하는 경우다. 이 경우 참된 풀뿌리 저항은 비판적 조언자에 의해 조율, 통제되면서 순화 내지 완충된다. 이렇게 '협력'이란 무대 뒤에서 '아군이 적군 되고 적군이 아군 되는' 묘한 상황이 벌어진다.

기업의 사회적 무책임

　자본주의 기업의 목적은 이윤추구다. 이를 부정할 사람은 없다. 그러나 우리의 경제활동이 모두 이윤추구를 기본원리로 해야 하는지에 대해서는 이견이 많다. 예컨대 말로 모건이라는 미국의 백인 여성 의사가 쓴 『무탄트 메시지』에서 호주의 원주민 부족 중 하나인 참사람 부족은 이렇게 말한다. "원래 비즈니스란 사람들이 잘 먹고사는 데 필요한 재료들을 조달하기 위해 생겨난 것인데, 오늘날 비즈니스들은 그 자체의 유지와 존속이 목적이 되어 변질되고 말았다"는 것이다. 무탄트(mutant)란 말 자체가 변종 또는 돌연변이란 뜻이므로, 돌연변이처럼 사는 우리 현대인들에게 보내는 원주민 부족들의 진지한 메시지는 보다 근원적이다. 그렇다. 사업이든 기업이든 모든 비즈니스는 삶의 문제해결과 행복증진에 이바지해야 한다. 그런데 이제 비즈니스, 즉 돈벌이 그 자체가 목적이 됨으로써 다른 삶을 수단화, 도구화하고 심지어는 파괴, 착취, 억압한다. 우리가 잘 쓰는 용어로, 사회책임경영이 아니라 사회적 '무책임' 경영이 판을 치는 것이다.

자본주의 기업의 '불편한 진실'

　기업이 사회적으로 무책임하다는 말은 개인의 윤리적 차원만 가리키지 않는다. 그것은 자본주의 기업 자체가 가진 근본문제를 건드린다. 나는 이를 크게 서로 연관된 세 가지 차원에서 논증하고자 한다. 하나는 자본주의 생산성은 근본적으로 '파괴성'이라는 점이다. 둘째는 자본주의 기업은 본질적으로 '이익은 사유화하되 비용은 사회화' 한다는 점이다. 셋째는 자본주의 경쟁은 '너 죽고 나 살자' 식의 적대적 성격을 가지며, 일등부터 꼴찌까지 자본의 논리에 모두 지배당하게 만든다는 점이다. 즉 '경쟁과 지배는 동전의 양면'이다. 이 모든 점들은 부정하고 싶어도 부정할 수 없는 '불편한 진실'이다.

생산성이 곧 파괴성

우리가 대부분 거부감 없이 수용하는 '생산성(productivity)'이란 개념은 투입에 대한 산출의 비율관계다. 보다 적은 투입과 보다 많은 산출은 생산성의 극대화를 이룬다. 여기서 투입이란 인건비, 원료비, 기계설비비, 부품비, 에너지, 금융비용, 건물비, 땅값 등이다. 산출이란 생산량 또는 매출액으로 나타난다. 투입대비 산출의 비율관계인 생산성을 향상하려면 기본방법은 크게 세 가지다.

첫째, 투입이 일정하다면 산출을 늘리는 것이다. 같은 인건비 등으로 생산량을 늘리는 방법은 노동시간 연장과 노동강도 강화, 새 기계 투입, 새 공정 도입, 새 작업방식 도입, 차별적 성과급제, 각종 신인사제도 등이 있다. 여기서 신 기계 등 혁신은 일부 긍정적 효과가 있지만 대개는 노동시간 연장이나 노동강도 강화, 동료 간 경쟁강화로 연결된다.

둘째, 산출이 일정하다면 투입을 줄이는 것이다. 같은 생산량을 내는 조건 속에서도 투입되어야 할 비용지출을 줄이는 방법은 인원감축(정리해고), 정규직을 비정규직으로 대체, 임금삭감(수당, 보너스, 퇴직금 포함), 노동조합의 억제, 더 값싼 원료의 사용 또는 원료의 무단 채취, 부품비용 절감을 위한 다단계 하청의 활용(아웃소싱), 폐수나 폐유의 무단방출, 산업안전 미비, 값싼 자금 대출을 위한 로비나 특혜, 땅값을 줄이기 위한 공장입지의 농촌이동, 의사결정의 효율화를 위한 관료석 조직혁신, 각종 부정부패 고리 척결, 각종 낭비제도 청산 등이 있을 것이다.

셋째, 투입은 줄이면서도 산출을 늘리는 것이다. 이것은 앞의 두 가지 방법을 동시에 실시하는 것이다. 사실상 현실은 세 번째 방법에 가장 가깝다. 그만큼 파괴성의 규모와 속도는 엄청나다.

그렇다면 이러한 생산성 향상방식들은 과연 얼마나 '생산적'인가? 이들은 개별자본의 '돈벌이' 관점에서는 모두 다 생산적(productive)이겠지만, 사람들의 '삶의 질' 관점에서는 대부분 파괴적(destructive)이다. 육체적·정신적 건강과 여유, 인격존중과 평등, 인정이 흐르는 공동체, 맑고 건강한 생태계 등으로 표현될 수 있는 '삶의 질' 관점에서 이러한 생산성 경쟁의 성격을 다시 한 번 요약하자면, 약 20퍼센트 정도의 방식들은 그나마 '건강한 생산성'이라 하겠으나(예컨대 관료주의나 부정부패, 낭비요소 따위의 배제, 힘들고 위험한 노동에 기술을 지혜롭게 활용하고 사람들이 여유를 갖게 하는 것), 나머지 80퍼센트 이상의 대부분은 '파괴적 생산성'의 향상이다. 다소 '불편한 진실'이지만 이것을 인정하지 않고 부인하는 토대 위에서 우리가 잘살아보겠다고 외치는 것은 무책임한 자기기만으로 끝날 것이다. 불행하게도 현실에서는 이러한 자기기만 내지 자기배신이 지속된다.

이익의 사유화와 비용의 사회화

둘째는 기업들이 모든 이익은 철저히 사유화하되 비용은 사회화한다는 것이다. 혹시 이익의 일부를 사회에 환원한다고 하더라도 그것은 결국 그 환원이 다음 단계의 이익증진에 도움이 된다고 보는 선에 국한된다.

이익의 사유화, 비용의 사회화는 거의 동시에 일어난다. 동전의 양면과 같다. 그 구체적 방식은 여러 가지다. 인간노동이나 자연 생태계에 조심스레 접근하거나 응당한 대가를 지불하는 일이 없이 그 달콤한 추출물만을 사적으로 점취하는 것이 기본이다. 다음으로 돈이 될 만한 기업이나 사업을 인수하거나 합병한다. 정부의 보조금(혈세)으로 손실을 메우고 이익은 주주들이 나눠 갖는다. 최근의 론스타나 소버린 사태에서 보듯, 이러한 '비즈니스의 비즈니스'엔 국경이 없다. 탈세와 투기도 마다 않고 이익을 본 뒤 바로 그 과정에서 생긴 사회적 비용에 대해서는 거의 무관심하다. 그 무관심을 가리기 위해 온갖 이데올로기와 제도를 동원한다.

바로 여기서 유의할 점이 있다. 대형마트 사업의 경우, 소비자들은 당장 값싼 소비재를 원하는 대로 살 수 있는 가능성에 환호한다. 그러나 그 사회적 비용은 잘 보이지 '않는다.' 우선은 소비자가 편리하고 값싸다고 해서 한꺼번에 많은 양을 사다 보면 낭비가 심해지는 경향이 있다. 간편함에 중독되면 이런 점은 잘 느껴지지 않는다. 패스트푸드나 비유기농 농산물에서 보듯 시장에서 값싼 가격으로 산 물품들은 많은 경우 건강비용을 미래에 사후적으로 지출하게 하기도 한다. 다음으로 대형마트의 규모와 인기는 지역의 작은 상점들을 일거에 파괴하고 그 상점을 매개로 맺어졌던 인간적 관계들마저 훼손한다. 나아가 대형마트가 입점하도록 만들기 위해 도로, 항만, 교량, 주차장 등 이른바 사회간접자본이 확충되어야 하는데 그 비용은 결국 소비자나 시민이 내는 세금으로 충당된다. 요컨대 '보이지 않는 손' 못지않게 '보이지 않는 비용'이 문제다.

경쟁과 지배는 동전의 양면

자본주의 상품경쟁이란 불가피하게 적대적 성격을 띤다. 한 상품을 생산하는 기업의 노사는 일심동체라고 하지만, 앞서 보듯 그조차 생산성을 올리기 위해 적대적 관계에 놓일 수밖에 없다. 기업들 사이의 경쟁이 가진 적대성은 더 잘 보인다. 우리 기업이 이기려면 다른 기업을 이겨야 한다. 경쟁기업이 이기면 우리 기업이 망할 수 있다. 자본주의 시장경쟁은 '공정' 경쟁을 한다고 해서 모두가 늘 '공존' 할 수 있는 것이 아니다. 시장경쟁이 일정 기간 계속되면 최소한 그 분야에서는 독과점이 생긴다. 소수의 승자와 다수의 패자로 갈라지는 게임이 자본주의다. 일관되게 양심적인 기업은 다수의 패자에 속하기 쉬운 현실이야말로 사회적 낭비의 극치가 아닐까? 이런 면에서 기업들은 그 '기업의 사회적 책임' 도 경쟁력이나 이미지 향상에 도움이 되는 만큼만 수행할 수밖에 없는 근원적 한계를 갖고 있다. '기업의 사회적 책임' 을 지려고 하는 양심적 기업이 물불을 가리지 않고 생산성을 높여 경쟁력을 확보하는 기업을 이길 가능성은 낮기 때문이다. 따라서 '기업의 사회적 책임' 조차 일부 기득권층에 속하는 기업들의 배부른 소리에 지나지 않는 사치품인지도 모른다.

한편 자본주의 세계시장에서 서로 경쟁하는 모든 기업들은 서로 일등을 하기 위해 사람과 자연의 생명력을 부단히 경쟁적으로 추출한다. 그러나 이 게임에서 일등을 하든 꼴찌를 하든 자본주의시스템에 종속되는 것은 마찬가지다. 일등과 꼴찌의 차이가 있다면 사람과 자연으로부터 추출한 엑기스를 분배하는 과정에서 누가 좀 더 많이 가져 가고 누가 좀 덜 갖고 가는가 하는 차이일 뿐이다. 심하면 아무 것도 얻지 못하고 파산하고 소멸할 수도 있다. 중요한 것은 사람들이

'두려움'으로 인하여 서로 살벌하게 경쟁하는 것만이 유일한 삶의 전략이라 믿고 따른다는 점이다. 서로가 서로에게 경쟁자로 행위하고 또 그러한 경쟁을 당연시하는 것, 이것이야말로 지배적 시스템에 '모두' 지배당하게 되는 근본원리다. 결국 경쟁은 지배와 동전의 양면이다. 그럼에도 '경쟁만이 살 길'이라며 사람과 자연을 무한 경쟁의 소용돌이 속으로 몰아넣는 것, 그러면서도 소수의 기득권층은 사치와 향락에 젖어 세상이 얼마나 병들어 가는지 눈치 채지도 못하는 것, 바로 이것이야말로 자본주의 기업체제의 근원적 무책임성이 아니고 무엇인가.

기업의 사회적 무책임에 관한 사례

서해안 기름 유출 사태

2007년 12월 7일, 서해안 태안 앞바다에서 사상 최악의 환경대재앙이 발생했다. 삼성중공업 소속 예인선과 현대오일뱅크 유조선이 충돌해 무려 1만3천 톤의 기름이 유출되었다. 가입된 보험회사는 삼성화재다. 태안 앞바다는 물론 안면도와 인천 덕적군도, 그리고 남으로 군산, 진도, 완도 앞바다에서도 타르 덩어리가 발견될 정도로 사태는 심각했다. 황금어장을 자랑하던 태안반도 일대는 물론 서해안 전체가 경제적, 환경적으로 심각한 위기에 빠졌다. 태안바다를 삶터로 살아가던 지역주민의 삶은 마른하늘의 날벼락 같은 '기름폭탄'으로 좌절되었다. 심대한 삶의 좌절은 절망과 죽음이다. 삶을 비관한 주민 몇 명이 자살했다.

A. 캐럴 교수에 따르면 기업은 크게 4가지 정도의 사회적 책임을 진다. 경제적 책임, 법률적 책임, 도덕적 책임, 재량적 책임이 그것이다. 이번 기름 유출 사고는 법률적 책임은 물론이요, 도덕적 책임과 재량적 책임에 관한 성찰을 요구한다.

　그런데 정말 기이하게도 무려 1만 톤 이상의 기름이 청정바다에 마구잡이로 뿌려진 뒤 한 달 반이 지나도록 태안 사태에 대해 "죽을 죄를 지었습니다. 용서하세요"라며 진심으로 사죄하는 관련자나 기업은 하나도 없었다. 이번 사태에서도 앞서 말한 기업의 무책임성이 분명히 드러났다. 특히 부정전략과 지배전략이 두드러졌다. 이 사태의 주된 책임은 삼성과 현대가 져야 하는데도 어느 누구도 '내 책임'이라 고백하지 않고 침묵하거나 쉬쉬하다가 오히려 책임을 전가하거나 계산기만 두드리고 있었다. 실제로 사고주체인 삼성중공업과 현대오일뱅크는 사고원인을 둘러싸고 서로 책임공방을 벌이며 책임회피에 바빴다. 대기업으로서, 이들은 그동안 정부의 선박안전 운행 및 해양오염 예방정책에도 협조하지 않았다. 결국 대형사고를 예방하기 위한 여러 조치를 간과한 기업들의 무책임이 최악의 환경재앙을 불렀다. 충돌사고에 취약한 단일선체 사용과 선박안전 운행 위반은 그 어떤 변명으로도 합리화가 어렵다.

　이에 녹색연합 등 시민사회 단체는 2008년 1월 16일, "이번 '허베이-삼성 기름유출사고'는 풍랑주의보 예보에도 불구하고 무리하게 운항을 강행한 삼성중공업의 중과실과 정박지도 아닌 곳에 유조선을 정박한 현대오일뱅크의 중과실로 발생한 사고"라며 "삼성중공업은 기업의 사회적 책임을 지고 '완전 복원, 완전 배상, 무한책임'을 져야 한다"고 주장했다. 또 여성환경연대는 "태안 주민 자살은 아무도 책임지지 않는 현실의 절망감 때문"이라며, 태안에서 방제작업을 할 때 착용했던 방제복과 기름헝겊을 들고 기자회견과 거리행진을 했다. 분노한 태안 주민들도 현지에서는 물론 상경투쟁을 본격 조직하기 시작했다.

이렇게 풀뿌리 저항이 거세지자, 사고발생일에서 47일 후인 2008년 1월 22일, 마침내 삼성은 《한겨레》를 제외한 종합일간지에 사과광고를 실었다. '머리 숙여 사과드립니다' 란 광고에서, "지역주민들이 당한 고통과 피해, 그리고 생태계 파괴라는 재앙 앞에서는 어떤 말로도 위로가 되지 못할 것"이라 했다. 하지만 정작 자신들의 직접적인 책임에 대해서는 침묵했다. "서해 북서방 해상에서 저희 해상크레인이 항해 도중 갑작스런 기상악화로 홍콩 선적 유조선 허베이-스피리트호와 충돌하여 원유가 유출되면서 서해연안이 크게 오염"된 데에 대해서만 사과한다고 한 것이다. 단일선체 사용 및 안전운행 위반이라는 '자기책임' 이 아닌 기상악화라는 '외부' 탓으로 문제를 규정하는 왜곡전략이다. 책임을 인정할 경우 예상되는 법적 부담을 회피하려는 것이다. 내내 침묵으로 일관하다 47일이나 뒤늦게 나온 사과, 그것도 자신들의 책임 소재에 대한 애매한 태도 등, 이 모든 것이 피해주민들의 분노를 삭이기는커녕 되레 증폭시켰다. 바로 이런 점이 지연전략과 지배전략을 증명한다.

비교되는 사례로 1989년 3월 미국 알래스카 연안에서 유조선 엑슨 발데즈 호가 좌초해 4만여 톤의 기름이 유출되어 무려 1,600킬로미터의 해안을 시커먼 기름띠로 오염시킨 일이 있다. 엑슨 사는 비교적 처음부터 책임을 인정하고 무려 25억 달러(약 2조 원)를 들여 해안 복원사업을 폈다. 물론 그렇다고 해안이 금세 복원된 건 아니다. 하지만 중요한 건 사태가 발생한 뒤 대처방식에서 과연 '자기책임성' 있는 자세로 임하는가 하는 문제다.

연기군(현 세종시) 고층아파트 건설 사례

충남 연기군(2012년 7월, 세종특별자치시로 변경) 조치원 신안1리는 논밭과 과수원, 야트막한 야산으로 둘러싸인 전형적인 농촌마을이었다. 특히 이 마을은 북으로 홍익대, 남으로 고려대를 끼고 있으며, 동으로는 넓은 벌판을, 서로는 신안저수지와 오봉산을 끼고 있다. 1995년에서 1997년까지 약 2억 원의 예산을 들여 고려대와 홍익대 사이에 '대학촌' 건설 기본계획이 연구 프로젝트 결과물로 나온 상태에서 충남도비와 연기군비 수십억 원을 들여 그 기반사업으로 대학촌 순환도로를 개설하기도 했다.

그런 곳이 2004년부터 행정수도 논의가 전개되자 공동주택(아파트) 건설투자의 최적지처럼 변해버리고 말았다. 2004년 10월에 행정수도 위헌판결로 건설투자가 주춤거리기도 했으나 2005년 3월에 행정도시특별법이 통과되자 아파트 건설사업이 본격 추진되기 시작했다.[2] 이와 더불어 여태껏 전원적 풍경 속에 조용하던 신안1리 마을은 건설자본과 지역주민 사이의 갈등으로 대혼란을 겪는다.

여기서는 신안1리의 대학촌 건설 예정부지에 약 1천 세대 가까운 고층아파트(최고 20층)를 짓고자 하는 시행사와 시공사 등 건설기업이 어떤 방식과 내용으로 '사회적 책임'을 방기하게 되었는지 구체적으로 보고자 한다. 이 내용은 내가 2005년 3월 이후 2010년까지

---

2. 당시 조치원엔 약 8천 세대의 아파트가 건설 중이었으나 분양률은 저조했다. 2012년 세종시 출범과 더불어 분위기는 좀 변했다.

이 사태의 중심에서 직접 관찰하고 경험한 사실들에 근거한다(더욱 자세한 내용은 『나부터 마을혁명』이란 책으로 정리되었다).

2003년 1월 1일 시행된 '국토의 계획 및 이용에 관한 법률' 제36조 및 같은 법 시행령 제30조의 규정에 따라, 도시계획상 기존의 일반주거지역을 제1종, 제2종 및 제3종 일반주거지역으로 세분·지정할 수 있었다.[3] 그런데 연기군은 2000년부터 항공용역 등을 통해 일반주거지역의 종세분화를 위한 준비에 착수하여 2002년 말에 제1차 공람공고를 했다. 이때 위 지역은 "고려대와 홍익대 사이의 경관이 양호한 미개발지역으로 저층중심의 개발을 유도하기 위해 제1종 일반주거지역으로 입안" 한다고 결정조서에 나타나 있다. 기존 신안1리 서주민들도 대다수가 4층 이하의 주택에 주거하는 점으로 보아 미개발지역을 제1종지로 하는 것은 합리적 판단이었다. 연기군 의회와 도시계획위원회 심의를 거쳐 2004년 3월에 충남도청에 최종결정 신청을 했을 때 위 지역은 '제1종지'로 분류되었다.

그런데 2004년에 행정수도 바람이 일면서 아파트 건설기업들이 신안1리에도 몰렸다. 당시는, 토지용도 지정계획상 (아직 충남도의 최종결정은 나지 않은 상태지만) 만일 제1종지로 결정되면 고층아파트 사업이 불가능한 상황이었다. 그래서 기업들은 바로 이 지점에서 '기업의 사회적 책임' 상 중대한 과오를 저지른다.[4] 그것은 당시 마을 이장 명의로 허위민원서를 만들어 마치 위 지역 지주들이 "1종지가 되면

---

[3] 일반주거지역의 경우, 제1종지는 국토계획법의 용적률 상 4층 이하, 제2종지는 15층 정도, 제3종지는 16층 이상 초고층을 건축할 수 있다.
[4] 이 행위의 주범이 토목설계업자인지 설계사무소인지 시행사인지 시공사인지 명확히 밝혀지진 않았다. 여기서 건설기업이라 함은 이 모든 행위자를 총칭한다.

재산권이 침해되고 마을발전에도 지장이 있"는 것처럼 민원을 제기한 것이다. "아파트를 지을 수 있는 제2종지로 만들어 달라"는 취지의 허위민원이었다.

이 민원서를 받은 연기군 도시과는 불과 일 주일 만에 "적극 검토하겠다"라는 응신을 보냈고(2004.6.11.), 이에 당시 이장은 "지금 즉시 제2종지로 해준다는 것인지 아니면 아파트사업 시 지구단위계획을 통해 제2종지로 바꾼다는 것인지 명확히 하라"는 내용의 질의서를 보냈다(6.15).[5] 여기서 중요한 점 두 가지는, 당시 행정절차상 연기군 차원에서는 민원서를 받아줄 시점이 9개월 이상 지났음에도 관청에서 아무 말 없이 수용했다는 점, 그리고 내용상으로나 용어 구사 측면에서 고층아파트 사업을 위해 사업자, 마을 이장, 공무원의 유착관계가 없이는 불가능한 일이 진행되었다는 점이다(이 부분은 철저한 사법 수사의 대상임에도 아직 전혀 착수조차 되지 않았다. 관련 공무원들도 전혀 처벌받지 않았다. 이 책을 계기로 수사 내지 재수사가 진행되길 촉구한다).

법적 행정적 책임 외에 사업주체의 도덕적 책임의 방기도 수없이 많다. 찬반 주민 명부 및 서류조작, 왜곡, 사기, 협박, 주민대책위

---

[5]. 대개의 마을 이장은 본인이 대규모 아파트 건설업자가 아니라면 '지구단위계획'이란 말을 잘 모른다. 게다가 지금 당장 바꾼다는 것인지, 나중에 아파트사업 시 지구단위계획으로 바꾼다는 것인지에 대해 일반적인 이장이 추가질의를 할 정도로 관심을 쏟을 이유가 없다. 게다가 대전지검에서 당시 마을 이장과 필자가 대질심문을 받는 자리에서 당시 마을 이장은 본인이 작성했다던 민원서류를 컴퓨터로 칠 줄도 몰랐고 내용을 구성할 줄도 몰랐다. 검찰조사관이 그에게 "도대체 누가 작성한 것인가?"라고 묻자 "지나가는 학생을 불러서 했든지 아니면 잘 아는 설계사무소에 가서 직원에게 부탁을 했든지 했을 것"이라며 어불성설 식 답변을 했다. 이 모든 점은 당시 마을 이장이 아니라 건설기업과 연관된 자가 모든 서류를 만들어주고 당시 이장은 오로지 도장만 찍은 것이라는 점을 암시한다.

에 맞선 마을발전위의 급조, 회유와 매수로 반대 측 무력화 시도, 공무원에게 로비하여 인허가를 유리하게 하기, 협조적 지주들이나 일부주민을 동원해 관제데모 조직, 땅 사준다고 허위 약속하는 대신 사업에 협조하게 만드는 일, 부녀회나 노인회 무료관광, 군이나 읍 차원 행사 시 각종 후원으로 우호적 여론조성, 지역신문사나 기자들에게 홍보비 명목으로 거금을 풀어 사전매수, 이런 엄청난 일들이 대다수 개발업자들의 '기본' 업무다. 특히 법정송사를 몇 가지씩 수행하는 것은 일반주민들에게는 평생의 '사건'이지만 기업으로선 일상적 '사무'다.

당연히 위 사업가들은 재량적 책임도 방기했다. 대개 한 마을에 대규모 사업이 전개될 때에는 법률에 정해진 요건과는 무관하게 해당 마을주민들에게 알리고 동의를 구할 필요가 있다. 즉 사전에 공개적으로 주민들에게 사업계획과 내용에 대해 알리고 주민들의 다양한 견해를 청취하거나 설득하는 일이 필요하다. 그래야 예기치 못한 부작용이나 주민의 집단저항을 미연에 방지함으로써 차후에 나타날 막대한 사회적 비용을 줄일 수 있다. 위 아파트 건설사업의 경우, 앞서 서술한 토지용도 변경과정은 물론 아파트사업 내용 자체에 대해 아무런 사전설명회나 주민회의도 없었다. 필자가 2005년 3월 중순에 신안1리 실거주민 약 115명(무작위 추출)을 상대로 직접 설문조사한 내용에 따르면, 당시만 해도 신안리 아파트사업에 대해 거의 모두가 모르고 있었다. 예컨대 "지금 신안1리 415-5외 60필지 내외에 약 1,000세대가 입주할 높이 41미터의 15층짜리 아파트(33평-54평)단지 건설이 계획 중입니다. 귀하는 이를 얼마나 알고 계신지요?"라고 물었을 때, '자세히 안다'고 한 사람은 불과 3명(2.6퍼센트)이었고, '소문만 들있지 잘 모른다'(54명, 47퍼센트)거나 '처음 듣는다'고 한 사람(55명, 47.8퍼센트)이 모두 95퍼센트 이상을 차지했다.

    이 모든 사회적 무책임에도 불구하고 행정당국은 어찌된 영문인지 위 사업을 승인했고 사법부는 사후적으로 정당화했다.[6] 주민들이 투쟁을 통해 지키고자 한 것은 마을공동체였으나, 자본과 권력은 아파트 층수 조정으로 '사회적 책임'을 다한 것으로 종결짓고 말았다.[7] 2008~2009년 사이에 저들은 주민들에게 지하수, 균열, 소음, 먼지, 사생활, 교통난 등 온갖 생활상 피해를 끼치면서 고층아파트 건설을 강행했다. 그러나 분양률 저조로 최초 사업자는 철수하고 말았다. 골조만 세운 흉물 아파트는 3년 이상 흉하게 서 있었다. 그러다가 새 사업자가 2012년 내내 공사를 강행했으나 역시 분양이 저조해 '반값 아파트'가 되고 말았다. MB 정부의 헛공약 중 하나인 '반값 아파트'가 역설적이게도 우리 마을에서 강행된 불법과 밀실 행정이 낳은 아파트에서 구현되었다. 한편 틈틈이 보이는 건설사 직원들의 '쓰레기 줍기' 행동은 마치 '기업의 사회적 책임'을 선전하는 듯해 쓴웃음만 짓게 한다.

---

6. 주민들은 대책위원회를 꾸려 200여 명의 이름으로 '도시계획결정처분무효소송'을 제기했다. 허위민원서에 토대한 도시계획결정은 무효란 주장이었다. 그러나 행정소송 판결은 허위민원서에 의해 토지용도가 잘못 결정되었는지 여부를 따지기는커녕 '결정에 처분성이 없다'는 이유로 소송 자체를 '각하'하고 말았다. 고등법원, 대법원에서도 마찬가지였다.
7. 주민들은 고층아파트 자체가 부당하다는 것이었지만, 저들은 고층아파트를 짓되 총 세대 수를 약간 줄이고 기존 주택 근처는 11층, 먼 곳엔 20층으로 설계 변경한 것으로 '책임'을 다한 것이라 보았다.

기업의 사회적 책임 2.0

경영학을 공부하는 학생들은 '기업의 사회적 책임(CSR)'을 배운다. 이윤을 추구하는 기업이 사회의 요청에 부응해야 한다는 것이다. 가장 기본적인 책임은 사회가 필요로 하는 재화와 용역을 생산하여 공급하는 경제적 활동 그 자체다. 다음으로 법적으로 지켜야 할 내용은 꼭 준수하라는 법률적 책임이 있다. 다음은 도의적 책임으로, 내부 고객인 노동자는 물론 외부 고객인 소비자, 그리고 지역사회나 자연 생태계 등과 긍정적 상호작용을 하기를 바란다. 이른바 '지속가능한 경영'을 하라는 것이다. 좀 더 나가면 재량적 책임까지 요구한다. 그것은 기업이 '선제적으로' 사회를 위해 뭔가 좋은 일을 하라는 것이다. 가진 자의 의무라는 '노블레스 오블리주' 차원에서 이윤의 일부를 각종 기부금이나 장학금으로 내놓는다든지, 공익 병원이나 학교를 세워 사회적 약자들에게 도움을 준다든지 하는 것이다. 그런데 이것이 일제시대에 억울한 민중의 한을 풀어주던 '각시탈'과 다른 점은 각시탈은 민중의 일부였다는 점이다.

물론 기업들이 사회에 대해 가장 기본적인 경제적, 법률적 책임을 넘어 도의적, 재량적 책임까지 온전히 다하기란 쉽지 않다. 그런데 흥미롭게도 기본적인 경제적, 법률적 책임은 다하지 않으면서도 '생색내기' 식으로 도의적, 재량적 책임을 다하는 척하는 경우가 많다. 일례로 '초일류 기업'이라 하는 S그룹과 그 계열사들은 헌법과 노동법에 규정된 노동조합조차 정정당당하게 인정하지 않으면서도 각종 기부금을 내거나 사회적 약자 지원을 해준다는 홍보 책자를 돌린다. H자동차는 노동부와 대법원이 '불법 도급'이라 판정한 사내

하청 비정규직 노동자들을 정당하게 정규직으로 전환시키지 않으면서도 여러 사회공헌 활동을 수행하고 책자도 만들어낸다. 이런 경우 윤리적, 재량적 책임 수행은 경제적, 법률적 무책임을 정당화하는 꼴에 지나지 않으며, 사태를 정직하게 보는 사람들은 이를 '위선'이라 부른다.

한편 독일 베를린에 있는 '제너시스 연구소'의 설립자 페터 슈피겔은 『더 나은 세상을 여는 대안 경영』(다섯수레, 2012)에서 '기업의 사회적 책임 2.0'을 이야기한다. 그것은 기업들이 이윤 추구 과정에서는 별 짓을 다하다가도 느닷없이 사회적 책임을 다한다는 이름 아래 온갖 예쁜 짓만 하는 척하는 자기기만을 그만두고, 아예 처음부터 '사회혁신적 사업'을 성공적으로 수행함으로써 경제와 사회의 조화를 일관되게 추구하자는 것이다. 일례로 가장 가난한 농촌 여성들에게 무담보 소액대출을 해주어 자립할 수 있게 도와준 '그라민 은행', 전기가 잘 들어가지 않아 비싼 에너지 비용을 내야 했던 오지의 시골 마을에 친환경적이고도 값싼 태양광 셀을 높은 장대 위에 달아 문제를 해결한 '그라민 샥티' 사업 같은 것을 들 수 있다. 또 방글라데시의 그라민 그룹과 프랑스의 낙농기업인 다농이 공동으로 '그라민 다농'을 만들어, 가장 가난한 사람들까지 필수 영양소를 값싸게 얻을 수 있는 식품을 개발한 사업도 기억할 만하다.

기후위기, 사회위기, 금융위기, 경제위기, 정치위기 등 각종 위기가 우리 삶을 위협하는 오늘날, 경제 문제나 사회 문제, 나아가 생태 문제를 분리해 보아서는 올바른 해답을 찾을 수 없다. 이것은 마치 빛의 3원색인 푸른색, 붉은색, 초록색이 하나로 잘 섞여 흰색의 밝은 전망을 만들어내듯 경제, 사회, 생태가 조화와 균형으로 통합되어 참된 희망을 만들자는 말이기도 하다. 이러한 사회혁신의 밑바탕에는 사람이나 자연을 더 이상 돈벌이의 수단으로 보지 않고 삶의 주체, 즉 소중한 생명체로 바라보는 근본적 시각 전환이 깔려 있다. 시각이 바뀌고 개념이 바뀌면 길이 보인다.

노동조합이나 노동자를 '눈엣가시'처럼 보지 않고 '공동 경영자'로 보는 새로운 기업 경영, 비정규직을 교묘히 활용해 인건비 따먹기 경쟁을 하는 것이 아니라 정식 노동자로 대함으로써 마음의 상처 없이 신바람 나게 일할 수 있는 조직, 사회적 불평등을 해소하고 자연 생태계를 보존함으로써 오히려 사회적 신망을 얻어 더 오래가는 경영방식, 이런 것들이 한국에서 꽃필 날은 언제쯤일까? 지금 이 시대에도 과연 '각시탈'이 필요한 것인가? 그렇다면 우리 모두가 '각시탈'이 될 순 없을까?

쌍용차, 강정마을, 그리고 용산의 고통

한국사회에서 'SKY 라인'은 서울대, 고려대, 연세대 등 이른바 '일류대'를 상징하는 말이다. 겉으로는 일부 대학들을 가리키는 말이지만 속으로는 그 대학 출신들이 이 사회에서 차지하는 기득권의 크기와 연관된다. 그래서 부모나 교사는 아이들이 제발 SKY에 입학하기를, SKY 라인을 타기를 바란다. 그래야 본인도 좋지만 가족도 좋고 모교도 좋다고 본다. 여기서 '좋다'는 말은 돈과 권력, 명예를 독점적으로 누리는 데 참여할 수 있다는 뜻이다.

그런데 2012년 7월 9일부터 14일까지 진행된 'SKY 공동행동'

은 어쩌면 이러한 기득권 구조에 정면 도전하는 사회운동이었다. 그 내용은 요컨대 "쌍용차(S) 정리해고, 제주 강정마을(K) 해군기지, 용산(Y) 철거민 참사 뒤에는 모두 자본이 있다"는 인식이다. 2009년에 77일간 파업 및 점거 투쟁으로 만신창이가 된 쌍용차 노동자들은 '해고는 죽음이다. 같이 살자'는 구호를 외쳤다. '무급휴직자 복직'과 같은 합의 같지 않은 합의마저도 헌신짝 내버려지듯 무시되었다. 그 사이에 이래저래 상처 받아 죽은 이들이 무려 23명이나 된다. 제주 강정마을의 아름다운 구럼비 해안은 미국의 동아시아 지배전략과 한국 건설자본의 이윤전략이 맞아 떨어져 반민중적, 반생명적 사업 대상으로 전락해 2011년과 2012년을 뜨겁게 달구었다. 자본의 새로운 이윤 공간을 위한 용산 재개발은 수많은 철거민 투쟁을 낳았고 2009년 연초부터 경찰과 민중이 정면 대결했다. 최근에 〈두 개의 문〉이란 독립영화로 대중적 관심이 다시 고조되었다. 이 쌍용, 강정, 용산을 뜻하는 SKY의 공통점은 국가폭력과 기업폭력의 결합이며, 다시금 그 본질은 자본이다.

그러니 'SKY 라인' 및 'SKY 공동행동'에서의 SKY는 얼핏 아무런 관련이 없는 것처럼 보이지만, 더 자세히 들여다보면 결국 서로 통한다. 그것은 기득권 집단이 기득권을 독점적으로 누리기 위해 국가폭력이나 용역 깡패 또는 구사대 폭력 등을 이용하여, 대부분의 민중이나 자연을 착취하고 억압한다는 것이다. 결국 우리가 대부분 선망하는 일류대학이나 일류직장이란 것이 얼마나 허구적인지 잘 알 수 있다.

사태를 이렇게 정리한다면 문제는 비단 쌍용, 강정, 용산에만 국한되지 않는다. 삼성, 현대, 한진, 엘지, 대림 등등 어디 걸리지 않는 곳이 있는가? 이런 식으로 한편에서는 자본의 탐욕이 다른 한편에서는 생명의 고통이 끝도 없이 동전의 양면처럼 전개된다.

바로 이런 맥락에서 'SKY 공동행동' 전국 순회단은 그 마지막 날, 서울 양재동의 현대기아차 본사 앞에서 기자회견을 열고 '사내하청 비정규직의 정규직화 및 정몽구 회장 구속'을 요구했다. 기막힌 사실은 2012년 2월 23일 대법원에서 불법 파견 사내 하청 노동자를 정규직으로 인정했음에도 회사 측은 지금까지 대법원 판결에 따른 사후 조치를 전혀 취하지 않은 점이다. 오히려 회사는 2년 미만 근무한 사내 하청 노동자를 기간제 계약직으로 전환하려 했다. 비정규직 폐지나 정규직으로의 전환과 같은 노동자의 절박한 요구에 대해서는 마이동풍이요 동문서답이다. 만약 어떤 노동자나 일반인이 법원의 판결, 심지어 대법원의 판결 결과를 존중하지 않고 무책임하게 대한다면 아마도 그는 처벌을 달게 받아야 할 것이다. 그러나 독점재벌이 그렇게 무책임한 태도로 일관하니 그냥 보고만 있다. 대한민국 사법부는 자본을 위해 존재하는가 아니면 정의를 위해 존재하는가? 대법원의 판결이 모욕을 당하는데도 아무런 조치를 취하지 않는 것은, 좋게 보아 사법부가 무능한 것이요, 나쁘게 보아 자본과 같은 패거리인 것이다.

한편 자동차 부품을 만드는 유성기업에서는 '심야노동 철폐' 및 '주간 2교대제'에 대해 노사가 합의했으면서도 경영진이 지키지 않는 바람에 장기투쟁 중이다. 현대차에서도 역시 같은 투쟁이 전개 중이다. 비정규직의 정규직화도 중요하지만, 심야노동 철폐를 통한 삶의 질 제고 또한 중요한 이슈다.

결국 쌍용(S), 강정(K), 용산(Y)의 고통은 'SKY 라인'에 들어가야 사람답게 살 것 같은 사다리꼴 사회구조 전체로 퍼져나간다. 그 고통은 실로 하늘을 찌를 정도다. 이 고통을 멈추는 유일한 길은 사다리 모양으로 생긴 기득권 구조 자체를 타파하고 모든 개인들이 나름의 꿈과 끼를 키워 사회에 나왔을 때 고른 대접을 받는 원탁형 사회를 만드는 것이다. 어떻게 만들 수 있는지 서둘러 묻기 전에, 진정으로 그런 사회를 간절히 원하는지 자문할 일이다.

쌍용차 노동자의 죽음, 이제 그만!

또 서른여섯 살 창창한 청춘이 자살했다. 벌써 22번째다(그리고 나중에 23번째 사망자가 또 발생했다). 행복하려고 일했건만, 15년간 오로지 "열심히 일한 죄"밖에 없는데 해고 대상이 됐다. 정리해고를 숨긴 '희망퇴직'이라는 기만도 거부했다. 77일간 전쟁 같은 점거 파업도 했다. 자본의 수호자인 국가 공권력이 투쟁을 끝냈다. 해고 뒤, 공장 근처 집도 처분했다. 지푸라기 잡는 심정으로 부당해고 무효소송을 했다. 역시나 자본의 또 다른 수호자 사법기관도 노동자에게 좌절만 남겼다. "같이 살자"며 열심히 일하고 투쟁한 결과, 오직 하나 목숨만 남은 상태, 국가도 기업도 자본의 본성에만 충실할 뿐 인간의 본성은 외면하는 상황, 심지어 같은 인간인 동료나 일반 사회로부터 고립과 낙인, 무관심과 냉소를 받는 현실, 그 어떤 희망조차 없는 상태, 그때 그는 자살을 선택했다. 마지막 저항의 몸부림이었다.

그가 저항한 대상은 일차적으로 기업과 국가의 반인간적, 반노동적 태도였다. 기업으로부터 잘려나가는 유연성은 강하되 새 일터에

진입하는 유연성은 낮은 사회, 자본에는 친절하되 노동에는 가혹한 한국, 노동시간 단축을 통한 일자리 나누기보다 정리해고나 비정규직을 통한 일자리 경쟁을 부추기는 대한민국, 헌법 10조의 행복추구권을 구현하려 노력하기보다 23조의 사유재산권 보호를 위해 노동탄압을 일삼는 나라, 바로 이런 것에 대한 저항이었다. 예컨대 회사는 노동자 65명에겐 임금과 퇴직금 가압류를, 금속노조엔 100억 원의 손해배상을, 정부는 경찰 치료비 명목으로 해고자 76명의 임금과 퇴직금, 22명의 부동산 등 20여억 원을 가압류했다. 절망에 절망을 축적해 압사시킨다. 노동자에게 희망이 없는 나라, 무슨 살맛이 나겠는가?

그는 또한 일반 사회의 무관심과 불감증에 저항했다. 성실한 노동자가 수천 명씩 잘리고, 국민의 생명을 보호해야 할 공권력이 거친 폭력을 행사하고, 극한의 절망감에 사람들이 연속 자살해도 '강 건너 불구경' 하듯 하는 이 세상 자체가 미웠을 것이다. 그래서 그는 세상을 버렸다. 그가 버린 세상에 사는 우리, 과연 행복할 수 있나? 지금 이 순간에도 10대 청소년이 하루에 한 명꼴로 자살을 선택하며, 노동자들이 일을 하다 하루에도 수백 명이 산재사고를 당한다. 석사, 박사까지 공부를 하고도 불안한 '보따리 장사'를 해야 하는 수만 명의 대학 강사도 생존과 절망의 경계선을 왕복한다. 겉보기에 안정적인 직장인이나 학생들조차 스트레스와 과로에 시달린다. 이런 사회적 고통에 대한 감수성을 잃어버린 사회, 그는 아마도 우리의 불감증에 온몸으로 저항하고 싶었을 것이다.

끝으로 그는 진보 진영의 무능력과 편협함에도 저항하고 싶었는지 모른다. 사태가 이 정도라면 나라가 뒤집힐 정도로 노동과 진보 진영 모두가 단결해 떨치고 일어나야 하지 않는가? '총파업'을 한다지만 나라를 통째로 뒤흔들 역량은 있는가? 한편 기업과 국가를 상대로 투쟁해 '복직'한들, 또다시 임금노예 생활을 반복하는 건 아닌가? 거국적으로 민주, 노동 진영이 힘을 합쳐 자본에 저항하면서도 노동자 풀뿌리 공동체를 곳곳에 만들어 아래로부터의 혁명을 하는 게 옳지 않을까?

쌍용차에서, 아니 다른 어디서도 더 이상 사회적 살인이 없길 바란다. 그러려면 사회적 불감증의 타파, 자본 탄압에 대한 저항과 함께 신바람 나는 대안이 나와야 한다. 열심히 일한 뒤 정리해고 당하는 역설, 목숨 걸고 싸운 뒤 또 임금노예가 되는 역설의 덫에 걸리지 않으면서도 자본의 지배를 끝장낼, 보다 즐거운 투쟁을 만들어야 한다. 2012년 4월 13일 민주노총에서 열린 쌍용차 사태에 대한 기자회견에서 백기완 선생은 "해마다 들꽃은 꽃과 열매를 맺는데, 왜 피땀 흘리는 노동자들은 꽃과 열매를 맺지 못하나?"며 통탄했다. "얄팍한 선거정치에 침이나 흘리지 말고, 사람 죽이는 놈들과 크게 싸워 이길 때만 노동자들은 역사의 열매를 맺는다!"고 외쳤다. 그렇다. 대안을 만들면서도 저항하고, 저항하면서도 대안을 만들어야 한다. 이게 곧 역사의 희망이다.

삼성전자 휴대폰과 백혈병 노동자

열아홉의 나이로 '잘살아보겠다'는 꿈을 안고 삼성전자 온양공장에 취직한 여성 노동자가 있었다. 방사선 기계로 검사 업무를 하다가 3년 만인 2007년에 백혈병 진단을 받았다. 하늘이 무너지는 기분이었다. 7차례의 항암치료와 골수이식에도 불구하고 결국 숨졌다. 이름은 박지연. 나이 스물셋. 2007년 3월 황유미 씨도 같은 백혈병으로 사망했다. 그도 스물셋이었다. 삼성전자 전·현직 노동자 가운데 지금까지 확인된 백혈병과 림프종 등 조혈계 암 질환 발병자는 22명에 이른다. 알려진 것만 해도 기흥공장 14명, 온양공장 4명, 수원사업장 1명 등이다. 박씨, 황씨를 포함해 모두 9명이 숨졌다. 사태의 심각성을 알고 이를 심층 취재한 MBC 〈PD수첩〉과 SBS 〈그것이 알고 싶다〉, 그리고 대전MBC 〈시사 포커스〉 등 시사 프로그램이 어떤 이유에서인지 방영되지 못했다. 휴대폰이든 컴퓨터든 우리가 매일 쓰는 '생필품'을 만드느라 이렇게 노동자들이 죽어간다. 우리는 그들의 생명 에너지를 먹고 '편리'하게 살아간다.

2010년 1월에는 한국타이어 제품검사팀에서 일하던 52세의 손 모 씨가 죽었다. 급성심근경색이다. 이 회사에서는 2006년 5월부터 2007년 12월까지 15명의 공장 및 연구소 노동자들이 심장질환과 암 등 질병으로 돌연사했다. 또 다른 자료에 따르면 1995년부터 2010년까지 15년 간 대전공장, 금산공장, 중앙연구소 등에서 모두 100명이 사망했다. 질병으로 인한 사망자만도 60명이 넘는다. 양심적 전문가들에 따르면, 카본블랙과 초미세분진, 유기용제 솔벤트 등이 뇌심혈관계 질환을 일으키기 쉽다고 한다. 그러나 지금까지 아무도 산재 인정을 받지 못했다.

금호타이어 광주, 곡성 공장에서 일하던 노동자 5명이 불과 8개월 안에 죽어갔다. 2007년이다. 2005년에도 3명이 돌연사했다. 회사 측은 모두 개인적인 죽음이라 했지만, 노동자들은 고용불안과 노동강도를 지적했다. '아직 잘리지 않았을 때 많이 벌자'며 야근·특근·휴일근로 등 연장근로를 습관적으로 하던 터였다. 기본급보다 수당이 더 많은 임금구조도 문제이고, 작업 인원이 부족해 편하게 쉴 수 없다는 것도 문제다. 결국 한편에서는 해고의 공포가, 다른 한편에서는 노동의 고통이 노동자들의 숨을 틀어막았다.

그리고 2009년 5월 말, 쌍용자동차에서 41세의 노동자 엄인섭 씨가 뇌출혈로 사망했다. 6월 초에 단행될, 3천 명 규모의 정리해고 압박으로 잠도 제대로 자지 못하는 등 극심한 스트레스에 시달렸다. 뜨거운 '77일' 동안 투쟁하던 과정에서 이런 식으로 뇌출혈, 심근경색, 자살로 목숨을 잃은 노동자가 4명이다. 충격으로 노동자의 가족이 사망한 경우도 2명이다. 파업이 끝난 뒤에도 후유증과 경찰의 강압수사로 2명이 자살을 시도했다. 우리가 날마다 자동차를 타고 거리를 빠르고 편리하게 질주할 때, 우린 이렇게 죽어간 노동자들의 생명 에너지를 머금고 달리는 셈이다.

이렇게 노동자들은 일하면서 죽어가고, 일을 못해도 죽어가고, 일하게 해달라고 싸우다가 죽어간다. 그들이 만든 휴대폰과 컴퓨터, 그들이 만든 자동차를 당연하다는 듯 무심코 잘 쓰는 우리들은 과연 그들을 기억하는가? 그들의 노동을, 그들의 피와 땀과 눈물을, 그들의 고통과 두려움을, 그들의 소망과 희망을.

문제는 죽어간 노동자만이 아니다. '아직' 잘리지 않거나 '아직' 살아 있는 노동자들은 과연 행복하게 살고 있는가? 혹시라도 일 중독에 빠져 몸은 살아 있되 정신은 죽은 거나 다름없는 '좀비'가 아닌가? 나아가 그 노동자들이 만든 휴대폰과 컴퓨터, 자동차를 별 생각 없이 잘 쓰는 소비자들은 어떠한가? 혹시라도 '돈이면 안 될 게 없다'거나 '어디, 공짜 폰이 없나?' 라며 소비중독에 빠진 건 아닐까? 돈벌이 경제가 번창하는 원리는 이렇다. 소비자들이 소비중독에 빠질수록 노동자들은 일중독에 빠져들어야 하고, 노동자들이 일중독에 빠져들수록 소비자들이 소비중독에 빠져야 한다. 과연 우리는 노동자의 고통과 죽음을 외면한 채 소비세계 속의 편리만 추구하며 살 것인가.

창조 컨설팅의 '창조적 파괴'와 노동조합

2012년 10월 창조컨설팅이라는 회사가 노동부 인가 취소를 당했다. 대표노무사도 3년간 자격정지를 당했다. 창조컨설팅이란 회사는 기업의 인사, 노무, 노사 문제를 전문적으로 자문하는 기관이었다. 원래 컨설팅 기업이라면 '어떻게 하면 기업 경영을 보다 선진적으로 할 것인가?'를 자문해야 마땅하다. 그를 통해 기업과 사회, 경영자와 노동자가 조화롭게 공생하는 길을 제시하는 것이 본래의 사명이어야 한다. 그런데 창조컨설팅의 경우는 그런 것과 거리가 멀게, '어떻게 하면 노동조합을 파괴할 것인가'를 고민하고 자문했다.

한 유성기업 해고자는 "유성기업 사태에 창조컨설팅과 관련된 문건이 수없이 밝혀졌다. 창조컨설팅은 몇 억을 받고 노조파괴 시나리오를 짜고 복수노조 설립과정과 공문, 선전물까지 개입했다. 청와대, 국정원, 현대차, 노동부는 이메일을 통해 소통했다"고 밝혔다. 또 다른 증언도 있다. 금속노조 보쉬전장의 한 조합원은 "통상적인 투쟁을 빌미로 노조 지회장을 해고하고, 직장폐쇄로 협박하고 임금으로 회유해 조합원들을 복수노조로 빼갔다. 창조컨설팅이 작년 10월부터 개입했다. 부당노동행위와 지배개입으로 만들어진 복수노조는 임의 단체에 불과하다"고 주장했다. 금속노조 콘티넨탈의 노조 대표는 "교섭 당시 유일한 노조였음에도 창구단일화를 빌미로 행정지도가 나왔고, 사측은 불법파업으로 매도했다. 노동부와 회사가 손발을 맞춰 노조 파업을 불법으로 몰아갔다. 유착이 아니라면 복수노조 설립을 취소하고 특별근로감독과 책임자 처벌을 실시하라"고 요구했다. 민주노총 대전지역본부장도, "경찰의 비호 아래 컨택터스가 폭력을 휘두르고, 노동부 비호 아래 창조컨설팅이 노조파괴에 나섰다. 창조컨설팅 인가 취소와 대표노무사 3년 자격정지는 꼬리자르기에 불과하다"고 비판했다. 더욱 놀라운 것은 창조컨설팅보다 전문적 법률 자문 기관인 변호사 조직도 노조 파괴에 협조했다는 사실이다. 대전 MBC 지부장은, "언론 파업 당시 법무법인 광장 변호사들이 파업 대응과 노조와해를 위해 MBC에 상주했다"고 폭로했고, 공공운수노조 청주교차로지회 사무장은 "창조컨설팅을 모방한 듯한 노조와해 공작이 일어나고 있다. 올해 내 간부 해고, 노조 파괴를 목표로 하는 시나리오가 있다는 정황이 포착됐다"고 증언했다.

 2012년 연말 대선을 앞두고 '경제민주화'가 한창 화두가 된 시점에 '노조파괴 시나리오'가 가동되었다는 것도 놀라운 일이고, 그 작전에 컨설팅회사나 법무법인의 변호사, 그리고 노동부가 협력했다는 사실은 더욱 놀라운 일이다. 만일 서양 선진국에서 이 정도라면 이미 노동부 장관은 사표를 쓰고 물러나야 했으며, 국회에서는 국정조사까지 벌어졌을 것이다. 대한민국 헌법 33조에서도 엄연히 노동자의 단결권, 교섭권, 행동권이 모두 보장되고 있지 않은가? 전문가

나 권력층부터가 '불법'을 자행하는 마당에 언제 어떻게 '준법정신'이 제대로 이행되겠는가?

　게다가 헌법 119조 2항엔 '균형성장, 적정분배, 독점방지, 주체조화' 등을 핵심으로 하는 경제민주화 조항이 있다. 성장도 좋고 분배도 좋지만, 나는 주체들이 제대로 섰으면 한다. 노동자나 노동조합이 존중받는 사회, 그래서 사회경제적 의사결정 과정에 대등한 지위로 참여할 수 있는 사회야말로 선진국의 표상이 아니겠는가?

　민주노총 부산본부의 김진숙 지도위원은 2012년 여름에 독일을 방문하고 경찰들이 노동자 집회와 시위를 방해하는 것이 아니라 적극 보호하는 걸 보고 너무나 신선한 충격을 받았다고 고백했다. 당시 이명박 내동령이 독일을 방문했는데, 독일 노농자와 시민들(교포 포함)이 대통령에게 듣기 싫은 소리를 하며 반대 시위를 했던 모양이다. 대통령 경호원들이 시위자를 한국식으로 마구 저지하려 하자 독일 경찰이 그 경호원들을 체포했다는 것이다. 이게 선진국다운 모습이다.

　일하는 사람들, 사회의 곳곳에서 땀 흘리는 사람들이 인간답게 살도록 하자는 것이 경제민주화다. 그렇다면 노동자와 노조를 무시하거나 파괴할 것이 아니라 그들의 목소리에, 그들의 고통에 귀를 기울여야 한다. 파괴할 것은 노동조합이 아니라 독점재벌 체제이며, 이윤을 위해 사람과 자연을 파괴하는 자본이다. 앞으로 제2의 창조컨설팅과 같은 사태가 반복되지 않기를 바랄 뿐이다.

6. 무엇을 위한 구조조정인가?
경쟁력 중심 vs. 삶의 질 중심 구조조정

사람들은 구조조정이란 말만 들어도 깜짝 놀란다.
그러나 중요한 것은
그것이 경쟁력 중심인가 삶의 질 중심인가에 따라,
또한, 누가 주체적으로 추진하는가에 따라
우리의 운명이 180도로 달라진다는 점이다.

구조조정, 한국사회의 집단적 트라우마

1997년 12월, 국제통화기금(IMF)으로부터 210억 달러의 구제금융을 받은 이후 김대중 정부는 4년 만인 2001년에 공식적으로 환란을 극복했다고 선언했다. 그러나 오랜 시간이 지난 지금까지도 한국사회는 IMF가 강요했던 신자유주의적 구조조정의 소용돌이에서 자유롭지 못하다. 특히 나는 IMF 식 구조조정이 한국사회 전체에 일종의 '집단적 트라우마'를 남겼다고 본다(트라우마란 정신적 상처의 흔적이다). 이 트라우마로 인해 사람들은 더욱 경쟁을 내면화하고 일중독에 빠지게 되었다고 본다.

따라서 여기서는 그러한 경제위기가 가진 의미가 무엇인지, 또한 IMF 구제금융의 조건으로 실시해야 했던 구조조정의 내용과 의미가 무엇인지, 나아가 그러한 변화와 오늘날 우리가 경험하는 사회경제적 현실 사이에 어떤 관계가 있는지를 더욱 차분히 따져보기로 한다.

이러한 문제에 대한 해답을 찾기 위해 일단 그 당시로 한번 돌아가 보자. 우선, 1992년 김영삼 문민정부 이후 등장한 '국제화' 내지

'세계화' 바람을 타고 한국 경제는 세계시장에 더욱 노출되었다. 1987년 이후 강력하게 부상한 민주노동운동에 대한 자본(국가와 기업)의 대응전략이 낳은 결과이기도 했다. 즉 자본은 한편으로는 수많은 중소기업에 외국인 이주노동자를 불러들여 장시간, 저임금, 무권리 노동력을 활용하고자 했고, 다른 한편으로는 수많은 대기업들이 '세계 경영'이라는 이름으로 해외로 진출하여 현지의 값싼 노동력이나 새로운 시장을 활용하고자 했다. 그리하여 재벌 중심의 한국 경제는 정경유착 속에 세계 금융자본으로부터 투기성이 강한 단기자금을 빌려 무리한 투자를 강행하기도 했다. 결과적으로 대내적으로는 이윤율 저하, 대외적으로는 취약성 증대라는 특징을 띠게 되었다. 한보, 삼미, 진로, 기아 등 수많은 기업들이 연쇄 부도를 맞았다. 요컨대 그 이전 군사독재 시절에 그나마 강력한 국가가 산업과 금융을 일정하게 관리해왔으나 특히 1990년대 이후 개방경제 시대가 도래하자 오랫동안 누적되었던 내재적 취약성이 세계자본에 무방비하게 노출되었던 것이다. 이것이 사실상 IMF 경제위기의 근본 배경이다.

이런 면에서 나는 1997년 IMF 경제위기를 단순히 1910년 한일합방에 뒤이은 '제2의 국치일'이라 보는 시각을 넘어서야 한다고 본다. 근본적으로 자본에는 국적이 없다. 자본은 처음부터 국적을 가려서 이윤을 추구하진 않았다. 돈만 되면 국경도 넘어가고 지옥에도 들어간다. 돈이 되지 않으면 조국과 민족도 버리고 사회도, 사람도 버린다. 그것이 자본이다. 경쟁은 자본이 몸집을 불리기 위한 수단에 불과하다. 그리고 (자본이 강요하는) 경쟁은 사람들로 하여금 경쟁의식으로 무장하게 만들어 상호분열을 조장하기 때문에 효과적인 지배수단이 되기도 한다. 그래서 IMF의 관리를 받게 되었다고 해서 '국치'라고 느낄 필요까지는 없다. 다만 한국자본은 그 대상이 눈에 잘 보이지만, 세계자본은 그 대상이 잘 보이지 않는다. 협상이나 투쟁을 벌이려 해도 구체적 실체가 보이지 않으니 더욱 힘들어질 뿐이다. 이런 면에서 자본은 본질적으로 세계자본이다. 문제는 우리가 자본을 보는 시각이다.

첫째, 우리는 한국자본이 세계 경쟁에서 승리하기를 바란다. 일례로 한국의 자동차산업이 세계 5위라 하면 마치 나 자신이 세계 5위가 된 듯 뿌듯해한다. 마음속으로는 세계 최고가 되기를 소망한다. 평소에 월드컵이나 올림픽에서 한국 선수가 1등하기를 바라는 마음과 같다. 아니, 그런 마음들이 꾸준히 훈련되었기 때문에 자연스레 한국자본의 승리까지 나의 승리라 생각하게 된다.

둘째, 세계자본이 한국에 와서 하는 나쁜 짓에 대해선 대단히 분노하는데, 한국자본이 세계로 나가서 하는 나쁜 짓에 대해선 관심이 없거나 알더라도 모른 척한다. 물론 권력과 기업은 정경유착이 되어 대체로 한통속으로 움직이므로 노동자 등 시민사회가 분노해봐야 별 소용이 없지만 말이다. 일례로 쌍용차에 대한 상하이차 자본의 농간, 외환은행에 대한 론스타 자본의 농간 같은 것에 대해선 시민사회가 거세게 분노했다('친자본'적 정권으로 인해 별 성과는 없었지만). 반면에 포스코가 인도나 인도네시아, 브라질에 세우는 제철공장, 한진중공업의 필리핀 수빅 공장, 삼성전자의 중국, 인도 공장, 현대자동차의 터키, 브라질, 중국, 인도 공장 등에서 일어나는 일들에 대해선 별 관심이 없다.

셋째, 제일은행이나 외환은행, 삼성자동차, 홍농종묘가 세계자본에 매각된 것은 잘 알지만, 국민은행, 신한은행, 포스코, 삼성전자 등의 주식 중 50퍼센트 내지 그 이상을 세계자본이 소유하고 있다는 사실은 잘 모른다. IMF 사태 직후인 1998년 5월에 김대중 참여정부가 '외국인 주식투자 한도를 폐지' 했기 때문이다. 오죽하면 한국 주식시장은 외국자본의 놀이터라는 말까지 나왔겠는가? 그럼에도 우리들은 아직도 국민은행, 신한은행, 포스코, 삼성전자 같은 기업들을 '한국' 기업이라 알고 있다. 사실 현재 시장에서 거래되는 주식의 시가총액의 3분의 1 이상을 세계자본이 차지하고 있다. 2004년 무렵엔 2분의 1 가까이에 접근한 적도 있다. 요컨대 IMF 사태와 그 이후의 과정은 세계자본이 한국의 국가권력을 무장해제한 뒤 쓸 만한 사업체를 접수하는 과정이었고, 주식시장까지 사실상 점령하여 한국에서 생산된 이윤을 빨아들일 발판을 마련하는 과정이었다.

여기서 분명한 점은 우리의 의식이 한국이라는 국가와 민족의 범주에 묶여 있는 동안, 자본은 너나 할 것 없이 자신의 조건에 따라 세계적으로 움직인다는 사실이다.

이제는 김대중 국민의 정부 아래서 이뤄졌던 IMF 식 구조조정의 본질과 영향에 대해 간단히 살펴보자. 사실 그 직전의 김영삼 정부는 1996년 말에 안기부법과 노동법을 날치기 통과하는 바람에 전 국민적 저항을 받았다. 그러나 1997년으로 넘어가면서 마침내 정리해고를 법제화하는 근로기준법이 개정되고 말았다. 어찌 보면 IMF 이전에 이미 IMF 식 구조조정의 기초를 놓은 셈이다. 왜냐하면 IMF 식 구조조정이란 대외적으로는 세계자본에 문을 열고(개방화, 자유화, 탈규제화), 대내적으로는 자본합리성에 따라 법과 제도를 정비하는 것(긴축 재정, 부실기업 정리, 공공부문 민영화, 유연화, 합리화)을 의미했기 때문이다. 김대중 대통령이 직접 기업 · 금융 · 공공 · 노동 등 '4대부문 개혁 점검회의'를 주재할 정도였다. IMF의 입장에서 보면 김대중 정부는 내부의 불만을 적절히 관리하면서도 세계자본의 요구에 잘 부응하는 맞춤형 지도자였다. 이것이 IMF라는 세계자본의 관리자와 김대중 정부라는 일국의 관리자가 가졌던 공통분모였다. 이들은 서로 긴밀히 소통하면서 200억 달러 정도의 구제금융을 매개로 대한민국의 정치경제, 사회문화를 개조했다. 그 과정에서 역설적으로 최소한의 사회적 안전망이 구축되는 듯했는데, 사실상 그것은 참된 복지사회를 추구한 것이 아니라 IMF 식 구조조정으로 인한 사회적 불만의 폭발을 예방하기 위한 조치에 불과했다. 그 결과 한국사회는 더욱 '승자독점' 사회로 변모했다. IMF 이후 15년 이상이 지난 2012년 말, 30대 재벌로의 부의 집중, 그중에서도 10대 재벌로의 부의 집중은 재벌 자신도 깜짝 놀랄 정도다. 일례로 금융정보업체 '에프앤가이드'와 '재벌닷컴'에 따르면 2012년 12월 결산법인(제조업) 상장사 1,345곳의 2012년 1~3분기 매출액 909조 3천억 원 중 총수가 있는 10대 재벌 그룹 상장사 80곳의 매출액은 492조 5천억 원으로 전체의 54.2퍼센트였다. 또 금융업체를 포함한 10대 재벌 95개 상장사의 시가총액도 2013년 1월 8일 기준, 733조 9천억 원으로 전체 시가총액(1,267조 5천억 원)의 57.9퍼센트에 이른다.

이는 유로존 재정위기가 본격화하기 전인 2011년 8월 초(54.5퍼센트)보다 3.4퍼센트포인트가량 늘어난 것이다. 한편 전체 국민 중 소득 상위 20퍼센트의 평균 소득이 하위 20퍼센트의 그것보다 7배나 많을 정도로 빈부격차가 벌어지고 있다. 사실 이런 비교조차 실상을 왜곡할 수 있다. 왜냐하면 '평균' 개념은 수학의 원리를 이용하여 현실적 삶의 체감도를 부드럽게 또는 무디게 하기 때문이다. 일례로 한국의 재벌가는 하루에도 1억 이상을 벌지만, 어떤 작가는 먹을 것이 없어 굶어죽어가기도 했다. 또 도시의 백화점엔 중산층 이상 부자들이 우글거리지만, 도시 외곽이나 시골에서는 전기세를 내지 못해 촛불을 켜고 지내다 불이 나서 죽어가는 사람들이 있다. 구체적 현실은 이렇게 차갑고 대조적이다. 군사정권이든 민간정권이든 자본의 일부로 기능하는 한, 세계자본은 정권의 힘을 빌려 고유의 자본증식을 무한히 추구한다. 그 과정에서 중산층, 서민, 여성, 청년, 이주민, 노인, 청소년, 어린이 등은 아래로, 주변으로 내몰린다. 요컨대 자본을 위한 신자유주의적 구조조정 아래 '20대 80 사회'가 갈수록 '10대 90 사회'를 거쳐 '1대 99 사회'로 이행하고 있다.

바로 이 지점에서 우리는 한 가지 질문을 던져야 한다. 도대체 누구를 위한 구조조정, 어떠한 구조조정이었기에 이렇게 사회적 양극화가 극심하게 진행될까, 하는 질문이다.

바로 여기서 우리는 구조조정을 둘러싼 여러 차원의 담론들을 조심스레 들여다보고 지금까지의 문제를 극복할 수 있는 대안적 구조혁신의 방향을 모색할 필요를 느낀다.

구조조정의 개념적 차이들

우선 여기서 분명히 해야 할 것이 있다. 그것은 구조조정이라는 개념이 누구의 입장에서 어떠한 시각으로 접근하는가에 따라 달라질 수밖에 없다는 점이다. IMF가 우리에게 강제했던 구조조정 이외에도, 재벌이나 정부가 이야기하는 구조조정, 시민단체나 노동자들이 원하는 구조조정 사이에는 매우 중요한 차이가 있다. 따라서 우리는 이것을 엄격히 구분해서 써야 한다.

첫째의 의미는 IMF나 세계은행 등 세계자본이 요구하는 바, 보호주의적이고 규제 위주의 경제구조를 개방적이고 자유주의적인 구조로 바꾸어야 한다는 것이다. 그리고 정경유착의 표본인 재벌을 개혁하여 계열사 간 상호지급보증을 폐지하고 내부거래를 금지하며, 경영과 소유를 분리하라는 것이다. 나아가 부실 금융기관을 정리하고 금융기관의 대출행위를 철저히 시장 논리에 맡기며, 세계금융자본에 활동의 자유를 확대하라고 한다. 모든 분야에 철저히 시장 논리, 그것도 세계시장의 논리를 관철시켜야 한다는 것이다. 이것은 자본과 상품의 자유로운 이동을 원하는 IMF나 세계은행 등 시장자유주의자들이 '세계화'의 물결 속에서 범지구적으로 적극 주창하고 요구하는 바다. 이 과정에서 수십 개국의 후진국이나 개발도상국들은 기존의 자급자족적 경제구조나 생활방식을 급속도로 파괴당하고 이른바 영미 식 선진 모델을 추종하도록 강제되었다. 그리하여 모든 가치판단의 기준이 세계시장에서의 상품경쟁력으로 환원되었다. 즉 경제적 효율성이 있는 것(돈벌이가 되는 것)은 무조건 바람직한 것이고 그렇지 못한 것은 무조건 쓸모없는 것으로 치부되었다. 한국도 이미 주식시장의 3분의 1가량을 세계자본이 차지하고 있으며 주요 은행이나 많은 기업들도 인수 및 합병을 통해 장악되었다. 그 결과 일각에서는 '먹튀 자본'의 문제, 국부의 해외 유출, 한국 경제의 식민화를 우려하고 있다.

둘째의 의미는 노동집약적이고 저부가가치형의 경제구조를 자본집약적이고 고부가가치형의 경제구조로 전환하자는 것이다. 이것은 특히 개발도상국의 정부가 경제정책을 추진하면서 기존의 경공업 등 값싼 임금을 이용한 경쟁전략이 일정한 한계에 부딪히자 이러한 한계를 극복하기 위해 그 돌파구로 제시하는 것이다. 이런 방식의 구조조정은 이미 박정희 시절의 한국에서도 이뤄진 바 있다. 1960년대까지만 해도 주로 경공업 중심의 발전을 했다. 1970년대부터는 중화학공업 중심으로 수출전략을 세웠다. 마침내 1980년대, 그리고 1990년대가 되면 자동차, 조선, 컴퓨터, 휴대폰 등이 고부가가치 산업으로 부상한다. 그러나 이 과정에서 노동배제적 자동화나 정보화가 가속화되고 따라서 인간 노동력은 가차 없이 합리화의 대상으로 전락하여 실업자나 임시직의 형태로 길거리로 내몰리고, 오로지 소수의 고급 기능 인력만이 상대적으로 좋은 대접을 받게 된다.

셋째의 의미는 재벌이나 대기업들이 많이 쓰는 의미로, 경쟁력 있고 이윤이 나오는 분야(핵심, 주력업종)는 살리고, 반면에 경쟁력 없고 이윤이 낮은 분야(주변, 한계업종)는 과감히 정리한다는 뜻이다. 예전에는 같은 그룹 안에서 이윤이 많은 분야는 적자를 보는 분야에 지원을 해주어 서로 보완적인 관계를 유지했는데, 세계화 물결과 더불어 이제는 비효율적인 부분은 비록 그것이 자기 몸의 일부라 할지라도 과감히 잘라낸다. 이것은 기업이 만들어내는 재화와 서비스가 사회적 필요에 맞는 것인지 아닌지와는 상관없이, 단지 더 많은 이윤을 갖다 주는 분야만을 계속 유지하거나 확장하겠다는 뜻이다.

물론 자본주의 사회의 기업은 이윤을 좇아 부단히 움직인다. 그러나 바로 이 점 때문에 자본주의의 구조적 한계가 드러나기도 한다. 즉 아무리 기업들이 '고객만족 경영'을 외치고 다닌다 하더라도 그것이 높은 이윤을 보장해주지 않는 한, 인간의 사회적 욕구를 충족하는 데 필요한 것을 만들어 공급한다는 이상적 목표는 '빛 좋은 개살구'가 될 수밖에 없다. 따라서 시장경쟁을 통해 사회적 자원의 효율적 배분과 삶의 질 향상을 도모하겠다는 발상은 결코 현실화되기 어렵다.

게다가 최근엔 재벌이나 대기업들이 '트리클다운 효과'를 내세우며, '위에서 잘되면 그 떡고물이 자연스레 아래로 떨어진다'고 선전하기도 했다. 수출기업, 재벌기업, 대기업이 돈벌이를 잘하면 그에 따라 중소 하청 또는 협력기업들도 일정한 이득을 볼 수 있기 때문에 괜스레 재벌해체라든지 재벌개혁이라든지 하며 '뒷다리'를 잡지 말라는 것이다. 그러나 앞에서 재벌의 경제력 집중에서도 보았듯이 윗물이 흘러넘쳐 아래로 흐르는 것이 아니라 아래쪽 물을 위로 뽑아 가져간다. 이것이 현실이다. 그렇다면 우리는 이것을 '트리클다운 효과'가 아니라 '스펀지 효과'라 해야 마땅하다.

넷째는 일부 시민단체의 요구처럼 재벌 위주의 구조를 중소기업 위주의 구조로 바꾸자는 의미의 구조조정이 있다(2012년 말에 새누리당 후보로 출마해 과반의 득표로 당선된 박근혜 대통령은 '중소기업 지원'을 내세우기는 하지만 재벌 구조 자체를 손댈 구상은 없다). 이러한 재벌 개혁적 구조조정은 지금까지 재벌이 혈통과 친족을 매개로 경제적인 합리성이 아닌 전근대적 비합리성과 정경유착이라는 의혹 속에서 급성장해왔기 때문에 냉혹한 세계화의 물결을 헤치고 국제경쟁력을 획득하려면 과감한 재벌해체, 그리고 소유와 경영의 분리(황제 경영의 타파)가 이루어져야 한다는 시각에 바탕을 두고 있다. 나아가 대만이나 독일, 이탈리아 등의 경우처럼, 중소기업체들이 그 고유의 유연성과 기술력을 바탕으로 충실하게 성장한 나라의 국제경쟁력이 강하다는 사실에 착안하여, 우리나라도 그렇게 중소기업 위주의 경제구조로 전환해야만 국제경쟁력을 높일 수 있다는 입장이다. 경실련이나 참여연대 등 여러 시민단체들은 이런 식의 구조조정을 요구하고 있다. 그러나 이것은 일정 정도 합리적 측면이 있지만 다음과 같은 점에서 한계가 있다. 즉 이 입장은 중소기업도 경쟁력을 획득하고 자본을 축적하면 얼마든지 독점대자본으로 클 수 있어 재벌의 전철을 밟을 수 있다는 점을 간과하고 있다. 다른 한편으로는 이 시각 역시 세계시장과 국제경쟁력 강화의 틀 속에 갇혀 있어, 부단히 생겼다 사라지는 수많은 중소기업 뒤에서 고통을 당하는 수많은 민중의 삶은 별로 고려되지 않는다는 점이다.

다섯째의 의미는 일하는 사람들이 진정으로 원하는 구조조정으로, 이것은 사람의 사회적 필요와 삶의 질 향상에 도움이 되는 경제분야나 경영방식은 계속 살리고 적극 장려하되, 그렇지 않은 것은 과감히 잘라내는 것이다. 이제 기준은 더 이상 경쟁력이나 수익성이 아니다. 참된 기준은 인간다운 삶이다. 그것은 경쟁력이나 수익성을 확보한 다음에 사후적으로 사람을 위해 뭔가 해주겠다는 지금까지의 선전들이 모두 거짓말이었다는 판단 때문이다. 따라서 이제부터는 인간적 필요를 충족시키고 삶의 질을 높이는 데 기여하는 분야는 적극 촉진하되, 독점재벌이나 군수산업, 공해산업, 사치품산업, 퇴폐·향락업, 열악한 노동환경을 강요하는 분야, 중복 투자된 분야, 사람들의 민주적 의견에 반하는 투자 등은 과감히 척결해야 한다. 그리고 전반적 경제 과정이나 노동과정을 일하는 사람들의 소망과 욕구에 부합하도록 고쳐나가야 한다. 또한 이것은 인간과 자연을 파괴하는 기술이 아닌 지속가능한 기술의 개발과 활용, 재생 에너지와 자원의 절약과 순환, 온갖 차별과 관료주의, 부정부패, 낭비 요인의 타파 등을 포함한다. 바로 이런 방향성을 갖는 혁신이 곧 '아래로부터의' 구조조정이다.

필자가 보기에, 지금까지의 모든 구조조정은 마지막 내용과는 거리가 먼 방향으로 치달았다. 그럼에도 2008년 세계 금융위기를 계기로 한국 경제는 더욱 휘청거리고 있다. 이제는 IMF 경제위기가 아니라 해도 '상시적 위기'를 말할 정도다. 엄밀히 말하면, 자본은 (무한경쟁, 무정부주의적 생산, 과잉투자로 인한 이윤율 저하, 자원 고갈, 생산성 향상 과정에서의 파괴성 증대, 노동 저항 등으로) 늘 위기에 놓여 있으며, 역설적으로 자본은 사람들의 '위기의식'을 먹고산다.

왜냐하면 사람들이 위기의식을 강하게 느껴 생존경쟁에 몰입할수록 자본은 사람과 자연의 엑기스를 더 효율적으로 짜낼 수 있기 때문이다. 따라서 기업가나 정치권이 '곧 위기를 극복할 것'이라 희망 섞인 선전을 해댄다 해도, 나아가 무디스나 스탠더드앤푸어스, 피치 같은 신용평가 기관(점수와 경쟁을 통해 전 세계를 효과적으로 관리함) 등이 한국 경제에 A+ 점수를 아무리 많이 준다 해도, 자본을 위한 구조조정 방식은 '삶의 위기'를 치유하기는커녕, 오히려 더 심화시킬 것이다.[1]

---

1. H. 하이데 교수는 『노동사회에서 벗어나기』(박종철출판사, 2000, 72쪽)에서 "한국사회 전반에 IMF가 강제한 신자유주의 전략의 결과로 초래된 탈연대화와 이로 인한 두려움이 존재한다. 그럼에도 … 이미 (사회적으로) 탈진된 상태에서 또다시 사회의 자기 착취 노력이 시도된다 하더라도 과연 장기적으로 성공할 수 있을지는 대단히 의문스럽다"고 예견했으며, "바로 이 사회적 자기 착취의 종식 이외는 결코 다른 대안이 없다"고 단언했다.

구조조정의 결과와 저항

선진 강대국 주도로, 그리고 선후진국을 막론하고 지배층 및 독점 자본가에 의해 주도되는 신자유주의 세계화의 결과는 그들의 선전과는 달리, 한마디로 '절망의 세계화'라 표현할 수 있다. 우리의 경험은 결코 우리만의 경험이 아니라 세계 각국의 경험으로 일반화할 수 있다. 그것은 제3세계의 빈곤화 및 희망의 상실, 실업의 급속한 증대와 임금의 저하, 소규모 생산자들의 도산, 교육과 의료 체계의 약화, 자립성과 자율성의 파괴, 공동체와 생태계의 훼손, 범죄와 이민의 증가, 이와 동시에 이뤄지는 북반구 납세자들에 대한 수탈과 사회직 공격(사회보장의 후퇴), 마약의 증대, 온실 효과 등 기상 이변의 촉진, 그리고 일부 세계적 기득권층의 사치와 낭비, 자본의 과잉으로 인한 경제의 투기화, 부자들의 재산 보호를 위한 방범과 보안, 감시 장치의 고도화, 사회적 위화감의 확산 등이다. 이를 보다 구체적으로 살펴보자.

아프리카의 경우 사하라 사막 이남의 47개 정부 중에서 30개 정부가 이들 국제기구들이 차관을 매개로 강제하는 구조조정 프로그램에 종속되었는데, 그 결과 빈민의 삶이 처참할 정도로 유린당했다. 이들 나라의 평균 국민총생산은 1980년대에 해마다 2.2퍼센트씩 하락했으며 1990년 1인당 국민소득은 1960년대 독립 당시의 수준으로 후퇴했다. 이미 1988년에 유엔은 "가장 취약한 인구 그룹들, 특히 여성과 아동, 장애인, 노인들이 가혹하고 치명적인 영향을 받았다"고 결론을 내린 바 있다. 대다수의 부르주아 경제학자들이 구조조정으로 이들 나라의 부채가 줄어들 것이라 선전했으나, 1992년까지 아프리카의 외채는 1980년보다 2.5배 이상 증가한 2,900억 달러에 이르렀다. 나아가 이들 나라는 산더미처럼 불어나는 이자를 갚기 위해 외화벌이를 하느라고 삼림을 대대적으로 벌목하며 자연자원들을 강도 높게 개발(?)해야 한다. 결과는 생태계의 파괴, 삶의 터전의 파괴, 농업의 파괴이며, 가뭄과 홍수, 온 국토의 사막화 현상, 기아와 가난, 국내적·국제적인 대량의 이민 행렬 등이다. 이처럼 우리 눈에 쉽게 관찰되는 이 결과는 바로 이러한 종속적 외채 구조 속에서 이루어진 것이다. 따라서 열대 지방 사람들 혹은 후진국 사람들이 게을러서 가난하다는 이야기는 새빨간 거짓말임이 드러난다.

남미의 경우도 예외는 아니다. 남미 사람들은 외채를 통한 부의 유출을 두고, 멕시코의 정복자 '코르테스 이후 가장 악랄한 약탈자'라고 비판하며 신자유주의가 활개를 친 1980년대를 '상실의 10년'이라 부른다. 예컨대 1990년의 1인당 국민소득은 1980년과 동일한 수준이었다. 심각한 영양결핍과 그에 이은 콜레라가 이들 나라를 괴롭힌다. 세계의 지배자들이 칠레 같은 나라를 구조조정의 성공 사례로 제시하지만, 칠레에서는 1970년대 초반 이후 실질임금이 40퍼센트 이상 하락했고 굶주림이 만연하며 영양결핍으로 수많은 사람들이 고통 받고 있다. 나아가 민중지향적인 아옌데 정권을 쿠데타로 무너뜨리고 폭압적인 내정을 펼친 피노체트 정권의 구조개혁을 성공 사례로 꼽는다는 것은 한마디로 우스운 일이다. 실은 쿠데타로 등장한 피노체트가 세계자본의 공인을 받으며 실시한 구조개혁이야말로 신자유주의의 선구자였으며, 그로 인해 민중의 삶이 파탄 났기 때문이다. 또 멕시코도 성공적인 위기 극복 국가라고 하지만 인구의 50퍼센트는 실직이나 불완전고용 상태에 있으며, 최저임금의 실질 구매력은 1970년의 3분의 2 정도밖에 되지 않는다.

　IMF에서 일하다가 1988년에 IMF를 혐오해 뛰쳐나온 데이비슨 버드후는 1980년대 들어 멕시코에서 실질임금이 75퍼센트 이상 감소했다고 고발했다. 현재 임금노동자의 60퍼센트 이상이 최저임금을 받는데, 이들 네 가구 중 한 가구는 생필품의 25퍼센트밖에 구입할 수 없다. 1994년 이후 전개된 사파티스타 민족해방군의 반란은 이러한 사회적 파괴의 당연한 귀결이다. 존 거시먼에 따르면 남미 사람들의 생활이 대부분 30년 전 수준으로 추락했는데도 세계은행과 IMF는 멕시코나 칠레 등을 성공 사례로 여긴다고 비판한다.

　한편 세계은행이 자랑하는 '동아시아의 기적'들도 사실은 세계은행이나 IMF의 개발 프로그램이나 시장 중심적 경제 운용, '충격요법' 등에 따른 것이 아니라 강력한 정부 보조와 감독에 힘입은 바가 크다는 반론도 많다. 즉 일본, 한국, 말레이시아, 싱가포르, 대만, 홍콩 등은 영미식의 자유시장 모델이 아니라 강력한 국가가 경제개발을 추동하는 모델에 의해 성공할 수 있었다는 지적이다. 물론 이러한 사례가 그 개발(독재)의 사회적 정당성을 보장하는 것은 아니나, 최소한 IMF나 세계은행 등의 아이디어가 만병통치약이 아님을 반증한다.

　'위로부터의' 개혁을 강요받은 사회들은 모든 사회적 자원들을 부채의 상환에 동원하고 또한 동시에 자본의 자유를 위해 민영화와 개방화를 유도한 결과 민중의 삶을 파탄에 빠뜨린다. 유엔개발계획(UNDP)도 1993년에 "많은 나라에서 민영화 과정은 민간투자를 장려하는 것이 아니라 특정 개인과 집단에 (공공부문을) '염가판매' 하는 과정"이라 비판했다. 인도의 저명한 운동가 반다나 시바는 북반구 기업들이 차관과 '기술이전'을 통해 후진국에 폐기물 생산 기술과 폐기물 자체를 팔아먹고 있다고 고발한다. 이데무디아와 셰티마에 따르면, "아프리카 대륙에 유해한 쓰레기를 덤핑 처리하는 것은 아프리카 국가들의 채무 상환을 위한 외환획득 경쟁과 무역의 자유화로 인한 것인데, 이 두 가지는 모두 구조조정 계획이 규정한 조건들이다." 서바이벌 인터내셔널은 해마다 250개씩 추진되는 세계은행의 "프로젝트들은 원주민들의 땅을 급속히 인수했고 그들의 정체성과 자치를 파괴했으며, 심지어 어떤 프로젝트들은 브라질의 수루이와 남비쿠아라에서처럼 사실상 사회 전체의 소멸로 이어지기도 했다"고 고발한다. 나아가 유니세프에 따르면 구조조정 프로그램의 반민중성 때문에 아프리카, 아시아, 라틴아메리카에서는 1982년 이후 해마다 5세 이하의 아동 중 적어도 600만 명이 사망한다고 한다. 또 유엔개발계획(UNDP)은 현재 제3세계의 12억 인구가 절대 빈곤에 처해 그 수가 10년 전보다 두 배로 늘었고, 사하라 이남 아프리카 아동의 절반 이상이 굶주리거나 영양부족을 겪으며, 16억 인구가 식수난으로 고통 받고 20억이 넘는 인구가 실업이나 불완전고용에 시달린다고 한다. 오늘날 세계에서 가장 부유한 20퍼센트가 가장 가난한 20퍼센트에 비해 150배나 더 많이 번다. 게다가 멀 하지 교수에 따르면 세계의 노동 여성들은 수출자유지역에서 저임금, 장시간, 무권리 노동으로 혹사당하면서도 "구조조정으로 좌절당한 남성들이 주로 여성과 아이들한테 분풀이를 하고 있기에 이중, 삼중으로 억압받는다"고 고발한다.

결국 세계 어느 나라이건 대량실업의 고통, 노동력의 일회용품화, '20대 80 사회'로의 분열, 갈수록 낮아지는 노동조건, 높아지는 노동소외, 그리고 삶의 토대인 생태계의 가혹한 파괴, 민초들의 삶의 자율성 상실, 공동체 파괴, 민주주의 및 삶의 질의 파괴 등으로 몸살을 앓는 것이다. 바로 이것이 우리 사회도 빠지고 만 '세계화의 덫'이다.[2]

이러한 현실에 대해 세계 민중의 저항 또한 거세게 일어났다. 이미 1994년부터 풀뿌리 저항을 조직해온 멕시코의 사파티스타 민족해방군이 그러하고, 1999년 12월 미국 시애틀의 WTO 각료회담 저지를 위한 세계 민중의 저항 이후 해마다 자본가들의 국제회의(세계경제포럼)가 열리는 다보스의 회의장 밖에서 반세계화 시위가 열렸다. 그리고 2000년엔 태국 방콕에서의 유엔무역개발회의에 대한 저항, 워싱턴과 프라하에서의 세계은행 및 IMF 총회 저항, 서울 아셈회의 저항, 볼리비아 코차밤바 수돗물 민영화 저지 투쟁이 있었다. 2001년엔 도하 WTO 저항, 제노바 G8 저항, 2002년 로마 세계식량정상회의 저항, 2003년 제네바 G8 저항, 칸쿤 WTO 저항, 2004년 다보스 저항, 2005년 홍콩 WTO 저항, 영국 에든버러 30만 시위, 워싱턴 세계은행 및 IMF 저항, 2006년 싱가포르 세계은행 및 IMF 저항, 멕시코 오아하카 코뮌 운동, 2007년 독일 하일리겐담 G8 저항, 2008년 일본 도쿄 G8, 로마 세계식량정상회의, 워싱턴 G20 저항, 2009년 아이슬랜드 민중 저항, 이탈리아 라퀼라 G8 반대 시위, 이스탄불에서의 세계은행 및 IMF 저항, 런던 G20 저항, 카리브 해 연안의 (프랑스 옛 식민지) 과들루프와 마르티니크에서의 민중 저항, 그리

---

2. 내 생각에는 신자유주의 세계화 물결은 기업가나 정치가들의 개별적 의지와는 무관하게 노동권 및 노동조건을 하향평준화하는 경향이 있다. 따라서 노동의 '생동하는 연대'가 부재한 채 상층부 정치권의 변동 속에 노동의 희망을 찾는 것은 환상에 불과하다.

고 2010년 제네바 WTO, 캐나다 헌츠빌 G8, 토론토 및 서울 G20 저항, 그리스, 스페인, 이탈리아에서의 총파업 등으로 이어진 '저항의 세계화'가 그러하다. 특히 2011년엔 1월부터 터진 튀니지, 이집트, 리비아 등에서의 '아랍의 봄' 저항 운동, 여름엔 스페인, 프랑스, 그리스, 이탈리아 등 유럽 곳곳으로 번진 '분노하라' 시위, 그리고 2011년 9월 미국 뉴욕에서 시작된 '월스트리트 점령(OWS)' 시위 등은 그간 잠재되었던 신자유주의의 모순(불평등, 불공정, 착취와 억압)에 대한 불만의 폭발이었다.

2012년 2월까지 약 6개월 지속된 미국의 '월스트리트 점령' 시위는 "1퍼센트의, 1퍼센트에 의한, 1퍼센트를 위한" 체제가 부른 불평등과 불의에 저항했다. 일례로 중국과 미국에서는 불과 1퍼센트의 인구가 부의 40퍼센트를 소유하고 있다. 10퍼센트가 90퍼센트를 독점하는 사회 양극화가 눈에 보일 정도다. 특히 2007, 2008년 금융위기와 더불어 미국에서만도 700만 채의 주택이 금융권에 압류되고 말았다. 부자들이 돈 잔치를 벌이는 동안, 수많은 빈 집과 노숙자들이 쏟아져 나왔다. 바로 이런 모순에 미국의 젊은이들이 들고 일어나면서 전 세계를 강타한 것이다. 이들은 경제를 무너뜨리고도 합당한 의무를 다하지 않는 '1퍼센트 경제·엘리트'의 탐욕을 비판하면서, 월가 점령시위가 "1퍼센트 대 99퍼센트"의 대결로서, 사람들이 1퍼센트 금융자본의 탐욕에 대해 저항하고 연대해야 한다고 외쳤다. 이어 이들은 2011년 10월 5일을 '국제행동의 날'로 지정하고 페이스북·트위터 등 SNS를 이용하여 저항을 전 세계로 확산했다. 그 결과 그날 세계 82개국 900여 도시에서 "점령하라" 시위가 동시다발적으로 일어나 마침내 '저항의 세계화'가 이뤄졌다고 할 정도다. 이렇게

IMF 및 세계은행, WTO와 G8 등이 세계적으로 강요하는 신자유주의 구조조정은 결국 지구촌 차원에서 양극화와 불평등, 불의와 불공정, 사회생태적 파괴를 초래함으로써 마침내 세계적 저항을 부르고 말았다. 게다가 2007, 2008년에 미국에서 터진 금융위기는 그러한 신자유주의 세계화가 영원히 지속될 수 없음을 뚜렷이 보여주었다. 그 이후의 세계적 저항들은 그 모순이 더 이상 은폐 또는 지연될 수 없음을 드러냈다.

구조조정과 실업 문제

1997년 12월의 IMF 구제금융 이후 우리 사회는 전례 없는 대량 실업의 소용돌이에 빠졌다. 정리해고를 포함한 신자유주의적 구조조정 와중에 1998년 중반기엔 공식 실업자만도 160만 명에 이르러 사회적 위기감이 고조되기도 했다. 그런데 통계에 빠졌거나 감추어진 실업자들을 고려하면 실질 실업자 수는 300만이 넘는다는 보고까지 나왔다. 동시에 계약직이나 파트타이머 등 비정규직 노동자 수도 급증하여 55퍼센트 이상이라 알려지기도 했다. 그런데 정부와 보수 학계는 실업자 통계나 비정규직 통계를 적절히 '관리'하기 시작했다. 노동부가 나서서 사실상의 실업자들에게 일시적 공공근로나 전직 훈련, 취업 준비생, 군 입대, 비경제활동 인구 등을 유도함으로써 실업자 통계에 잡히지 않는 인구를 늘린 것이다. 게다가 보수 학계는 비정규직의 범주를 지나치게 좁게 잡음으로써 비정규직의 비중이 30퍼센트 정도밖에 되지 않는다고 주장하기도 했다. 그러나 노동자나 학생, 그 가족들이 경험하는 노동 시장의 현실은 거의 얼어붙은 기분이었다. IMF 위기 국면의 긴급한 고용조정 물결이 한국 역사상 최악의 대량실업 사태를 불렀다. 1998년 초에는 해고된 사람들이 하루에 수십 명씩 자살하기도 했다. 일종의 'IMF 트라우마'가 온 사회에 퍼졌다. 그 트라우마가 미처 치유되기도 전에 2007, 2008년의 금융위기가 닥치자 기업들은 '상시적 구조조정'에 돌입했다. 이제는 기업이 위기에 몰려서가 아니라 언젠가 닥칠 위기에 대비해서 선제적으로 구조조정을 한다는 것이다.

여기서 문제는 한국 기업의 구조조정이 자본이나 기술, 경영이나 조직에 초점을 맞춰 혁신하는 것이 아니라 노동을 집중 공격하는 것으로 나타난다는 데 있다. 즉 노동자를 정리해고하거나 비정규직으로 만드는 동시에 노동조합을 파괴하려고 수단과 방법을 가리지 않는다. 그리하여 노동자들은 이중, 삼중의 트라우마를 경험한다. 트라우마란 막강한 폭력이나 충격의 경험으로 인해 사람들이 갖게 되는 정신적 상처의 흔적이다. 이런 식으로 자본의 축적 과정은 '상흔의 축적'을 초래했다. 이제 사람들은 회사도 믿지 않고 노조도 믿지 못한다. 오로지 믿는 것은 자신뿐이다. "언제 잘릴지 모르니, 있을 때 벌자"가 신념이 되었다. 회사가 잘 나갈 때는 일터와 자신을 동일시하며 충성스럽게 일하느라 일중독에 빠졌지만, 이제 회사가 수시로 사람을 자르는 시기에는 탈락과 배제의 두려움 때문에 더욱 일중독에 빠진다.

여기서 곰곰 생각해보면 '경쟁력이 있어야 생존이 가능함'을 근본원리로 하는 자본주의 경제에서는 아무리 완벽한 대책을 세워도 실업이 늘 존재할 수밖에 없음을 알 수 있다. 특히 자본 입장에서는 노동력의 유연한 투입을 위해, 그리고 취업자의 노동통제를 쉽게 하기 위해서라도 실업자들이 늘 많으면 좋다. 게다가 경기순환 과정은 호황과 불황을 거치면서 과잉된 부분들을 조절하는 역할을 한다. 오늘날 유행어가 된 '구조조정'이라는 말도 사실은 자본이 생존을 위해 그 과잉 부분을 조절하는 과정, 즉 군살빼기 과정에 불과하다. 결국 이런 사실은 실업정책들이 실업률 수치를 세련되게 관리하는 정책이나 단기적 임기응변으로는 결코 효과를 가질 수 없음을 시사한다. 보다 근본적이고 구조적인 접근이 필요하다는 말이다.

이런 맥락에서 최근의 실업 사태나 노동시장 상황을 좀 더 차분히 들여다보면 다음과 같은 몇 가지 특징들이 발견된다. 첫째, 중년 실업 문제다. 예전 같으면 한창 일할 나이인 30~40대조차 구조조정의 과정에서 '탈락'하여 실업자가 되는 경우가 많다. 이미 '육이오(62세까지 남아 있으면 오적)'나 '오륙도(56세까지 버티면 도둑놈)'라는 말도 색이 바랬다 할 정도다. 45세 정년이라는 '사오정' 또는 38세를 넘기기도 어렵다는 '삼팔선'이 대세가 되었고, 이십대 태반이 백수라는 '이태백'이 현실이기 때문이다. 그렇게 잘린 사람들이 퇴직금이나 위로금으로 치킨점이나 체인점을 열어 뭔가 해보고자 하지만 대부분 자영업자들은 2~3년을 버티지 못하고 빈털터리가 된다. 이들은 우리 사회의 일반적 경향대로 자신의 정체성을 일 자체 또는 일자리에서 찾았기 때문에 실직 이후 심각한 정체성 위기에 빠진다. 특히 성과주의, 능력주의 인사제도가 강화되면서 3분의 1 정도의 우수 인력은 정규직으로 남되, 3분의 2 정도는 탈락하여 실업자가 되거나 아니면 비정규직으로 재취업하게 된다.

둘째, 여성 실업 문제다. 전반적으로 여성의 경제활동참가율이 높아졌음에도 노동시장에서 여성은 2차, 3차로 밀린다. 반면 정리해고 과정에서는 1차 대상자에 오른다. 정규직 여성조차 정규직 남성에 비해 3분의 2 정도밖에 되지 않는 임금을 받으며, 모든 비정규직의 3분의 2 이상은 여성이다. 동일한 비정규직이라도 여성의 임금은 남성의 3분의 2 정도다. 특히 제도적으로 주어진 출산휴가, 육아휴직 등도 해고의 두려움 때문에 실제 활용률이 매우 낮고, 실제로도 막상 휴가나 휴직을 다녀온 경우 실업자로 내몰릴 위험이 매우 높다. 나아가 어린 자녀를 보살피기 위해 수년간 가정에 돌아갔던 여성이 다시 노동시장으로 나왔을 때 자신의 경력을 이어가기란 하늘의 별 따기처럼 어렵다. 이를 '경력단절'이라 한다. 통계청에 따르면, 2011년의 경우 15~54세의 여성 987만 명 중 비취업자가 408만 명인데, 그중에서 결혼, 임신, 출산으로 직장을 그만둔 이는 190만 명이다. 30대 여성이 그중 57퍼센트를 차지한다.

 셋째, 청년 실업 문제다. 해마다 20만 명 정도의 대학생들이 졸업하지만 정규직으로 취업하는 경우는 20퍼센트에 불과하다. 갈수록 취업경쟁은 격화되고 일자리는 줄어드니 이들을 '상실세대'라 부르기도 한다. 정부나 기성세대는 이들에게 "눈높이를 낮추라"고 하지만, 차별적인 노동시장, 열악한 노동조건, 이중적인 사회의식 등의 문제를 해결하지 않은 상태에서 청년들에게 군대식의 규율만 강요한 것은 결코 해답이 될 수 없다. 2012년 말 기준, 정부는 공식 실업자가 80만 정도라고 선전하지만 사실상의 실업자는 480만 명이라 한다. 그중에서 15~29세까지의 청년들이 절반 이상을 차지할 것으로 추정된다.

 넷째, 비정규직 문제다. 1,700만 노동자 중 850만 명 정도(50퍼센트)가 실질적 비정규직인데, 이들은 정규직의 절반 정도의 임금을 받는다. 비정규직의 60퍼센트 이상은 여성이다. 2012년 기준, 남성 정규직 임금을 기준으로 비교하면 여성 정규직은 67퍼센트, 남성 비정규직은 53퍼센트, 여성 비정규직은 40퍼센트 정도다. 이들은 고용주의 뜻에 따라 수시로 취업과 실업을 반복해야 한다.[3]

다섯째, 박사 실업 문제다. 해마다 국내외에서 박사학위를 받는 사람은 약 8천 명인데 교원이나 연구원이 되지 못하는 사람이 3천 명 이상이다. 해마다 실업자가 3천 명씩 쌓인다는 말이다. 취업하더라도 박봉에 신분 불안까지 감수해야 하는 경우가 많다. 현재 한국의 대학에는 약 5만 명 정도의 전임교원(전임강사 이상의 교수)이 있는데, 시간강사는 10만 명가량 된다. 학문을 업으로 삼아 박사까지 마쳤지만 진리탐구의 전당이 아니라 수익추구의 전당으로 변모한 오늘의 대학에서 학문 후속 세대가 정규직 일자리를 구하긴 더욱 어렵다. 갈수록 비정규직을 늘리려 하기 때문이다. 비정규직, 즉 시간강사들은 시간당 임금을 받는데 그나마 방학 중엔 임금이 없고 언제 계약이 해지될지 모르기에 불안하다. 개인 연구실은 물론 없고 교수회의에 참여하여 학사 행정이나 교과과정을 논할 기회조차 없다. 이러한 절망적 현실을 견디지 못해 자살하는 경우도 왕왕 발생한다. 일례로 2010년에 광주에서 영문학 박사인 서모 씨가 10년 정도 강사 생활을 하고서도 거듭 교수 임용에서 탈락하자 부당한 상황을 고발하는 유서를 쓰고 자살했다. 또 2008년엔 건국대에서 영어를 가르치던 한모 씨가 자신이 박사 공부를 했던 미국의 대학 근처에서 유서를 쓰고 자살했다.

---

3. 비정규직 관련 통계는 김유선, 「비정규직 규모와 실태」, 《노동사회》 167호, 2012. 11-12. 참조.

1999년 이후 지금까지 10명의 강사들이 자살했는데, 대학사회의 비리와 모순을 폭로하며 유서를 쓴 이는 이 두 사람뿐이다. 다른 이들은 아무런 유서도 남기지 않고 자책하며 목숨을 버리고 말았다. 학문의 큰 꿈을 품고 박사 공부까지 마친 사람들이 자살할 수밖에 없는 것이 지금의 한국 현실이다.[4]

여섯째, 노동시장의 언저리에서 고통 받는 이주노동자 문제다. 2012년 현재 60만 명 정도의 이주노동자들이 있다. 1994년부터 실시된 산업연수생제가 없어지고 2004년부터 고용허가제가 본격 실시되었다. 하지만 직장 이동의 자유가 매우 제한되어 있고 합법적으로는 최장 4년 10개월밖에 일을 할 수 없다는 문제가 있다. 이주노동자들의 노동조합을 법에 따라 설립했으나 노동부는 공식 인정하지 않았다. 이주노동자의 30~50퍼센트가 미등록(불법) 노동자들인데 주기적으로 강력 단속을 당하는 과정에서 심하게 인권 침해를 받는다. 이주노동자들은 장시간 노동에 국내 임금의 50퍼센트 수준을 받으며, 사실상 노동3권을 누리지 못한다.

실업 문제에 대한 새로운 접근

그렇다면 이런 문제들을 제대로 해결하려면 과연 어떻게 접근해야 하나? 결코 하루아침에 해결되는 식의 간단한 해답은 없다. 문제의 표면이 아니라 본질을 짚어야 하기 때문이다. 2009년 쌍용자동차

---

[4]. 이 문제에 대해선, 대학강사교원지위회복과 대학교육정상화투쟁본부(stip.or.kr) 및 전국대학강사노동조합(cafe.daum.net/kulu) 참조.

나 2011년 한진중공업 등에서의 정리해고 및 그 이후의 사태에서 보듯이 실업과의 전쟁이 실업자 내지 해고자와의 전쟁이 되어서는 곤란하다. 나아가 앞에서 본 바와 같은 실업률 수치를 줄이기 위한 위기 관리책의 기만도 극복해야 한다. 다시 말해 진정한 실업 대책은 실업을 낳는 구조 자체를 뿌리 뽑는 노력이어야 한다. 이는 평화와 인권을 위한 운동이 단순히 전쟁터의 부상자들을 병원으로 옮겨 정성껏 치료해주는 정도에서 그치는 것이 아니라, 전쟁 자체가 일어나지 않도록 만드는 운동이 되어야 하는 것과 마찬가지다.

따라서 지금까지 실효성이 의심되는 제반 정책들을 반복하지 않으려면 과감한 발상의 전환이 필요하다. 그래서 가장 먼저, 경제 운용의 원리를 경쟁과 이윤에서 연대와 삶의 질로 이동시켜야 한다. 이러한 원리 전환은 가히 혁명적이다. 이 근본원리의 변화 없이 실효성 있는 대책을 세우기란 불가능하다. 그다음에야 시장에 맡길 분야와 민주적 정책 또는 풀뿌리의 판단에 맡길 분야를 정할 수 있다. 또 일과 사람의 결합을 효과적으로 이룰 수 있다. 기존의 경쟁과 이윤의 원리는 정치가들과 기업가들의 의지와는 무관하게 실업자를 갈수록 많이 만들어낸다. 따라서 이 원리를 바꾸지 않은 상태에서 나오는 실업 대책은 근본적으로 실효성이 없다. 이러한 노력이 실효성을 갖기 위해서라도 우리나라뿐만 아니라 모든 나라들이 이러한 원리 전환을 공동으로 도모해야 한다. 이러한 전환은 현실적으로 기득권을 계속 유지하려는 세력과의 싸움을 동반할지 모른다. 그러나 이를 두려워하거나 피해가서는 안 된다. 근본원리의 전환에 공감하는 사람들이 지역이나 국적을 떠나 광범위하게 연대해서 돌파해야 한다. 즉 '아래로부터의 구조조정', '아래로부터의 세계화'를 만들어나가야 진정한 변화가 온다.

발상의 근본적 전환이 이뤄지고 나면, 노동시간 단축을 통한 일자리 나누기 전략을 구체화해야 한다. 그동안 우리가 피와 땀과 눈물을 흘리며 증진시켜온 생산성 향상의 성과를 골고루 향유하기 위해서는 모두가 일하되 남녀노소 차별 없이 조금씩 일해야 한다. 이러한 사회적 불평등의 해소는 물론 삶의 여유를 증진시켜 사람들의 창의성과 동기부여를 촉진할 수 있다. 이는 다시 진정한 생산성을 향상시킬 것이고 다시금 노동시간 단축의 토대로 작용해 삶의 여유는 증대하게 된다. 악순환이 아니라 선순환이 가능하다는 이야기다.

그다음 필요한 것은 이른바 '제3섹터'(시민사회적 영역에서의 사회 봉사 부문이나 NGO 활동 부문) 등 새로운 일자리의 적극적 발굴과 사회적 인정, 그리고 새 일자리로 가는 사람들을 위한 다양한 교육 프로그램 등이 될 것이다. 그 형태는 협동조합, 자주관리, 사회적 기업, 마을기업 등 다양할 수 있다. 사실 지금까지는 돈벌이가 되는 일자리는 그것이 사회적 필요에 걸맞은 것이냐 아니냐와는 무관하게 오로지 경쟁력만 있다면 무한 팽창해왔다. 반면에 사회적으로 꼭 필요한 일이라 할지라도 그것이 돈벌이와 무관하거나 경쟁력이 없다면 아예 일자리로 만들어지지도 않거나 있더라도 사회적 인정을 받지 못했다. 따라서 이제부터는 기준을 과감하게 바꾸어나가야 한다. 돈벌이나 경쟁력이 아니라 사회적 필요나 삶의 질 차원에서 꼭 있어야만 한다면, 이를 일자리로 인정하고 그에 걸맞은 교육훈련을 실시해야 한다. 제레미 리프킨이나 울리히 벡 등이 말하는 제3섹터·시민노동에 속하는 일자리는, 비록 근본적인 문제점이 있긴 해도[5] 잠재적 가능성은 상당하다. 뿐만 아니라 제1섹터인 시장 부문이 양산한 문제들, 예컨대 환경 파괴, 공해 산업, 건강하지 못한 건축물들, 퇴폐·향락 산업, 음식이나 의류 속에 만연된 각종 화학물들 등등을 완전히 청산하고 새로운 대안들을 만들어나가는 일들은 (지금까지 이 부문에서 파괴성이 강화되어 온 것만큼 그에 비례해) 실로 무궁무진하다. 제2섹터인 국가부문도 크게 보면 마찬가지다. 관료주의와 획일주의로 얼룩진 국가부문도 창의성과 다양성, 그리고 자율성이 가득한 새로운 영역으로 바꾸어내려면 무수한 일자리가 필요할 것이다. 진정한 의미에서 '창조적 파괴'가 이루어지고 진정한 의미의 '대안들'이 창조되는 노력들이 이루어진다면 우리는 실업 문제의 질곡으로부터 점차적으로 해방될 뿐만 아니라 진정한 노동의 즐거움을 만끽할 수 있게 될 것이다.

요컨대 진정한 실업 대책은 한편으로 경제정책과 산업정책, 고용정책의 유기적 통일물이어야 하고, 다른 한편으로는 제도 개혁과 의식 개혁, 그리고 패러다임 개혁의 통일물이어야 한다. 그래야만 지금까지의 오류와 실패를 극복하고 진정으로 희망이 넘치는 새로운 사회를 건설할 수 있게 될 것이다.

우리는 과연 우리 자신은 물론 자라나는 후세대들에게 치열한 경쟁사회와 대량실업, 삶의 스트레스를 안겨다 줄 것인가, 아니면 나날이 삶의 의욕이 넘치고 삶의 기쁨이 샘솟아 오르는 그런 사회를 물려줄 것인가? 우리는 지금 중차대한 역사적 선택의 갈림길 위에 놓여 있다. 용기와 결단, 그리고 통찰력이 그 어느 때보다도 절실히 필요하다.

---

5. 하이데, 『노동사회에서 벗어나기』, 238쪽.

경쟁력 중심의 구조조정이 가진 한계

현재의 신자유주의 구조조정은 한마디로 '경쟁력 중심의 구조조정' 또는 '소외된 구조조정' 이다. 대개 파산 직전의 배를 예로 들며 "배가 침몰하기 전에 일부라도 배에서 내리게 한 뒤 배가 온전히 수리되면 그제서야 물에 빠진 사람도 구할 수 있다"는 논리를 펴는 것이 경쟁력 강화를 위한 정리해고 불가피설이다. 그러나 이런 입장은 근본 모순을 안고 있다. 이는 우리가 대개 지극히 당연시하는 경쟁의 패러다임이 갖는 본질적 한계인데, 현재 지구촌 차원에서 일어나는 '경쟁의 한계'에 대해 명확하게 인식할 필요가 있다. 크게 세 가지 측면이다.

첫째, 범지구적 경쟁의 격화는 모든 참여자들의 승리를 보장하는 것이 아니라 일부의 승리자와 대다수의 패배자를 만들어낸다. 20퍼센트의 승자와 80퍼센트의 패자가 나올 수밖에 없는 게임, 승자가 모두 갖는 게임('Winner takes all')을 하느라고 우리는 '모두가 이긴다'고 스스로를 속이면서 계속 앞만 보고 달려가야 할 것인가?[6]

둘째, 비록 우리가 한 번 20퍼센트의 승리자에 속하게 된다 할지라도 과연 자자손손 승리할 수 있을 것인가? 그렇게 되려면 경쟁자

---

6. 중국 영화 〈홍등〉에는 점잖고 상냥한 목소리의 한 남편과 서로 사랑 다툼을 벌이는 네 아내가 등장한다. 네 명의 부인들이 서로 싸우는 것을 보고도 남편은 결코 손을 휘두르거나 욕을 하지 않고 오직 좋은 말로 '잘 지내라'고 타이른다. 그러나 이 남편이 너그러운 태도를 보일 수 있는 이유는 역설적으로, 네 명의 부인들이 상호 경쟁 관계에 놓임으로써 사실상 남편의 지배 아래 종속되어 있기 때문이다. 여기서도 분명한 것은 경쟁은 지배와 동전의 양면을 이룬다는 점이다. 노동자들이 신분별로, 기업별로, 나라별로 경쟁하는 한, 세계자본(자본 일반)은 품위 있는 목소리로 '좋은 게 좋은 것'이라며 슬그머니 지배력을 유지할 수 있다.

의 추격을 물리치기 위해 지속적으로 허리띠를 졸라매야 하고 갈수록 편안한 생활보다는 고달파지는 생활을 해야 한다. 과연 우리는 로봇처럼 지치지 않고 허리띠를 계속해서 졸라맬 수 있을 것인가?

셋째, 범지구적 경쟁에 돌입하는 모든 참여자들은 그 경쟁력을 높이기 위해 인간(자기, 동료, 여성, 외국인 등)의 건강이나 인격은 물론 자연생태계를 지속적으로 파괴시켜나가야 한다. 인건비와 원료비를 절감하기 위해서다. 그러나 경쟁을 통해 우리가 돈을 아무리 많이 번다 할지라도 나중에 가서 병든 몸에 오염된 공기 및 물을 마시면서 살아야만 한다면 과연 행복하게 될까? 바로 이러한 점들이 본질적인 '경쟁의 한계' 다.[7]

이러한 경쟁의 한계를 극복하고 진정한 대안을 찾으려면 크게 두 가지 측면에서 '패러다임 전환'이 일어나야 한다. 그 하나는 범지구적으로 인간과 인간 사이에 더 이상 '20대 80의 형태'로 '경쟁과 분열'이 일어나는 것이 아니라 오히려 모두가 '연대와 협력'을 할 수 있는 경제구조를 만드는 것이다. 다른 하나는 인간이 자연을 단지 개발과 이용의 대상으로만 바라보는 '오만과 남용'의 패러다임이 아니라, 인간이 자연의 일부로 태어나 그 품안에서 고맙게 살다가 조용히 그 속으로 돌아간다고 하는 '겸손과 외경'의 패러다임을 가지는 것이다.

이러한 패러다임 전환에 중요한 실마리를 제공하는 것은 '지역

---

7. 흥미롭게도 나의 이런 주장은 리스본 그룹(채수환 역, 『경쟁의 한계』, 바다, 2000)의 문제의식과 거의 일치한다. 그러나 리스본 그룹이 '효과적인 지구촌 경영'을 위해 '네 가지 지구촌 사회협약'의 형태로 '위로부터의' 문제 해결을 대안으로 내세운다는 점에서 나의 시각과 다르다.

화(localization)'다. 이것은 유럽연합(EU)이나 북미자유무역협정(NAFTA), 아태경제협의체(APEC)와 같은 경제의 블록화를 통한 신보호주의, 신민족주의의 창출과는 다른 논리다. 여기서 말하는 지역화 개념은 각 지역 사회의 경제 및 경영 단위가 자율적으로 이뤄진다는 점에서 지역 자치(local autonomy), 지역 경제(local economy), 분권화된 자율적 공동체(decentralized community)를 지향하는 움직임이다. 나아가 이러한 자율자치의 공동체들 사이에는 촘촘한 네트워크를 통해 서로 유기적인 협동과 연대가 이뤄져 삶의 문제를 공동으로 해결하는 방향으로 나아가야 한다.[8] 이러한 자율적인 지역 공동체들이 범지구적으로 확장되어야 한다. 과연 우리는 이러한 근본 대안에 대해 그 어떤 조급함이나 두려움도 갖지 않고 소통과 연대를 통해 차분히 논의를 계속할 수 있는가?

연대지향적 사회의 밑그림: 삶의 질 중심적 구조조정

우리가 아무리 소통과 연대를 외친다 한들, 그리고 제아무리 개별적인 실천을 한다 한들, 사회구조적 변화가 없으면 그러한 외침이나 실천은 일회성으로 그칠 가능성이 크다. 따라서 지속가능성을 담

---

8. 대안을 향한 이런 문제제기는 세계 도처에서 나오고 있으며 실험적 실천도 활발히 이루어지고 있다. 예컨대 마리아 미즈, 「힐러리에게 암소를」, 《녹색평론》 2001년 3-4월; 황대권, 「핀드혼 공동체 체험기」, 같은 책; 노르베리-호지, 「세계화의 재앙과 희망의 신호들」, 《녹색평론》 2001년 1-2월 등을 참조. 나는 신자유주의 세계화에 대한 풀뿌리의 저항과 더불어 이러한 대안적 실험들을 유기적으로 진척시켜나가는 일이 중요하다고 본다. '저항과 형성의 변증법'을 강조하는 이유가 바로 여기에 있다.

보하기 위해서는 사회구조적 변화와 더불어 솔선수범하는 실천이 같이 가야 한다.

그렇다면 더 이상 경쟁과 분열이 아니라 소통과 연대를 사회구조적으로 담아내는 그런 밑그림은 어떤 것인가? 이러한 밑그림의 기저에는 '부자되기'가 아니라 '소박하게 살기'가 삶의 새로운 비전으로 공유되어야 한다. 그래야 '더불어 행복' 할 수 있기 때문이다. 그러한 철학 위에 그려진 밑그림을 필자 나름으로 핵심만 요약하면 다음과 같다. 이것이 지금까지의 경쟁력 중심 구조조정과는 다른 '삶의 질 중심 구조 혁신'이다.

첫째, 공정한 시장에 맡겨야 할 부문과 민주적 정책에 맡겨야 할 부문을 구분해야 한다. 예컨대 농업, 교육부문, 토지와 주거부문, 의료 및 복지부문, 기간산업, 기초산업 등은 시장경쟁이 아니라 민주정책에 맡겨야 한다. 특히 부동산이나 금융 분야에서 일어나는 투기를 확실히 잡고, 땅과 집이 더 이상 재산증식의 대상이 되지 않아야 한다.

둘째, 노동시간 단축을 통한 일자리 나누기 전략이 필요하다. 일례로 현재의 삶을 유지하기 위해 9명이 10시간씩 일해야 한다면 이것을 사람은 6명으로 줄이고 15시간씩 일을 시키는 것(노동배제형)이 아니라 오히려 15명이 6시간씩 일하는 방향(노동고양형)으로 가는 것, 이것이 역사의 발전이고 삶의 질 향상이다. 필연적으로 저항을 불러일으키는 노동배제형이 아니라 자발적 협력을 이끄는 노동고양형 구조혁신을 이루기 위한 필요조건은 모두가 일을 조금씩 하되 남녀노소 차별 없이 적성과 능력에 따라 골고루 일하는 것이다. 특히 유기농업으로 곡식, 과일, 채소 등을 생산하는 농민을 공무원으로 대우해야 한다.

셋째, 직접소득 감소부분은 지출부분을 대폭 공동체적으로 해결함으로써 풀어낸다. 예컨대 주거비용, 교육비용 및 의료비용을 공동체적으로 해결함으로써 개인이 부담해야 하는 몫을 대폭 줄인다. 궁극적으로는 개성 있는 고교평등화, 대학평등화, 직업평등화를 동시에 실시해야 한다. 다시 말해 주거비용이나 의료비용의 사회화와 함께, 사람들이 자신의 개성과 소질에 걸맞게 학교 내지 교육 프로그램을 선택하여 자아발견 및 자아실현, 그리고 마침내 사회공헌을 할 수 있는 사회구조를 만들어야 한다.

넷째, 사회적 자원의 민주적 재분배를 통해 재원을 조달한다. 예컨대 소득세 및 재산세의 누진제 강화, 부정부패 고리 차단과 압수, 탈세 및 누세의 방지와 추적, 군사비 최소화, 불요불급한 공공투자의 절감 등을 통해 재원을 확충할 수 있다. 나아가 이러한 개혁과 더불어 변화의 실효가 민중에게 가시적으로 돌아오고, 미래에 대해 희망적인 변화의 청사진이 제시되면 재원을 키우는 건 시간문제다. 왜냐하면 개념과 전략이 올바르다면 범민중적 참여와 협조가 촉진되어 모두가 열심히 동참할 것이기 때문이다.

다섯째, 일자리의 내용을 변화시켜야 한다. 일자리의 수와 양에 연연할 것이 아니라 건강증진, 인격향상, 공동체 발전, 생태계 보전에 도움 되는 일자리를 확대해야 한다. 그 반대로 달리는 일자리는 축소 내지 폐지해야 삶의 질이 높아지고 삶의 구조가 건강해진다. 예컨대 유기농업으로 건강한 먹을거리를 생산하고 공급하는 일자리나 어린아이, 노인, 장애인, 환자, 자연·생태계 등을 돌보고 보살피는 일자리는 사회 전체가 각별한 책임감을 갖고 만들어 유지해야 한다.

여섯째, 경제·경영분야도 마찬가지의 논리로 구조혁신한다. 즉 부정부패를 전제로 하는 분야, 관료주의가 팽배한 분야, 낭비와 과잉으로 가득 찬 분야, 건강·인격증진·공동체·생태계의 건전한 발전에 해를 끼치는 분야 등은 과감히 척결해야 민주주의와 삶의 질이 고양된다.

일곱째, 민주정치(정부, 의회, 사법 등)의 진정한 자기역할은 이러한 과도기적 구조혁신을 겸허한 자세로 측면 지원하는 것이다. 동시에 역사를 거꾸로 돌리려는 자들로부터 이 과업을 확고히 수호해내는 일도 중요하다. 궁극적으로는 방방곡곡 건전한 자율자치 공동체들이 제자리를 잡기 시작한 뒤에는 정치집단 스스로 겸허하게 풀뿌리로 돌아가야 한다. 이런 프로그램에 철저히 공감하는 사람들이 정치를 하는 한에서만, 풀뿌리의 참여와 연대가 확보될 것이다.

물론 이러한 과도기적 프로그램의 현실화와 더불어 우리는 노동 안의 대안과 노동 밖의 대안을 하나씩 실천해야 한다. 주어진 사다리 질서 안에서 높은 자리를 차지한 '부유한 임금노예'가 결코 행복한 삶을 보장할 수 없음을 거듭 확인해야 한다. 오히려 이웃과 더불어, 동지와 더불어 소박하나마 참된 대안을 찾아나가는 진실한 과정이야말로 행복한 삶의 첫걸음이 될 것이다.

상시적 구조조정과 벼랑에 내몰린 삶

2012년 12월 19일의 제18대 대통령 선거도 사실상 거대 여당과 거대 야당 사이의 게임일 뿐, 선거를 통해 실업자, 노숙자, 비정규직,

중소영세 사업장의 미조직 노동자, 대기업 하청노동자 등에게 큰 희망을 안겨다줄 전망은 별로 크지 않았다(국회의원 선거도 마찬가지지만). 말로는 모두 '민생'을 외치지만 선거용 구호에 불과하다. 이른바 '진보' 후보가 셋이나 출마했지만 선거라는 게임의 본질상 힘을 쓰지 못했다. 그래서 사실상 두 거대 정당이 경쟁하는 형국인데 문제는 새누리당이건 민주당이건 정리해고 문제나 비정규직 문제를 근본적으로 풀 방책이 마땅하지 않았다는 것이다.

그 와중에 현대차 비정규직 노동자 최병승, 천의봉 두 명이 고압 송전탑에 올라 농성을 시작했고, 그 뒤 아산의 유성기업 홍종인 지회장이 굴다리 위 농성을 시작했다. 또 쌍용차 평택 공장의 노동자 3명이 공장 앞 송전탑에 올랐다. 찬바람이 거센 2012년 11월에도 이들은 비정규직 철폐와 정리해고 철폐를 힘겹게 외쳤다.

생각해보면 힘없는 노동자들의 투쟁은 해를 거르지 않고 계속된다. 부산의 한진중공업에서는 2011년에 김진숙 해고자가 정리해고 철회를 외치며 309일 동안 35미터 상공의 크레인 위에서 농성을 했고, 2009년엔 쌍용차에서 정리해고 반대 투쟁으로 86일간 점거파업이 벌어졌다. 그 외에도 숱한 장기 투쟁 사업장들이 있다. 해방 이후 가장 민주화된 정부였던 노무현 정부나 김대중 정부 때조차 노동자들은 투쟁했다. 과연 언제쯤 노동자들이 자부심을 느끼며 두 다리를 쭉 뻗고 잘 수 있을까?

우리는 더 이상 물러서지 않겠다고 철탑에 올랐습니다. 그리고 평택과 울산을 잇는 투쟁의 전선이 되었습니다. 굴뚝에 올라야 했고 점거 농성을 해야 했던 쌍용차 노동자와 현대차 비정규직 노동자들의 목소리는 같을 것입니다. 정리해고 책임자, 불법파견 책임자를 처벌하고 해고자 원직복직, 비정규직 정규직화를 쟁취하는 것입니다.

현대차 비정규직 철폐를 위해 고압 송전탑 위에서 농성 중인 두 노동자가 평택 쌍용차 노동자 3명의 송전탑 투쟁에 연대를 표하는 편지 글이다. 연대는 송전탑에서 송전탑으로 이어진다. 그러나 이는 사실상 전국의 모든 노동자, 전국의 모든 시민들에게 보내는 호소문이다. 또 이것은 1970년 11월에 "우리는 기계가 아니다!" "근로기준법을 준수하라!"며 분신 항거를 했던 노동자 전태일의 투쟁을 계승한다. 과연 새 대통령(박근혜)이 이런 척박한 현실을 바꿀 수 있을까?

이명박 정부의 자본주의 세상에서 노동자가 설 자리는 없는 것 같습니다. 온갖 탄압과 노조말살 정책에 노동자는 시름시름 병들어만 가고, 동지들과 제가 땅에서 멀어지고 나서야 그나마 우리의 목소리가 들리는 듯합니다. 예전이나 지금이나 노동자의 권리는 하수구 오물만도 못한 취급을 받고 있습니다. 노동자의 생사가 걸린 문제를 부르짖고 있음에도 우리를 한낱 표로 밖에 보지 않는 대선 후보들을 볼 때면 미래도 불투명한 것 같습니다.

아산에서 굴다리 농성 중인 유성기업 비정규 지회장이 울산과 평택에서 송전탑 농성을 하는 동지들에게 쓴 연대 편지다. 그렇다. 설사 대통령이 민주당으로 바뀌었다 해도 근본적 변화는 어려웠을 것이다. 그렇다고 재벌 해체와 사회화를 구호로 내건 김소연 후보나 진보당의 이정희 후보를 전국의 1천 6백만 노동자들이 얼마나 지지

했는가? 사실은 노동자들조차 재벌 해체나 재벌 재산의 사회화를 적극 원하지도 않는 게 아닌가? 그렇다면 희망은 있는가?

대체로 선거 국면은 이렇게 흘러간다. 부자 정당인 새누리당에 대해서 대부분의 부자들은 확실히 지지한다. 중산층과 서민을 대변하겠다는 민주당에 대해서는 일부 중산층과 일부 서민만 지지한다. 이들 중 부자 정당을 지지하는 이들도 상당하다. 특히 가난한 사람들이나 소외된 계층들 중에서 진보 정당이나 진보 후보를 적극 지지하는 이들은 드물다. 오히려 부자 정당에 표를 던지는 경우가 더 많다. 부자들은 자기 정당을 확실히 아는데 서민들은 자기 정당이 뭔지 잘 모른다. 서민들의 의식 수준도 문제이고 서민들에게 "우리가 확실한 당신의 정당"이라며 나서는 정당도 없다. 안타깝게도 힘이 있으면 생각이 없고, 생각이 있으면 힘이 없다.

그렇다면 현실적 대안은 무엇인가? 첫째, 친기업을 위해 반노동을 추구하는 부자 정당이 정권을 계속 잡도록 놓아두어선 안 된다. 둘째, 민주당이 정권을 잡는다면 진보 정당과 정책연합을 해야 한다. 셋째, 더 중요한 건 정규직, 비정규직 가리지 말고 또 한국노총 민주노총 가리지 말고, 또 남녀 노동자 모두가 고용불안 철폐, 그리고 삶의 질 중심 구조조정을 외치며 거리로 나서야 한다. 고용불안 없이 행복한 세상에 살고 싶다고 외쳐야 한다. 선거보다 중요한 건 직접행동이다! 고용불안에 떨면 더 힘들어지고, 떨지 않고 연대하면 희망이 생긴다! 작은 진리다.

다시금 참된 구조조정은 '모두 일하되 조금씩'

일이란 현대인에게 어떤 의미를 지니는가? 모두에게 그런 것은 아니지만 일은 사람에게 크게 세 가지 의미를 지닌다. 하나는 생계다. 먹고사는 원천을 얻는 것이다. 농사를 짓는 경우 직접 얻기도 하고 남의 밑에서 일하는 경우 임금으로 생필품을 사서 해결하기도 한다. 둘째는 관계다. 일을 통해 다른 사람과 관계를 맺는다. 직장 동료인 경우도 있고 생산자와 소비자로 만나기도 한다. 일을 통해 비로소 우리가 사회적 존재임을 깨닫는다. 셋째는 정체성이다. 일을 통해 내가 어떤 사람인지 알 수도 있고 내가 무엇을 잘하는지, 무엇을 좋아하는지 알 수 있다. 이런 복합적 의미에서 정기적으로 일하는 사람은 건강한 생활을 할 수 있다. 웰빙 수준이 높아질 수 있다는 말이다. 사실 일이 삶의 필수불가결한 요소가 된 '노동사회'의 진실이 바로 이런 것이기에 오늘날 우리는 의외로 쉽게 '일중독'에 빠져 든다.

반대로 우리는 일자리를 잃는 경우, 심각한 정신적 충격에 시달린다. 최근 미국 미네소타 대학의 한 연구에 따르면 해고 통지를 받은 직후에는 충격이 심하나 시간이 흐르면서 해고 이후 10~12주까지 충격이 점차 약해지면서 건강 상태가 조금씩 개선되기도 한다. 그러나 그 이후에도 다른 일자리를 구하지 못해 불합격 통지서가 쌓이기 시작하면 건강 상태가 급격히 악화한다고 한다. 구체적으로는 무기력증이나 우울증에 시달린다. 사람이 우울증에 시달리면 훨씬 더 빨리 노화한다는 연구도 있다. 반면에 동일한 상황에서도 실업을 담담하게 받아들이고 '인생 이모작'의 기회로 삼아 자신을 적극적으로 계발하고 진정으로 하고 싶은 일을 찾으면 정신건강이 좋아지기도 한다. 그렇게 되면 '전화위복'이란 말처럼 오히려 실업이 진정한 자아를 찾는 참된 계기가 된다.

쌍용자동차 사례의 경우, 2,400명 이상의 정리해고 계획 발표 이후 사람들의 정신건강은 심각하게 나빠졌다. 분노와 증오감에 치를 떨었다. 점거 농성과 파업이 시작되었고 사람들은 77일 동안 (비정규직 노동자의 굴뚝농성까지 포함하면 86일 동안) 목숨 건 싸움을 했다. 싸움 직전부터 자살하거나 심장병으로 쓰러지는 사람이 생기더니 싸움이 진행되는 동안에도, 그 이후에도 그리고 최근까지 노동자 가족을 포함, 모두 23명이 목숨을 잃었다. 잘못한 것이라곤 '열심히 일한 죄' 밖에 없는데 어느 날 갑자기 정리해고라니, '마른하늘의 날벼락'이었다. 오죽했으면 스스로 목숨을 끊겠는가? 이미 많이 알려진 사실이지만, 파업 직후 쌍용차 노동자들의 정신건강은 (중간 이상) 우울증이 54.9퍼센트였는데, 파업 종료 직후에 71.1퍼센트로 높아졌다. 더욱 놀라운 것은 파업 이후 1.5년이 흐른 뒤에도 우울증 환자가 줄기는커녕 오히려 80퍼센트로 늘었다는 사실이다. 우울증이란 모든 게 무기력해지고 살맛이 나지 않는 상태다. 의욕상실과 식욕상실로 이어진다. 세상이 무의미해진다. 차라리 불교에서 말하는 무상, 무념, 무아 상태라면 도를 터득한 상태라고 기뻐하겠지만, 현실적 생존의 바탕, 현실적 관계의 바탕, 현실적 정체성의 바탕을 잃어버렸으니 허무감 그 자체가 아니겠는가? 게다가 경찰과 사법기관, 용역 깡패, 심지어 구사대의 폭력에 심각히 노출된 경험은 PTSD 즉, 외상후 스트레스 증후군을 낳았다. 마치 전쟁터를 다녀온 군인들처럼 꿈에 살상 장면이 재현되거나 길거리에 누군가 지팡이만 들고 지나가도 마치 총을 들고 자신에게 다가오는 듯한 그런 착각을 일으킨다. 이런 사람들이 77일간 파업 직후에 42.8퍼센트나 되었고 파업 이후 정리해고가 현실화한 지 1.5년이 지난 시점에서는 52.3퍼센트로 늘었다.

그래서 현실적으로 '해고는 살인이다!' 라는 구호가 맞다. 그러나 역설적이게도 해고를 당하지 않고 계속 일한다고 해서 행복한 것도 아니다. 취업자는 취업자대로 스트레스고 실업자는 실업자대로 스트레스다. 이 진퇴양난의 상황을 돌파하는 진보적 대안은 '모두 일하되 조금씩' 일하는 것이다. 정규직을 원칙으로, 모든 이의 노동시간 단축을 통한 일자리 나누기가 우리 모두의 구호가 되어야 하는 까닭이다. 이것이 경쟁과 분열의 노동현실을 극복하고 소통과 연대의 미래로 가는 지름길이다.

7. 덫에 걸린 신자유주의 세계화
이윤 동기와 생존경쟁이 만든 거품의 붕괴

자본과 권력은 경기가 좋으면 "위기에 대비해야 한다"고 겁을 주고
경기가 나쁘면 "위기를 극복해야 한다"며 겁을 준다.
사람들은 경기가 좋아도 힘들고 나빠도 힘들다.
이에 우리의 과제는, 위기감이나 두려움에 기초한
선전선동의 허상을 낱낱이 벗겨내는 것이다.

2008년 금융위기: 신자유주의 세계화의 종말

 2008년 가을, 미국의 리먼 브라더스라는 대형 투자 은행의 파산 이후 벌어진 금융 위기와 그에 이은 실물 위기, 실업과 불안, 유럽과 미국의 국가 부도 위기… 사람들은 이 위기에 대해 시간만 좀 지나면 곧 극복될 것이라 진단한다. 아니, 그렇게 소망한다. 하지만 『글로벌 슬럼프』(2011, 그린비)의 저자 데이비드 맥낼리 교수는 단호히 '아니' 라 말한다. 마치 그것을 증명하기라도 하듯, 그리스, 이탈리아, 스페인 등 유럽의 위기와 미국의 위기, 다시 아시아 위기가 현실이 되었다. 나아가 역사상 처음으로 미국이라는 '최강' 나라의 신용등급이 '강등' 되기도 했다. 실제로는 더 많이 떨어져야 할지 모른다. 미국은 이미 오래전부터 무역적자와 재정적자라는 쌍둥이 적자로 몸살을 앓고 있으며, 한마디로 '빚으로 사는 나라' 라는 별명도 있지 않은가? 또 하나 지적할 것은 일개 신용평가 회사가 한 나라의 운명을 좌우한다는 사실이다. 마치 그 점수를 통해 1등부터 꼴찌까지 관리하는 지배자의 모습과 닮아 있다. 닮은 게 아니라 실은 바로 그 자체가 지배자다. 여기서 말하는 신용평가란 결코 사람이나 사회가 그 자체로 얼마나 믿을 만한가를 뜻하지 않는다. 오직 한 사회가 자본 증식에 얼마나 유리한 조건을 갖추었는가를 평가하는 것이다. 그러니 이 신용평가 점수에 신경을 쓰는 만큼 우리는 자본에 종속된다. 우리 삶을 원격 조정하는 실질적 경제권력이 어디에 있는지 희미하게 드러나는 순간이다. 이런 식으로 우리의 현실과 미래는 불안과 공포에 짓눌린다.

　이 침체된 분위기는 맥낼리 교수의 말처럼 앞으로 상당히 오래 갈 것이다. 그것도 전 지구적으로 말이다. 그래서 그는 '글로벌 슬럼프'의 시대라 말한다. 물론 더러 회복세는 나타나지만 곧 다시 추락한다. 마치 한 사람이 늪에 빠져 위아래로 허우적대는 모습과 비슷하다. 그래서 '글로벌 슬럼프'는 우리말로 '세계화의 늪'이라 할 수 있다. 1997년에 나온 『세계화의 덫』보다 더 심각한 점은 빠져나오려 노력할수록 쉽게 빠져 나오기가 점점 힘들어진다는 점이다.

　이것은 마치 제2차 세계대전 이후 서양의 선진 자본주의가 포디즘 또는 케인스주의에 기초한 복지국가 체제를 구축했으나 마침내 1960년대 말부터 위기에 빠지기 시작하고, 1980년대 초에 '신자유주의'를 내세우며 새로운 부흥을 개시할 때까지 약 10년 정도 슬럼프에서 허우적거렸던 불편한 기억을 되살린다. 그런데 1980년대 이후의 신자유주의조차 30년이 흐른 지금 다시 슬럼프에 빠진 신세다. 맥낼리 교수는 이를 신자유주의의 종말이 시작된 것이라 본다.

　문제는 바로 이 위기의 시기에 우리가 무엇을 느끼고 어떻게 생각하며 어떤 선택을 하는가에 따라 그 이후의 미래가 엄청나게 달라질 것이란 점이다. 그 선택지는 크게 세 갈래 정도로 예측할 수 있다.

　하나는 지금까지 해온 것처럼 '허리띠를 더욱 졸라매서' 위기에 빠진 정치경제 시스템을 자본의 입장에서 구출하는 것이다. 일종의 '신-신자유주의'를 상정할 수 있다. 그러나 이것은 지금보다 민주주의 측면에서 훨씬 후퇴한 모습이 될 것이다. 왜냐하면 인간 노동력이든 자연 생태계든 새로운 이윤 창출을 위해 더욱 가혹하게 동원되어야 할 것이기 때문이다. 아직도 자본에 의해 잠식되지 않은 공유지도 있고 새로운 틈새시장도 있으며 사유화할 수 있는 공공부문도 제법 있다. 이 모두가 자본에는 '아직도' 새로운 가능성이다. 심한 경우 파시즘 같은 시스템이 여기저기 등장할지 모른다. 물론 이 모두는 그에 동의하거나 묵인하는 사람들이 많을 때 현실화할 것이다. 그러나 이 모든 과정은 서로가 서로에게 상처를 주는 과정, 심지어 자기가 자기에게 상처를 주는 과정으로 이어질 것이다. 한마디로 '상처의 세계화' 과정이 될 것이다. 이 길이 바람직하다고 보기 어려운 까닭이다.

둘은, 착실하게 '허리띠를 졸라매던' 사람들이 더 이상 "이렇게는 못 살겠다"고 외치게 되면서 어느 정도 노동의 입장에서 기존 정치경제 시스템을 '개혁'하는 것이다. 시민인권이나 노동인권 같은 것을 어느 정도 개선해서 노동과 자본의 공생을 추구하는 것이다. 말하자면 '신케인스주의'를 상상할 수 있다. 그런데 이것은 불행하게도 극소수의 선진 자본주의 국가에만 가능하거나 그런 나라들 안에서도 극히 일부분의 노동계급에게만 해당할 뿐이다. 왜냐하면 갈수록 기존의 복지국가를 지탱해준 토대가 허물어지기 때문이다. 즉 세계시장에서 경쟁이 더욱 치열해져 기존의 독점적 지위를 계속 누리기도 어려울 뿐 아니라, 신식민지 나라들의 저항도 증가하고 자연 생태계의 싱싱한 모습들도 갈수록 많이 파괴되기 때문이다. 이것이 결코 보편적으로 실현 가능하다고 보기 어려운 까닭이다.

이제 마지막 시나리오는, 처음의 바람직하지 않은 '신-신자유주의'도, 두 번째의 실현가능성이 낮은 '신케인스주의'도 아닌, 완전히 새로운 길을 만드는 것이다. 그 이름은 무엇이 될지 모른다. 물론 이는 현실 자본주의나 현실 사회주의의 문제점을 모두 극복하는 방향이어야 한다. 개혁과 혁명의 이분법을 넘어 참된 변화를 이루어야 한다. 이 참된 변화는 과연 "우리가 열심히 사는 이유가 무엇인가?"라는 근원적인 질문을 하는 데서부터 출발한다. 사실 이런 근본적인 문제제기는 엄청난 학식을 갖춘 사람들만이 할 수 있는 어려운 것이 아니다. 현실의 삶에 대해 우리가 스스로 눈과 귀, 머리와 가슴을 닫지 않고 활짝 열어 놓기만 한다면 누구나 느낄 수 있다. 선입견과 두려움이라는 감옥에서 탈출하기만 하면 새로운 감각이 열린다. 결국은 사람과 사람, 사람과 자연이 더불어 행복하게 사는 새 세상을 열어야 한다. 겉으로 제아무리 출세와 성공을 해도 결국 내면의 평화와 삶의 기쁨, 참된 행복이 없다면 '말짱 도루묵'이기 때문이다.

우리가 직면한 위기의 '뿌리'는 결코 '허리띠 졸라매고 열심히 일한' 노동자들에게 있지 않다. 끊임없이 이윤을 추구하며 살벌한 경쟁을 부추기는 시스템 자체가 문제의 핵심이기 때문이다. 그럼에도 시스템의 운전사들은 마치 노동자들을 대량 해고하고 남은 자들의 허리띠를 더 조르기만 하면 위기 탈출이 가능한 듯 선전한다. 대단한 착각이다. 그것이 왜 착각이고 왜 잘못된 것인지, 어떻게 해야 참된 돌파구가 열릴 것인지 학습과 토론을 해나가야 한다.

이런 점에서 한국사회는 크게 두 가지 과제를 안고 있다. 첫째, 기업과 국가가 주도하는 인간성 소외의 시스템에 의해 어떤 식으로

든 상처받은 사람들이 선입견이나 두려움을 깨고 공감과 소통, 성찰과 연대를 통해 다시금 일어나야 한다는 것이다. 그저 주어진 시스템 안에서 잘 적응하여 성공하는 것만을 인생의 목표로 설정하는 것은 그 개인은 물론 사회 전체에 잘못된 결과를 가져올 것이 뻔하다. 최근의 촛불시위나 희망버스 운동은 그러한 실마리를 이미 던져주고 있다. 이런 풀뿌리에 의한 아래로부터의 생동하는 에너지들이 더욱 널리 번져야 한다.

둘째, 풀뿌리 운동이 거듭 성장하여 '풀뿌리 민주주의' 또는 '광장의 정치'를 열어냈을 때, 바로 이 역동적인 기운을 지속시켜 완전한 사회경제적 시스템의 변화로 이어지도록 대중운동의 조직적 역량과 인프라를 튼실하게 구축하는 일이다. 이런 점에서 제도권 운동과 비제도권 운동 사이, 그리고 노동운동, 농민운동, 여성운동, 학생운동, 비정규직운동, 이주민운동, 실업자운동 등 각 분야별 운동 사이에 활발한 소통과 연대가 이뤄져 저항을 넘은 대안의 창출까지 건강한 논의와 역량을 계속 이어가야 한다.

물론 갈 길은 멀고도 험하다. 하지만 확실한 것이 하나 있다. 우리 스스로 두려움이나 이해득실의 감옥에 갇히지 않고 참된 인간적 필요를 느끼기 시작하는 데서부터 새로운 길이 희미하게 보이기 시작한다는 점이다. 동시에 옆 사람과 손을 잡고 마음의 문을 같이 열어야 한다. 나약하거나 비참한 자신의 모습조차 서로 공유해야 한다. 고통이나 견디기 어려운 느낌을 나누는 것도 새로운 길을 여는 데 큰 힘이 된다. 이때 우리는 모두가 상처받은 존재임을 인정하고 서로의 상처를 어루만지고 감싸 안아야 한다. 그리하여 나의 행복과 옆 사람의 행복이 서로 연결되어 있음을 느낄 때 비로소 참된 소통과 연대가 가능하다. 이런 점에서 소통과 연대는 모든 사회운동의 과정이자 목표다.

영화 〈남영동 1985〉와 자본의 지배

불과 30년 전이었다. 1980년대 전반기의 암담하던 군사독재 시절엔 학교에서 체육대회조차 마음대로 열 수 없었다. 여럿이 모인다는 것 자체가 감시 대상이었다. 학교 정문은 매일같이 매캐한 최루탄 가스 냄새가 났고 정문을 통과하려면 모두들 손수건으로 코를 막고 뛰어다녔다. 학교 중앙도서관 앞 잔디밭은 데모를 하지 못하게 온통 장미꽃이 심겨졌다. 아름다운 장미꽃이 그렇게 미워 보인 적도 없다. 데모의 끝에는 늘 전투경찰과 투석전을 벌였다. 학교 당국, 보직 교수들, 전경들과 경찰 지휘관들 등이 모두 한패로 보였다. 군사독재 정권의 하수인들에 불과했다. 돌멩이와 깨진 보도블록이 위험하게 날아다녔다. 그 와중에 다른 사람 팔꿈치에 받혀 안경이 깨져 눈가에 피가 나기도 했다. 학생회관 벽에 붙은 충격적인 내용의 대자보를 읽으며 "일반 시민들이 우리 대학생들이 이야기하는 것만 제대로 보아도 세상이 확 바뀌지 않을까?"라고 생각하기도 했다. 그러면서도 "이 암담한 독재 시절이 언제쯤 끝이 날까?"라며 안타까워하기도 했다.

시대의 아픔을 가슴에 안고 살면서 결코 안이하게 살아선 안 되겠다고 결심했지만, 마음속엔 공포심이 짓눌렀다. 용감한 선배들처럼 시위 주동을 하고 군대에 강제징집당할 용기도, 아니면 다른 친구들처럼 모든 걸 포기하고 공장 노동자가 되어 노동운동에 뛰어들 용기도 없었다. 내가 찾은 나름의 대안은 양심적인 학자가 되어 일하는 사람들이 행복하게 사는 세상을 만드는 데 나름의 기여를 해보자는 것이었다. 1985년 3월에 대학원에 진학했다. 대학원에서 공부하면서도 시대적 고민은 뇌리를 떠나지 않았다. 그러면서 이왕 공부를 하려면 제대로 해보자며 독일 유학을 꿈꾸게 되었다. 남산에 있는 독일문화원을 찾아 어학코스를 시작한 것이 1985년 가을이었다.

바로 그 무렵 1985년 9월의 초가을, 민주화운동청년연합의 김근태 전 의장은 남영동 치안본부 대공 분실로 끌려갔다. 영화에 나오듯 공포의 물고문, 고춧가루 고문, 전기고문이 예사로 행해졌다. 도무지 인간으로 견디기 어려운 치욕의 22일이었다. "거짓말을 해야 살아남는다" 는 이 엉터리 논리가 한 양심적인 인간을 처절히 파괴한다. "북한의 사주를 받아 반국가단체를 만들고 폭력혁명으로 국가를 전복하고자 했다" 고 거짓 자백을 해야지만 역설적으로 살아남을 수 있는 이 무서운 논리, 이것은 군사독재 권력의 산물이었다. 살아남기 위해 조작된 반국가단체의 조직도에 일일이 이름들을 만들어 넣어야 했고 외워야 했다. 그렇게 해서 숱한 사람들이 줄줄이 엮여 들어갔다. 영문도 모르고 근거도 없지만 조작된 조직표 하나 때문에 한 사람의 생사가 엇갈리던 시절이었다.

당대의 최고 고문기술자인 이근안은 자신만만하게 "지금은 내가 당신을 고문하지만 민주화가 되면 당신이 나를 고문하라" 고 한다. 군사독재 시절이 영원하리라 믿었을 것이다. 인간의 양심이, 사회정의가 폭력과 공포 앞에 영원히 죽을 것이라고 근시안적으로 생각한 셈이다. 그러나 들불처럼 타오르며 전국을 달군 1987년 6월 민주항쟁과 그 뒤의 노동자대투쟁은 권위주의적 군사독재를 확실히 종식시켰다. 그리고 많은 세월이 흘렀다. 노무현 참여정부 시절, 김근태는 보건복지부 장관이 되었다. 자신을 고문했던 이근안이 옥살이를 하던 교도소를 조용히 방문한다. 영화 속의 이근안은 무릎을 꿇고 "진심으로 잘못했다. 용서해 달라"고 빈다. 일말의 양심이 있었겠지만, 결국은 살아남기 위한 비열한 수작에 불과했다. 그 뒤 그가 목사가 된 것도, 지금은 행방이 묘연한 것도, 결국은 마름처럼 권력 주위를 맴돌다 억지로 생명만 연장하며 기회주의적으로 살아가는 '비인간화된 인간'의 모습일 뿐이다.

그러나 이 영화를 이렇게만 보아서는 안 된다. 나는 그 민주 인사를 고문하던 방과 그 방 속의 짐승 같은 인간들에 주목한다. 그들은 사장님, 실장, 계장, 직원 등으로 불린다. 사장과 직원의 관계는 기업, 즉 자본을 닮았다. 말단직원으로 갈수록 약간의 인간적 면모가 엿보이기도 한다. 이들은 인간성과 악마성의 경계선에 존재한다. 그러나 상부로 갈수록 이미 인간성의 경계는 넘어버렸고 악마성에 푹 빠져 있다. 이 고문 팀들이 고문을 통해 '한 건' 올린 뒤 원하는 것은 결국 돈과 승진이다. 그렇게 권력자들은 돈과 승진으로 '애국자'를 만들어내고 애국자들은 돈과 승진에 목을 맨다. 국가는 그렇게 해서 굴러간다.

여기서 잠깐, 고문 팀 중 말단직원이 프로야구 팬이어서 라디오를 좀 듣자며 상사의 눈치를 본다. 이때 희대의 고문 기술자 이근안이 말한다. "라디오 켜세요. 나는 삼성이 좋으니까." 이 순간 나는 '바로 저것'이란 생각이 들었다. 남영동 밀실 같은 곳에서 살인적 고문으로 양심적 지식인들의 인간성을 말살하던 그들이 추구하는 건

코앞의 돈과 승진이다. 그런데 그 위에는 권력자가 있고 국가가 있다. 그리고 바로 그 뒤에는 삼성과 같은 자본이 있다. 결국 양심적 지식인들의 민주화 운동을 북한이 배후조종한 게 아니라, 공포의 살인 고문으로 양심과 인간성을 말살하도록 배후조종한 것이 권력과 자본인 것이다. 이것이 사태의 진실이다.

하나만 더. 남영동 치안본부 팀이 살인고문을 하던 당시 안기부는 '구미유학생 간첩단' 사건을 터뜨린다. 이 뉴스를 보고 치안본부 팀 구성원들은 좌절감과 열패감에 휩싸인다. 경찰청 치안본부와 안기부가 일종의 경쟁 관계에 놓여 있었던 셈이다. 검찰이나 보안사도 또 다른 경쟁자였다. 물론 그들이 소박하게 원하는 건 '한 건' 올려서 보너스와 승진이라는 보상을 받는 것에 불과했다. 실은 그들도 먹고살기 위해 직장에 충실할 뿐이었다. 여기서 중요한 것은, 이러한 조직 간 경쟁 관계를 통해 권력자들은 상부에서 더욱 효율적으로 정보를 수집, 조작하고 그를 통해 전 국민을 더욱 효과적으로 통제할 수 있었다는 점이다. 그리고 그 권력자들은 무대 뒤에서 자본이 던져주는 떡고물을 받아먹으며 대체로 경제성장과 자본축적 논리에 순응하는 방향으로 국정을 운영한다. 내가 '경쟁은 지배를 위한 효과적 도구'라든지 '경쟁과 지배는 동전의 양면'이라 강조하는 것도 바로 이러한 맥락과 맞닿아 있다. 경쟁은 결코 인간의 논리가 아니며 자본의 논리에 불과하다.

그래서 다시 물어야 한다. 과연 '민주화'가 이뤄진 지금의 시대라고 해서 경쟁을 통한 효과적 지배라는 자본의 패러다임 자체로부터 우리가 자유롭게 된 것일까? 아니면 한편에서는 외부의 공포(감시와 처벌)가 여전히 작동하면서도 다른 한편에서는 내부의 강박(성공과

출세)이 더 많이 작동하는 가운데 우리는 더욱더 거칠게 경쟁의 물결 속으로 자발적으로 뛰어드는 건 아닌가?

그리고 동시에 우리는 신자유주의 세계화 시대에 '대세'라 불리는 온갖 자유무역협정들, 예컨대 한미FTA이나 한EU자유무역협정 같은 것들이 단순히 무역을 자유롭게 하자는 것에 그치는 것이 아니라, 바로 그 자본(상품) 간의 치열한 경쟁을 통해 온 세상 사람들을 더욱 경쟁과 분열로 몰고 가면서 전체를 효과적으로 지배하려는 자본의 전략이 아닌지 진지하게 되물어야 한다.

자유무역협정(FTA) vs. 민중무역협정(PTA)

이명박 정부의 '친절한' 역사의식 덕에 첨예한 논란에 휩싸였던 한미자유무역 협상이 2006년 2월 3일 노무현 정부 때 공식 시작되었음을 다시 기억하게 된다. 게다가 고인이 된 노무현 전 대통령의 생생한 목소리가 텔레비전을 타고 부활했다. "국민 여러분, 오로지 경제적 실익을 중심에 놓고 협상을 진행했습니다."

물론 이명박 정부가 노 전 대통령을 인용한 것은 고인을 존경하는 뜻에서 한 건 아니다. 오히려 '부관참시'라는 말처럼 고인을 더 욕되게 했다. 왜냐하면 '재협상' 결과의 비준을 위해 정부와 여당이 대국민 압박용으로 고인을 이용했기 때문이다. 이미 2007년 4월 2일에 타결된 것을 재협상한 까닭은 미국 의회가 반발해서다. 재협상 결과는 누가 봐도 예전보다 훨씬 '후퇴한' 것임에 틀림없다.

물론 재협상뿐만 아니라 최초의 협상 결과도 그렇게 반가운 건 아니다. 사실 자유무역이란 겉으로 보면 서로에게 좋은 '윈-윈' 같지만 실제로는 이득을 보는 자와 손해를 보는 자로 나뉜다. 미국 측이 재협상을 요구하게 된 배경도 자기들이 손해볼 것 같아서였다. 쇠고기 협상이니 자동차 협상이니 하면서 복잡한 사안들로 골머리를 앓지만, 근본적으로 이익을 보는 진영은 한국이나 미국의 대기업과 같은 독점자본들이다. 농민이나 서민, 노인, 어린이, 자영업자, 중소 영세 기업, 여성, 학생, 노동자들은 자유무역협정을 하지 않아도 힘들고 해도 힘들다. 노무현 정부든 이명박 정부든 정부의 선전만 보면 모두 행복하게 잘살 것 같지만, 한참 지나고 보면 '또 속았다'는 기분만 든다. 그리고 바로 이런 원리는 한국만이 아니라 미국 역시 마찬가지다.

일례로 미국과 캐나다, 멕시코가 1994년부터 '북미자유무역협정'을 실시하여 3국 정부 모두 고용 창출과 소득 증대, 경제 번영 따위를 약속했지만 모두 물거품이 되었다. 미국의 경우 자유무역 10년 동안 약 88만 개의 일자리가 사라졌다. 대신 멕시코 국경에 일종의 '수출자유공단'인 마킬라도라가 들어서 최저 임금 수준의 일자리만 생겼다. 동시에 멕시코 농민들은 대거 몰락했고 '사파티스타' 민족해방군이 무장항쟁을 해야 하는 지경이 되었다. 3국 모두에서 소득 불균형은 심화하고 노동자 권리가 억압되었다. 노동기준이나 환경기준은 '바닥을 향한 경주'를 한다.

그러면 과연 누가 이득을 보았는가. 말할 것도 없이 '월가를 점령하라'는 최근의 운동에서도 적나라하게 드러난 것처럼 '극소수 1퍼센트'에 해당하는 독점기업과 금융자본들, 그들에 협력하는 자들만이 분에 넘치는 돈을 번다. 바로 이런 점이, 기득권 집단이 제아무리 그럴듯한 자유무역을 선전하고 '국익'을 내세우며 미래의 번영을 약속해도 모두 새빨간 거짓말이거나 약효가 금세 바닥나는 가짜 보약임을 증명한다.

세상이 바로 이런 식으로 절망적으로 흘러가는 줄도 모르고 우리는 다만 열심히 일하며 한 10년만 고생하면 행복의 문이 열릴 것 같은 착각을 한다. 또 자녀들에게 열심히 공부하라고 재촉하며 '일류대'만 나오면 성공할 거라고 착각하게 한다. 결국 좌절하고 또 절망한다. 그런 상실감과 상처를 느끼는 우리들에게 엉뚱한 '감기약' 같은 걸 한 번씩 발라주는 것이 바로 '로또' 광풍이다. 그렇게 우리 삶은 곁돈다.

이제부터라도 근본을 바로 세워야 한다. 스스로 땀 흘려 착실히 사는 사람이 보람을 느끼는 사회, 억대 부자가 아니라도, 그 잘난 SKY 출신이 아니라도 누구나 자기 개성을 발휘하며 알콩달콩 행복을 누리며 사는 사회를 만들어야 한다. 하나가 이기면 다른 하나는 죽는 '자유무역'이 아니라 쿠바, 베네수엘라, 볼리비아처럼 '민중무역'을 통해 서로가 형제자매처럼 지내는 그런 국제관계도 필요하다. 어떻게 해야 그런 길로 갈 수 있을지 지금부터라도 활발히 토론해야 한다. 풀뿌리가 정신 차리고 제대로 일어서야 하는 까닭이다.

한국에서 한미FTA를 위한 협상이 시작될 무렵이던 2006년 5월, 남미의 볼리비아 정부는 쿠바, 베네수엘라와 함께 14개조를 내용으로 하는 민중무역 협정을 체결했다. 이 협정은 "라틴 아메리카와 카리브해 지역의 진정한 형제애와 통합을 기본 틀로 하는, 사회정의를 통한 발전"을 목적으로 한다. 이 협정은 "강력한 연대, 상호 협력 그리고 민중들 사이의 원조는 기업 이윤과 시장의 힘에서 자유로워야 한다"는 신념에 기초한 것이다. 이에 참여하는 나라들이 "합리적인 국가 재산의 개발, 환경 보호, 고용 확대, 시장 개방과 함께 민중들로 하여금 진정한 연대성에 기반을 두고 상호 이익을 가져올 수 있는 보완적 생산을 꾀하는 정교한 계획"이다. 구체적으로 쿠바는 교육과 의료 부분의 지원을 제안했다. 이것은 즉시 6개의 안과 병원을 건설하여 연간 10만 명의 환자들을 수술할 수 있으며 전 국민에게 읽고 쓸 수 있는 교육을 연장시킬 수 있는 정도였다. 베네수엘라도 볼리비아에 기술적 지원과 함께 탄화수소 부분에 실질적 투자를 제안하였고 쿠바에 석유를 주기로 했다. 볼리비아는 콩과 탄화수소를 베네수엘라와 쿠바에 제공하기로 했다. 또한 천연 의약품에 대한 경험과 연구개발에 관해 교류할 것을 제안했다.

　이 민중무역 또한 국가주의에 갇혔다거나 보편성의 결여 등 한계점이 있을 수 있지만, 이런 식으로 형제애와 우정에 기초한 교환이 세계적으로 확산된다면 현재와 같은 (자유무역이라는 허울 좋은 이름 아래 전개되는) 제국주의적 불평등 무역이나 초국적 자본에 의한 수탈을 극복할 수 있다.

　그러나 최근 WTO나 한미FTA 등에서도 나타난 것처럼 여전히 국가와 자본은 이런 문제의식과 새 가능성 검토에 무능하다. 한편 세계체제에 대한 적극적인 대안 제시가 결여된 상태에서 일국적 차원의 변화를 꾀하려 했던 남아공의 만델라나 남미 브라질의 룰라 같은 경우, 결국에는 세계체제가 강요하는 신자유주의에 재포섭당하고 말았다는 사실도 기억해야 한다. 역시 사회적 힘 관계가 이 문제 해결에 결정적일 것이지만, 자유무역보다 훨씬 미래지향적인 민중무역 실험들을 부단히 확장하는 과정 속에서, 또한 세계자본 주도의 '자유무역'에 저항하는 무수한 네트워크들이 (비록 잘 보이지는 않지만) '리좀적'(뿌리와 줄기가 구분되지 않는 방식으로) 확산과 발전을 거듭하면서, 마침내 운동의 '양질전환'이 일어날 가능성도 전혀 배제할 순 없을 것이다.

8. 아름다운 삶, 사랑 그리고 마무리
앙드레 고르와 이반 일리치에서 배우기

세상의 삶을 이끄는 원리는 크게 두 가지다.
사랑의 원리와 권력의 원리다.
우리는 말로는 사랑의 관계를 강조하지만
실제로는 권력 관계 속에 살며 고통 받는다.
사랑의 관계를 일관되게 구현하는 것이 인간 해방이다.

이반 일리치의 삶과 평화

일리치(Ivan Illich) 선생은 1926년에 오스트리아 빈에서 태어났다. 1951년에 가톨릭교회의 사제로 서품되었고 푸에르토리코, 멕시코 등 남미에서 빈민들과 함께 반체제적 종교 활동을 했다. 1968년에 로마 바티칸으로 소환되어 사제직을 그만두게 되었고 그 뒤로 '떠돌이' 학자로서 세계 여러 대학과 지역사회를 오가며 현대문명과 기술이 가진 근본적 토대에 대해 문제를 제기해왔다.

1971년엔 『탈학교의 사회』를 냈고, 1973년엔 『공생공락을 위한 도구』, 1974년엔 『에너지와 형평성: 행복은 자전거를 타고 온다』, 1976년엔 『의료의 한계: 병원이 병을 만든다』, 1982년엔 『젠더』, 1993년엔 『텍스트와 포도밭에서』, 1996년엔 『우정에 대하여』(라디오 대담), 2001년엔 『현란한 쇼의 시대에 눈을 보호하기』 등 많은 책과 글을 발표했다. 이 모든 저술활동의 밑바탕에는 근대문명의 발달과 더불어 상실되는 인간성 문제를 근원적으로 드러내려는 선생의 문제의식이 깔려 있다.

선생은 2002년, 만 76세의 나이로 삶을 마감했다. 선생의 삶과 관련해 특이한 점은 약 60세 때부터 그의 왼쪽 뺨 부근에 커다란 혹이 생겼음에도 현대의학의 '혜택'을 받기 싫다고 한사코 거절하며, 주어진 삶을 있는 그대로 살다 가겠다고 한 점이다. 그리고 그는 그렇게 했다. 그것도 그가 주기적으로 강의하던 독일 브레멘에서 한 여학생과 일하다가 그 학생이 잠깐 자리를 비운 사이에 소파에 앉은 채 세상을 평화롭게 떠났다.

나는 일리치 선생을 독일 유학 중이던 1993년경, 브레멘대학에서 직접 뵌 기억이 있다. 당시 나는 박사논문을 쓰느라 바빴는데, 어느 날 브레멘대학 중앙도서관 옆의 한 강의실에서 일리치 선생의 특강이 있다는 공고문을 보게 되었다. 그 순간 나는 내 눈을 의심했다. "아, 『탈학교의 사회』를 쓰신, 나에게 현대 교육제도의 근본 문제점을 일깨워준 바로 그분이 이반 일리치 선생 아니던가? 아니, 그분이 어떻게 이곳 브레멘대에서 특강을 하시나?" 하고 스스로 놀랐던 것이다. 나중에 알고 보니, 선생은 그 무렵 주기적으로 미국 펜실베이니아대학과 독일 브레멘대학을 오가며 강의도 하고 연구도 하고 사람도 만나고 했다. 그날 선생의 특강 제목은 "우정에 대하여"였던 것 같다. 한국 같으면 별도로 특강 자료가 배부될 터인데, 그런 건 없었다. 대형 강의실에는 주로 남녀 노인들이 자리를 꽉 채우고 있었다. 과연 대원로 선생님의 명성에 걸맞게 오래전부터 진심으로 선생의 입장을 존경하고 따르고자 하는 '팬'들이 많았던 것이다. 그들은 선생의 강의를 들으며 손때 묻은 수첩이나 노트에 뭔가 열심히 적고 있었다. 당시에 독일어 강의를 겨우 3분의 2 정도 소화하던 나로서는 선생의 모든 메시지를 정확히 알 수는 없었으나, 그 표정, 눈빛, 손놀림, 몸짓, 분위기 등을 종합할 때 결국 현대 사회의 제반문제를 해결해나가는 데는 참된 '우정'의 회복이 핵심이라는 말씀이었던 것 같다.

나는 강의가 끝난 뒤 선생에게 다가가 존경하는 마음으로 인사를 하고 악수를 나누었다. 그러고선 "저 자신도 마찬가지지만 한국에서 많은 선생님들이 당신의 책『탈학교의 사회』를 읽고 큰 감동을 받았으며, 그 뒤 많은 분들이 대량해고를 감수하면서도 전교조를 만들어 교육민주화 운동에 매진하고 있다"는 말씀을 드렸다. 이 말에 선생은 "그분들의 승리를 기원한다"고 우정과 연대의 마음을 전했다. 나는 연세가 지긋한 일리치 선생의 왼쪽 뺨에 난 제법 큰 혹을 보고 내심 놀라기도 했지만, 그 존경해마지 않는 일리치 선생을 직접 대면했다는 기쁨에 가슴이 뿌듯했다. 당시만 해도 그 혹이 그렇게 고통스러운 지경은 아닌 것 같았지만, 나중에 알고 보니 선생은 수술로 고칠 수 있는 것조차 현대의학에 의존하는 것이 싫어 거부했다 한다.

선생의 말씀 중에 "현대의학이 인간으로부터 죽음을 탈취해 갔다"라는 말이 있다. 인간이 과학, 기술 덕에 무의미하게 죽음을 연장하는 많은 사례에서 드러나듯, 적당한 기회에 죽음을 자연스레 받아들이는 능력까지 상실한 상태, 즉 '죽음으로부터의 소외'까지 겪고 있다는 뜻이 아닐까. 깊이 생각해보면 정말 맞는 말이다. 우리는 막연히 오래 살 것처럼 생각하고 불행이나 고통, 죽음에 대해서는 막연한 두려움에 젖어 거의 대비하지 않는다. 생각건대 죽음을 진지하게 생각하고 성실히 대비하지 못하는 삶은 온전한 삶일 수 없다. 이런 면에서 우리 모두가 예컨대 한 달에 한 번씩 나름의 '유언장'을 써보는 것은 어떨까? 유언장을 쓴다는 것은 얼핏 꺼림칙한 일 같지만, 결국 그것은 매 순간 우리 삶을 더욱 성실하고 진지하게 대할 수 있게 만들 것이라 확신한다.

21세기 오늘날 우리 시대의 핵심 화두는 생명과 평화다. 실은 인류 역사의 기원부터 지금까지 이 문제가 핵심이다. 하지만 지금처럼 절박하게 이 문제가 대두된 적은 없다. 갈수록 죽임, 폭력, 전쟁, 불안, 스트레스, 갈등이 증가하기 때문이다.

그런데 일리치 선생에 따르면 평화에는 두 가지 정의가 있다. 하나는 가진 자, 위로부터의 정의이고 다른 하나는 기층 민중, 아래로부터의 정의다. 전자는 '평화의 유지'를 강조한다. 즉 온 세상이 자기들 뜻대로 굴러가는 것, 아무도 기존질서에 이의를 제기하지 않고 잘 따르는 상태, 바로 이것이 위로부터의 평화 개념이다. 후자는 '평화로이 내버려누어져 있기'를 평화로 보는 것이다. 즉 세상 살림살이를 민중이 스스로 만들어가는 그대로 제발 그냥 놔두라는 것이다. 풀뿌리 민중의 삶의 자율성, 바로 이것이 아래로부터의 평화다.

아하, 이 얼마나 통쾌한 정의인가. 평화는 물론이고 교육도 그러하다. 나는 이 나라의 교육부나 교육 관료들이 굳이 "한국 교육을 발전시키겠다"고 제발 노력하지 않았으면 한다. 무엇이 올바른 교육인지 학생과 선생님들이 알아서 찾아가게 제발 내버려 두었으면 한다. 그중엔 물론 엉터리도 있고 시행착오도 있을 것이다. 그러나 국가가 나서서 일제고사니 평가제도니 하면서 '간섭'하지 않기만 하면 풀뿌리 민중은 진정 올바른 교육의 길을 토론하고 모색하여 만들어나갈 것이라 확신한다. 이것이 바로 교육에서 참된 평화가 아닐까.

경제개발도 마찬가지다. 돈과 권력을 가진 자 또는 중심부 국가 (선진 강대국)의 입장에서 경제개발이란 돈벌이를 위해 사람과 자연을 지속적으로 화려하게 변형해가는 것이다. 그러나 풀뿌리 민중의 입장에서 경제개발이란 아예 개념부터 없을 뿐 아니라, 굳이 그런 개념을 쓴다 하더라도 그것은 민초들 스스로 살림살이 문제를 자율적이고 창의적으로 해결해나가는 것을 뜻한다. 일리치 선생에 따르면, 지난 수십 년간 이른바 '개발의 시대' 동안에 '민중의 평화'는 지속적으로 깨졌다. 즉 돈벌이를 위한 '발전'이라는 미명 아래 세계 전역에서 민중의 자립경제, 자연 환경, 여성에 대한 공격이 체계적으로 전개되었다. 그 결과 오늘날 발전이 많이 된 나라일수록 참된 민중의 평화는 사실상 사라졌다. 한마디로 민중의 평화("팍스 포퓰러") 대신에 돈벌이 경제를 위한 평화("팍스 에코노미카")가 지배하게 된 것이다. "더 이상의 모든 성장에는 민중의 자급 문화에 대한 폭력적 공격이 함축되어 있지만, 이것은 '팍스 에코노미카'에 의해 은폐되어 있습니다." 이런 일리치 선생의 통찰이 주는 함의는, 결국 우리가 이른바 '경제발전' 또는 '경제개발'을 가능한 한 적게 할 때라야 비로소 민중의 평화 회복이 가능해질 것이라는 점이다. 바로 여기서 우리는 혼란을 느낄 수 있다. 아니, 경제개발과 민중 평화가 그렇게 적대적인가? 경제개발이 되어야 민중 평화도 오는 것이 아닌가? 민중 평화를 위해 경제개발을 하지 말아야 하나? 경제성장이 '플러스'가 아니라 '마이너스'가 되면 '큰일' 나는 것 아닌가?

하지만 이런 혼란은 결국 우리가 지금까지 잘못된 가치관을 내면화한 결과일 뿐이다. 자, 여기서 정신을 바짝 차리자. 경제든, 평화든 우리 삶의 목적은 궁극적으로 무엇인가? 그것은 결국 '행복'이 아닌가? 삶의 행복에 도움이 안 되는 것은, 경제든 개발이든 교육이든 평화든 발전이든 그 이름이 무엇이든 아무 쓸데없다. 그렇다면 행복 증진을 위해 꼭 필요한 것이 무엇인가? 민중 평화를 깨는 경제개발인가, 아니면 민중 평화 그 자체인가? 단언컨대 민초들이 자신들의 살림살이(자급의 문화, Subsistence culture)를 우애롭고 평화롭게 스스로 만들어가는 과정, 그 자체가 바로 행복한 삶의 과정이다. 이 중심 잣대, 즉 줏대를 잘 세운 다음에 다른 요소들을 하나씩 고려할 때 비로소 올바른 판단, 올바른 선택, 올바른 행동이 가능하다. 자, 이제부터 "더 빨리 더 많이 더 높이"라는 올림픽 구호 대신, "더 느긋하게 더 적게 더 낮게"를 외치며 우리 삶의 모든 과정을 참되게 구조조정하는 건 어떨까?

우정과 환대에 대하여

1996년 3월, 미국의 어느 라디오 대담 프로그램에서 일리치 선생은 이렇게 말한다.

> 위대한 랍비의 전통이나 그리스도교의 수도원 전통에서는, 또 플라톤과 같은 그리스 사람들이나 키케로는 이미 우정에 대하여 알고 있습니다. 즉 내가 나 자신을 발견하는 것은 그대의 눈에서 비롯한다는 것을 말입니다. (……) 나라는 존재가 당신에게 선물이 되게 하는 것은 당신인 것입니다. (……) 나의 존재가 누군가에게 선물이 되지 못하면 나는 온전한 인간에 이르지 못한다는 것입니다.

"나라는 존재 자체가 타인에게 선물이 될 수 있을 때 비로소 나는 온전한 인간이 된다"는 이야기가 중요하다. 바로 이런 의식을 우리가 가질 때 나와 타자 사이에 비로소 건강하고 올바른 관계를 형성할 수 있다. 그렇게 형성되는 관계, 즉 선물의 관계가 바로 '공동체'다. 대개 우리는 공동체를 정의할 때, 언어나 지역, 혈연을 중심으로 정의한다. 그러나 이런 '집단' 중심의 정의는 배타성을 내재한다. 결국에는 다른 공동체의 시기, 갈등, 전쟁, 폭력을 필연적으로 초래하게 마련이다. 식민주의, 제국주의 이래 오늘날까지 관찰되는 국제관계가 바로 그것 아닌가? 그러나 공동체 개념의 정의엔 집단 중심이 아니라 '관계' 중심의 정의가 필요하다. 즉 서로 선물을 주고받는 관계, 서로가 서로에게 존재 그 자체로 선물이 되는 관계, 바로 그것이 진정한 공동체 아닌가. 따지고 보면 공동체라는 말의 어원이 그렇다. 즉 공동체(Community)란 서로(com) 선물(munus)를 나누는 관계다. 일리치 선생에 따르면, 이러한 공동체적 삶에서 일어나는 상호작용의 가장 찬란한 꽃이 바로 '우정'이다. 따라서 오늘날 금권정치, 권력정치, 헤게모니 정치, 권모술수 정치, 거짓말 정치가 지배하는 국가 공동체에서는 결코 올바른 우정이 꽃필 수 없다.

그렇다면 공동체, 우정의 관계를 꽃피우기 위해 우리는 무얼 해야 하나? "그러므로 내가 할 일은 절제되고, 자기를 내세우지 않고, 조심스러우며, 아취 있는 우정을 가꾸는 것입니다." 그렇다. '아취 있는 우정.' 일리치 선생은 1973년에 낸 『공생공락을 위한 도구』의 서문에서, 우정이 성립되기 위한 필수 요소로 '자기 절제의 중요성'을 강조한다. 여기서 자기 절제는 '청빈'과 연결된다. 선생에 따르면, 아리스토텔레스와 토마스 아퀴나스에게 청빈은 우정의 기초를 형성하는 '절제되고 창조적인 즐거움'의 바탕이었다. 청빈이라는 말로 압축되는 절제된 삶의 방식, 즉 개인적 자유가 사람들 사이의 상호관계 속에서 실현되는 '공생공락(Conviviality)'의 삶을 우리가 선택하는 것은, 무슨 추상적 책임감이나 강요된 당위성 때문이 아니다. 그것이 자연스러운 인간의 모습 그 자체이기 때문이다. 이런 면에서 오늘날 인간과 인간, 인간과 자연 사이의 관계가 왜곡되고 파괴된 현 시점에서 우리가 청빈, 절제, 공생공락, 공동체, 우정 등을 이야기하는 것은 결국 우리가 그간 잃어버린 내면의 본성을 회복함으로써 희망적인 미래를 열어가기 위함이다. 요컨대 과거의 상실된 내면을 회복하여 미래를 올바로 창조할 수 있다는 것이다. 이것이 오늘날 진보의 참된 내용이 아닐까?

실제 생활에서 일리치 선생은 '우정'을 최고의 우선순위로 두었다. 예컨대 그가 현대 기술 문명, 에너지 낭비, 속도 중독 등과 관련해 비판하던 자동차나 비행기 여행의 경우도, 친구의 초대가 있는 경우 기꺼이 받아들였다. 또 강연 때 마이크가 선생과 참여자 사이의 친밀성을 방해하는 것을 못마땅해 하면서도 청중들에 대한 배려 때문에 마이크를 사용하기도 했다. 또 어느 날 그가 미국 펜실베이니아대학에서 강연을 막 시작하려 할 때, 그는 강당을 반쯤 메운 청중 속에서 크리슈나라고 하는 한 작은 아이를 발견하고 서슴없이 연단을 훌쩍 내려와 그애 앞에 무릎을 꿇고 친밀한 인사를 나누었다. 아무런 체면이나 위신을 생각하지 않고 말이다. 아니, 선생에 따르면 바로 이런 점이 오히려 인간다운 품위를 잘 표현하는 것이다.

한편 일리치 선생에게 우정과 환대는 하나다. 우정, 공동체적 인간관계, 환대, 이것은 인간다운 삶, 즉 인간성의 핵심 요소다. "사람을 환대한다는 것, 즉 다른 곳에서 온 그 누군가를 기꺼이 받아들여서 우리 집 문지방의 이쪽으로, 여기 이 침상으로 안내하는 것은 인류학자들이 확인한 여러 특성들 가운데 가장 보편적인 것 중 하나로 보입니다." 물론 이 환대도 처음에는 특정 집단 내부에서만 통용되는 관습이었다. 그 뒤 나자렛의 예수가 '누가 내 이웃입니까?' 라는 질문에 대해, 강도를 만나 폭행 당한 유대인과 '착한 사마리아인' 이야기를 하면서 참된 환대에 대해 가르쳐준다. 처음 두 유대인은 쓰러진 유대인을 본척만척하지만, 나중에 사마리아 사람이 지나가다 그 유대인을 품에 안고 자신의 형제로 대하는 것이다. 바로 이 환대, 사랑이야말로 그리스도교의 핵심적인 가르침이다.

그러나 오늘날 호스피털리티(환대)를 가장 많이 구현해야 할 호스피털(병원)엔 환대가 거의 없다. 돈과 기계, 권위의 냄새가 진동한다. 선생의 말대로 오히려 병원이 병을 만들고 있으니, 더 할 말이 뭐 있겠는가?

제도화, 체계화, 상품화에 대하여

일리치 선생은 인간성 그 자체를 보존, 실천하지 않고 그것을 체계 내지 제도 속으로 편입하는 것에 대해선 질색한다. 먼저 환대의 제도화가 이뤄진 역사부터 보자. 착한 사마리아인의 경우처럼 환대와 사랑의 마음을 고이 간직하던 시대도 있었지만 서기 300년경 그리스도교가 공인되고 이후 국교가 되자 사태가 급변했다. 주교들은 마치 행정관처럼 되었고, 환대를 제도화하기 위해 '환대의 집'을 곳곳에 세웠다. 피난민과 이방인들을 위한 공간이었다. 물론 많은 현인들은 "당신네들이 자선을 제도화한다면, 즉 자선이나 환대의 관습을 개인의 일이 아니라 공적인 사업으로 전환한다면, 그리스도인들은 지금까지 누렸던 명성을 더 이상 누리지 못할 것입니다. 지금까지 그리스도인들은 대문을 두드릴지도 모르는 사람을 위해서 언제나 여분의 이불과 묵은 빵조각과 양초를 준비해두고 살아온 것으로 유명했던 것입니다" 라며 우려했지만 별 소용이 없었다.

그리하여 개별 사람들은 언제라도 손님을 맞이하기 위해 약간의 불편함을 감수하는 그런 직접적 삶의 방식을 점점 잊게 되었고 대신에 '귀차니즘'이 자리 잡게 되었다. 바로 이것이 '자선의 제도화'가 낳은 사생아다. 오늘날 복지국가의 병폐도 바로 이런 것이 아닌가.

또한 우리들의 모든 삶의 과정이 '상품화' 한 것이 바로 오늘날 '서비스 경제'라 불리는 것이 아닌가. 다시 말해 사람과 사람 사이에서 친밀함과 우정, 환대, 사랑의 관계를 만들고 확인하고 나누던 행위가 오늘날 자본주의 사회에서는 모두 '서비스 경제'라는 이름으로 돈벌이 수단이 되고 있다. 예컨대 아이를 잉태하거나 낳는 행위(정자/난자 은행, 산부인과 병원), 아이를 키우는 행위(유아원, 놀이방, 학교, 학원), 식의주 등 살림살이 행위(식당, 세탁소, 주택 시장), 어려울 때 돕기(금융, 사채, 보증, 보험), 문화 향유(콘서트, 콩쿠르), 여가(여행, 관광, 엔터테인먼트), 소통(정보통신, 전화, 인터넷), 그리고 심지어 사랑 행위(성매매, 전화방, 섹스 쇼)까지도 온통 '서비스 경제' 속으로 편입되고 말았다. 그 결과 서비스는 있되 참된 봉사는 없고, 학교는 있되 참교육은 없다. 또 고급 아파트는 있되 참살림은 없고, 레스토랑은 있되 참 먹을거리는 없다. 사실이 이럼에도 오늘날 주류 경제학에서는 서비스 경제, 즉 3차산업이 발전할수록 '선진국'이라는 잘못된 관념이 지배하며 현실 삶을 피폐하게 한다. 따라서 지금부터라도 이런 환상에서 탈피하여 삶의 자율성, 삶의 친밀성, 삶의 직접성을 복원해야 한다.

예를 들면 나는 백화점이나 슈퍼마켓에서 '구운 소금'을 사 먹는 대신 집에서 직접 소금을 '굽는다.' 하얀 천일제염 속에는 핵 비소나 간수 등 몸에 해로운 물질이 많다. 이 소금을 마당의 가마솥에 넣고 한두 시간 나무 주걱으로 저으면서 구우면 시커먼 연기가 훨훨 빠져나간다. 오래, 그리고 여러 번 구울수록 좋겠지만 최소한 한두 시간만이라도 땀을 흘리면 보람이 있다. 소금 색이 연보랏빛으로 변하면서 맛도 훨씬 좋다. 가장 중요한 것은 '건강하다'는 것이다. 소금이 건강에 좋다는 말임과 동시에 소금을 직접 구움으로써 삶의 자율성을 회복한다는 뜻에서 그렇다.

삶의 기쁨은 돈 주고 간편하게 해결하는 데서 오는 것이 아니라 좀 귀찮더라도 스스로 만들어가는 과정 속에 있다는 것, 이 또한 일리치 선생이 우리에게 준 소중한 가르침과 일치하지 않는가? 나는 올해도 작은 텃밭에서 손수 일군 감자를 직접 캐고 삶아서 사랑하는 친구, 이웃과 함께 내가 직접 구운 소금에 찍어 맛있게 먹을 것이다. 그러면서 일리치 선생을 다시 떠올릴 것이다. 물론 그분처럼 살다 가신, 내 사랑하는 어머니도…….

앙드레 고르와 도린의 아름다운 사랑

앙드레 고르(André Gorz). 내가 그 이름을 처음 들은 건 아마도 1985년경 노사관계 분야의 대학원 공부를 하던 시절이었던 것 같다.

그는 이미 1975년에 『생태론과 정치』라는 글을 통해 생태주의의 시각으로 기존의 자본주의 비판을 한층 심화했다. 1980년에 그는 『프롤레타리아여, 안녕』을 집필해 노동운동가 및 이론가들 사이에 커다란 논쟁을 일으켰다. 솔직히 말해 나는 당시 그런 작품을 제대로 읽지도 않은 채 막연히 "노동계급에게 '안녕!'을 고하는 것은 노동자에 대한 배신이 아닌가" 하는 생각과 더불어 "계급문제를 제치고 생태주의로 가는 것은 이론적 퇴행 내지 보수화가 아닌가?" 하고 생각했다. 그러고는 고르에 대해 차분히 공부도 않은 채, 내 '고집' 대로 계급문제에 대한 해결책을 찾고자 노사관계를 계속 공부해나갔다.

그 이름을 다시 들은 것은 독일 유학 중이던 1991년이었다. H. 하이데 교수가 고르의 책을 보여주며 한번 읽어보라 했다. 그 제목은 『이제는 어디로? 진보 세력의 미래』였다. 고르가 이미 1983년의 『유토피아로 가는 길』에서 제시한 '노동시간 단축론'을 더 심화해, 이를 소비의 축소 및 사회 공공성 강화와 결합하는 것이 진보 세력이 할 일이란 내용이었다. 그의 이론은 사상적 경향으로 보면 생태사회주의 또는 사회생태주의다. 노동이나 사회이론, 생태주의와 관련된 수많은 글들은 그의 공적 활동이었지만, 그의 사적 생활은 철저하게 비밀이었다. 그러나 앙드레 고르는 사적 차원의 따뜻한 사랑 없이는 그의 왕성한 철학적, 저널리즘적, 정치적 작업도 거의 불가능했을 것이라고 삶의 마감 직전에 '고백'했다.

이제 그는 2007년 9월 23일, (죽을병에 걸려 1983년부터 무려 24년간 고생한) 그의 아내 도린과 함께 60년간의 동반자 생활을 아름답게 마무리했다. 2006년에 불어로 출판된 뒤 불과 몇 주 만에 2만 부나 팔린 『D에게 보낸 편지: 어느 사랑의 역사』의 독어 번역본이 2007년

출판된 직후였다. 결혼을 잘 하지 않거나 쉽게 이혼하는 서양 풍토에 견주어 이들은 매우 '예외적'이었다. 게다가 죽지 않으려 발버둥 치며 죽음을 두려워하는 보통의 풍경에 비추어 이들은 매우 '자율적'이었다. 그리스 신화에 따르면 부부가 같이 죽는 것은 '신이 내린 선물'인데, 그런 뜻에서 고르 부부는 신의 선물을 '자율생산'한 셈이다. 그것은 고르가 "가끔 텅 빈 길에서 당신의 관을 따라 걷는 나를 본다오. 도린, 나는 당신의 장례식에 참석하기도, 당신의 재를 뿌리기도 싫다오"라고 솔직히 말한 대로, 사랑하는 이를 먼저 보내는 고통을 도저히 참을 수 없기 때문이리라.

이 책의 마지막엔 "우리 둘 중 누구도 상대방보다 더 오래 살기를 원하지 않는다. 그리고 우리가 자주 서로에게 말했듯, 행여 다시 태어난다면 우리는 다시금 같이 살 것이다"라고 되어 있다. 서로 만난 지 60년, 결혼한 지 58년 만에 이 부부는 파리 교외의 시골 마을 정든 집에서 마치 잠자듯 침대에 나란히 누워 주사를 맞은 뒤 오랜 삶을 자유 의지로 마감했다.

그들이 처음 만난 것은 마치 동화와도 같다. 1947년 가을 '외로움'에 떨던 고르는 스위스 로잔의 어느 카드게임장에서 우연히 도린 케어(Doreen Keir)를 보고 첫눈에 반했다. 당시 도린은 막 영국에서 스위스로 입국했는데, 그곳엔 세 명의 남자들이 도린의 호감을 사고자 포커게임을 서로 가르치려 들었다. 고르는 속으로 "내게 기회가 오기는 글렀군" 하고 생각했다. 약 한 달 뒤, 하얀 눈이 흩날리던 거리에서 고르는 놀랍게도 도린을 만난다. 고르가 쑥스러운 듯, "함께 춤추러 가겠느냐?"고 물었을 때, 도린은 "물론!"이라며 시원스레 응했다. 1947년 10월 23일이었다.

24살의 총각과 23살의 처녀, 젊어서 아름답고 건강해서 아름다운 이들이 서로 알고 보니 모두 '상처받은' 영혼이었다. 두 사람의 삶을 휘감은 공통분모는 '존재의 불확실성'이었다. 그래서 둘은 더욱 친밀한 사랑에 빠진다. 공기를 호흡하듯 사랑을 호흡했다. 그들에게 사랑은 치유의 원천이자 삶의 희망이었다.

영국 출신인 도린(1924~2007)은 어릴 적부터 어머니가 떠나버린 상태에서 친부도 없이 '대부' 아래서 자랐다. 고아 아닌 고아였다. 따뜻한 사랑을 풍성하게 받지 못하고 자란 도린에게 삶은 고통이자 공허 그 자체였다. 하물며 나라에 대한 사랑 같은 것이 싹틀 리도 없었다. 오직 믿을 것은 자신뿐이었다. 세계대전 후 폐허가 된 유럽 대륙으로 건너가 스위스를 모험하듯 여행한 것도 삶의 의미를 찾고자 몸부림치던 과정일 뿐이었다. 그러나 도린은 어두운 과거에도 불구하고 대체로 밝고 예리하며 늘 미소를 머금고 있어 매력적인 인상을 풍겼다. 특히 고르에게 도린은 "최고로 아름답고 재치가 넘치는" 영혼의 짝이었다.

고르(1923~2007)는 원래 오스트리아 빈 출신으로 본명은 게르하르트 히르쉬였다. 가톨릭계 어머니와 목재상이던 유대인 아버지 사이에서 태어났다. 1923년 이후 독일에서 나치가 반유대주의를 내걸고 한창 발흥하던 시기라 어머니의 강권에 못 이겨 1930년 아버지는 가톨릭으로 개종하면서 성을 호르스트로 바꾼다. 일곱 살이던 고르는 본의 아니게 '창씨'를 당한 셈이다. 어린 시절의 가정 분위기는 원만하지 못했다. 당연히 성장과정이 행복할 리 없었다. 고르는 그 고통을 애써 잊기 위해 여기저기 기웃거리기도 했는데, 예컨대 열두 살엔 엄격한 가톨릭교회에 가보기도 하고 열세 살엔 나치에 추파를 던지기도 했다. 좀 더 자란 뒤엔 사르트르의 실존주의에 심취하기도 한다. 제2차 세계대전이 시작되던 1939년, 열여섯 살의 고르는 스위스 로잔으로 여행을 갔으나 부모가 나치 박해가 위험하니 돌아오지 말라고 했다. 비공식 '망명'이었다. 거기서 그는 제라르 호르스트로 '개명'한 채 '무국적' 상태에서 화공학 공부를 한다. 돈도 없고 전망도 없고 소속도 없다는 두려움이 그를 덮쳤다. 전쟁이 끝난 1946년 어느 날, 한 특별 강연에서 사르트르(1905~1980)를 처음 만난다. 그 뒤 그는 '도덕철학'을 계속 공부하라고 권한 사르트르를 스승이자 친구로 삼는다. 특히 파시즘 광란 이후의 상처들과 혼란, 우울은 그가 사르트르 철학 속에서 '위안'을 찾게 했다. 그들은 1968년까지 열심히 지적 교류를 한다. 그렇게 그는 제도권 '밖에서' 자신을 철학자로 단련시켜나갔다. 일종의 자율적 '홈스쿨링'이었다.

1947년 가을 고르는 영국 아가씨 도린을 만나고 사랑에 빠져 1949년 결혼을 한다. 곧 둘은 프랑스로 떠난다. 그는 기자로서 《파리-프레스》와 《레탕모데른》, 《릭스프레스》에 글을 쓴다. 필명은 '미셀 보스케'였다. 1954년엔 '앙드레 고르'란 이름으로 프랑스 국적을 얻고, 1964년엔 진보성향의 시사주간지 《르누벨 옵세르바퇴르》를 사르트르와 공동 창간하여 1983년까지 일한다.

앙드레 고르. 원래 게르하르트 히르쉬에서 제라르 호르스트, 미셀 보스케를 거쳐 앙드레 고르에 이르기까지 수차례 '창씨개명'을 한 그는 정체성이 불안정했다. '고르'란 성은 원래 아버지의 유품인 쌍안경이 제작된 장소(Görz)였다. 이탈리아 북부 알프스 기슭의 이 작은 도시는 본디 슬로베니아 땅이었고, 오랫동안 오스트리아의 지배를 받았다. 그 경계의 땅은 모두의 땅이자 누구의 땅도 아니었다.

그는 이 도시의 경계성이 망명자로서 자기 정체성과 닮았다고 보아, 자기 성을 '고르'로 정했다. 더 이상 아버지 성을 안 쓰는 것은 증오했던 아버지에 대한 반발이기도 했다. 여기에다 흔해 빠진 프랑스 이름 '앙드레'를 붙였다. 이렇게 해서 20세기 후반, 정치생태론과 문화사회론을 정립한 철학자 '앙드레 고르'가 탄생했다.

그의 첫 저작은 1958년 실존주의적 자서전 『배신자』다. 사르트르가 서문을 쓴 이 책에서 그는 자신을 "세상에서 철저히 버림받은 쓸모없는 존재"라 분석한다. 어느 날 학교에서 같은 반 아이가 유대인이 그려진 포스터를 보여주며, "이게 너희 아버지라며?"라 하자, 그는 "내가 보통사람과 다르다"는 사실에 자기정체성이 갑자기 무너지는 느낌을 받는다. 게다가 그는 부모의 따뜻한 사랑도 받지 못한 채, 그 누구와도 일체감을 느낄 수 없었다. 어머니가 쌀쌀맞게 "너 또 우물우물 말할래?"라며 혼내던 일만 두고두고 기억날 뿐이다. 오스트리아에서 스위스로, 다시 프랑스로 이주, 귀화해서 '뿌리 뽑힌' 삶을 사는 고르에게 존재의 정체성 문제는 늘 고통이었다. 하지만 그는 이 책에서 자기 고유의 힘겨운 존재를 있는 그대로 껴안기보다는 추상적 성찰 속으로 도피하려 한다. 만일 도린과의 사랑이 없었다면 아마도 영원히 '자기배신'의 삶을 살았을지 모른다. 따라서 고르 같은 삶은, '나는 사랑한다, 고로 존재한다'고 해야 옳다. 이렇게 사랑 속에서 정체성을 찾는 경우, 국가적 정체성은 중요하지 않다. 이제 고르가 모국에 대해 배신자가 아니라 모국이 고르에 대해 배신자가 된다.

그런데 흥미롭게도 그는 첫 저작 『배신자』에서 아내 도린과의 사랑 덕에 자기 삶의 실존적 전환, 즉 불안한 정체성을 바로잡게 되었다고는 말하지 않는다. 오히려 도린을 "동정심을 자아낼 정도로 불쌍하고 나약하며 의존적인" 인물 케이(Kay)로 그렸다. 자신이 도린에게 진짜 '배신자'가 되어버린 셈이다. 또한 평생 이어진 도린의 헌신적 지지야말로 고르가 숱한 저작 활동을 할 수 있었던 밑거름이었음에도, 그의 이론이나 저작 속엔 도린의 이야기가 거의 없다. 그래서 지난 50년간 쌓인 마음의 빚을 갚기 위해 고르는 삶을 '완성(=죽음)' 하기 직전, 마지막 저작 『D에게 쓴 편지』에서 사랑과 감사의 고백을 풍성하게 하는 것이다. "내가 편지에서 살려내고 싶었던 건, 우리의 유일한 재산이 바로 인간적 감수성이란 점이라오." 그는 말한다. "도린은 나로 하여금 나 자신과 화해하도록 도왔다. 이는 성공적이었는데, 그건 내가 도린을 사랑함으로써 가능했다." 생의 마지막 순간, 고르는 도린 앞에 정직해지고 싶었다. 그것은 자신에 대해서도 마찬가지였다. 1990년에 고르는 《TAZ》와 인터뷰에서 "질문하고, 놀라고, 의심하고 분노하는 것(인간적 감수성: 필자)은 삶의 원동력이자 마음의 문을 여는 길이다"라고 강조했다. 이래서 처음과 끝은 서로 통하며 완성되는가 보다.

1969년 고르는 사르트르를 이어 《레탕모데른》의 책임을 맡아 1970년대까지 일한다. 당시까지 고르는 노동자 계급의 자율성을 믿고 공장 노동자들이 노동과정을 자주관리하는 것이 바람직하다는 시각을 가졌다. 그러나 특히 1956년 헝가리혁명의 좌절, 1968년 혁명의 실패와 프랑스 공산당의 배신, 통제 교육과 자발성 훼손에 기초한 자본주의 생산과 소비시스템의 강화, 그리고 사르트르-보부아르 부부와의 친교, 이반 일리치와의 교류 등을 거치면서, 고르는 1970년대 이후로 기존 사고의 틀을 많이 바꾼다. 『프롤레타리아여, 안녕』

(1980)은 그 한 결과다. 책에서는 이제 노동계급 중심성이나 공장 중심성 대신 생산과정 및 경제의 '외부에서' 사회 진보를 찾아야 한다는 점을 강조한다. 고르는 자유의 왕국은 물적 과정의 결과로 필연적으로 도래하는 것이 아니라 인간의 자발적 의지와 행위가 만들어내는 것이라 보았다. 기존 노동계급보다는 실업자나 불완전 노동자, 즉 '비노동자, 비계급'이 진보 혁명에서 주체적 역할을 할 수 있다는 것이다. 그래야 노동을 제거(노동해방)하여 자신을 위한 노동, 자율 활동이 가득한 자유의 왕국을 열 수 있다는 것이다.

고르가 고정된 직업이 없이 불안정한 기자 생활을 하며 글쓰기로 푼돈을 버는 사이, 도린은 살림살이를 위해 여러 가지 일을 한다. 연극을 하기도 하고 허드렛일을 하기도 했다. 그러면서도 사교적이었고 늘 표정이 밝았다. 영어를 가르치기도 하고 출판사의 한 부서를 담당하기도 했다. 기자인 남편을 위해 자료를 정리하기도 하고 조사도 했다. 원고 교정은 물론 철학적 비판을 하기도 했다. 자기 결정과 독립성 등, 고르가 이론적으로 강조한 것을 도린은 이미 실천하고 있었다.

1983년 도린이 예전 척추 수술 때(1965) 엑스레이(X-Ray) 촬영을 하다 혈관조영제의 부작용으로 치명적인 암에 걸렸다는 것을 알게 된다. 이 사실을 '인정'한 고르는 도린을 성심껏 돌보고자 함께 '생계노동'을 하던 파리를 떠나 시골로 간다. 도린이 없으면 "다른 모든 것이 무의미하고 무가치" 하기에, 고르는 "본질적인 것에 집중하기 위해 비본질적인 모든 것을 포기" 해야 했다. 그리하여 "삶을 미래로 자꾸 미루지 말고" 가능한 한 "매순간마다 완전한 삶을 살기 위해" 고르는 초심으로 돌아간다. 이제 검소한 살림, 유기농 자급자족, 여유로운 시간, 나무 가꾸기, 진솔한 대화, 저술 활동, 친교 활동, 이런 것이 그들의 삶을 재구성했다. 생태주의는 그들에게 삶의 방식이자 일상적 실천이 되었다. 도린은 "우린 가난하게 살지만 결코 추하게 살진 않는다"고 했다. '삶이 최고의 부'이기 때문이다. 결국 그들에게 사랑과 죽음은 같은 것이었다. 마치 사랑(L'amour)과 죽음(La mort)의 불어 발음이 같듯 말이다. 거기서 고르는 도린을 사랑으로 돌보았고, 또 서로 사랑을 느끼며 죽을 때까지 왕성한 글쓰기를 했다. 1983년부터 2006년까지 고르는 책을 무려 여섯 권이나 쓰고 수백 개의 짧은 글쓰기와 인터뷰를 했다. 하지만 (수술하려다 되레 치명적 병을 얻는) '기술의 과잉 속에 인간적 결핍'이 나오듯 '이론의 과잉 속에 인간적 결핍'이 생기지 않도록 늘 유의했다. 그들에게 사랑과 저작, 생활, 죽음은 모두 같은 뜻이었다.

그들은 깊이 사랑했으되 아이는 갖지 않기로 했다. 고르는 《리베라시옹》과 인터뷰에서 "내 생각으론, 어릴 적에 좋은 아빠를 두었던 사람이 나중에 스스로 좋은 아빠가 된다. 나는 아버지를 좋아하지 않았기에 아빠가 될 자격이 없다. (……) 나는 늘 아내와 함께 있고 싶기에, 아이가 생긴다면 아마도 질투하게 될 것이다"라고 고백한 바 있다. 그래서 아이를 갖는 대신 그들의 상호 사랑은 (고르를 통해) 많은 저작과 편지를 낳았다. 이것은 사회운동과 많은 사람들에게 지속적으로 영향을 끼칠, 부드러우면서도 강한 흔적이다. 따라서 고르의 작품들은 그가 생의 마지막에 고백하듯 "도린과의 공동작품"이기도 하다. 그것은 도린이 늘 고르 곁에서 대화하고 고쳐주고 격려하는 일을 같이했기 때문이다. 서로가 서로에게 힘이 되었다. 살아 있는 연대가 이런 것인가.

감동적 사랑 고백이자 예술적 유언서이기도 한, 그의 마지막 작품(2006)은 이렇게 시작한다. "당신은 곧 82세가 되지만 여전히 아름답고 우아해요. 우리가 함께 살아온 지 58년이 됐지만 난 그 어느 때보다 지금 당신을 사랑한다오." 아마도 삶의 마지막 순간에 그들은 마당에서 따뜻한 가을 햇살을 쬐며 사랑의 공기를 흠뻑 마셨을 것이다. 그리고 나중에 한 줌의 재가 되어 마당 한쪽 나무 아래 거름으로 돌아갈 것을 다짐했을 터이다.

진실한 사랑은 그들의 상처 난 삶을 회복시켜준 치유제이자 그 삶을 행복하게 이어준 영양제였으며 삶을 아름답게 마무리해준 마감재이기도 했다. 둘은 삶에서도 연대했지만 죽음에서도 연대했다. 사랑의 편지가 육체의 죽음보다 훨씬 강한 힘이 있음을 둘은 온전히 보여준다. 죽음조차 그들의 사랑을 분리하지 못하기 때문이다. 같이 살고 같이 죽은, 도린과 앙드레의 명복을 빈다. 마찬가지로 우리 모두의 사랑과 연대, 그리고 행복도 빈다.

영화 〈사랑의 기적〉과 '사랑의 패러다임'

영화 〈사랑의 기적〉이 있다. 핵심 내용은 이렇다. 불치병 환자들을 수용하는 어느 병원에 세이어 박사가 부임한다. 그는 초로의 노인 루시가 고개를 삐딱하게 하고 휠체어에 앉은 채 눈동자도 움직이지 않을 정도로 굳은 것을 보고 충격을 받는다. 마찬가지로 한창 열정적인 삶을 살아야 할 중년의 레너드도 마치 동상처럼 뻣뻣하다. 숨은 쉬되 삶이 없으니, 일종의 사회적 죽음이다. 환자들은 이미 '불치병'

이라는 낙인을 받은 상태라, 물리적 죽음만 기다릴 뿐이다. 그 병원의 의사들은 이 구조 속에서 형식적 처방만 내리며 먹고산다. 신참인 세이어는 마음속으로 '뭔가 이상하다'고 느끼며 환자들에게 다가간다. 루시에게 말을 걸기도 하고 특이한 시늉을 하기도 한다. 무반응이다. 그러다 우연히 안경을 떨어뜨렸는데, 뜻밖에 루시가 잽싸게 잡는다. 결국 온 병원에 공놀이가 유행한다. 어떤 경우는 음악이 사람들을 움직인다. 세이어의 중간 결론은 '환자들은 겉으로는 굳었지만 내면은 살아 있다'였다. 그랬다. 세이어가 진심으로 다가갈수록, 그들의 입장에서 느끼고 생각할수록, 환자들은 점점 많이 깨어났다. 놀라운 기적이었다.

굳었던 환자를 움직이게 한 데 만족하지 않고 세이어는 계속 탐구한다. 이 환자와 질병의 '역사'가 있고 '뿌리'가 있을 것이라는 직관이었다. 마침내 그는 이 환자들이 과거에 뇌염을 앓은 뒤 이성적, 감성적, 육체적 기능이 화석화했음을 알게 된다. 그럼에도 그는 이 환자들의 내면세계는 살아 있다고 믿는다. 그러던 중 그는 어느 의학 세미나에서 파킨슨병에 엘도파라는 약이 좋다는 얘기를 듣고, 부작용을 걱정하면서도 적극 치료에 나선다. 약은 어느 정도 효과를 보여 기적의 약으로 보이기도 했지만 역시 부작용도 생긴다. 그렇게 우여곡절을 겪으면서도 세이어 박사는 환자에 대한 인간적 접근과 의학적 접근을 통합함으로써 '인술'의 모범을 보인다.

일찍이 알프레드 마셜은 "육체적 건강을 돌보는 의학"에 견주어 경제학은 "물질적 건강을 돌보는 학문"이라 정의한 바 있다. 사실 온 사회의 건강을 돌보는 것이 학문의 목적이다. 마치 세이어가 환자를 달리 진단함으로써 환자가 부활의 기쁨을 느꼈듯, 우리가 사회의 질

병을 어떻게 진단하고 접근하는가에 따라 우리 사회는 계속 죽음의 길로 갈 수도 있고 생명으로 살아날 수도 있다. 물론 이는 극소수 1퍼센트를 기준으로 해선 안 된다. 99퍼센트를 봐야 한다. 1퍼센트만 사는 것은 99퍼센트의 희생을 전제하지만, 99퍼센트가 산다면 1퍼센트는 덩달아 살기 때문이다.

일례로 한미 FTA의 경우 북미 FTA에서 시사를 얻을 수 있다. 캐나다의 맥낼리 교수가 『글로벌 슬럼프』에서 강조하듯, 미국·캐나다와 자유무역협정을 체결한 멕시코는 15년 만에 비교적 자족적이던 농업이 몰락하고 인구 80퍼센트가 빈곤에 허덕이고 매년 50만 명 이상이 목숨을 걸고 미국 이민을 간다. 반면 상위 0.3퍼센트는 전체 부의 50퍼센트를 지배한다. 한편 미국과 캐나다의 일자리도 대거 줄고, 새 일자리는 대부분 비정규직이다. FTA라는 약물 처방이 과연 누구를 위한 것인지 되물어야 한다.

더 고통스런 일은 노동자에 대한 기업과 정부의 병든 시각이다. 아무리 자본주의 사회가 노동자를 돈벌이 수단으로 여긴다 해도 만일 그것이 사회의 병을 심화한다면 온 사회가 나서야 한다. 그래서 함부로 해고를 못하게 하고, 최저한의 임금이나 적정한 노동시간도 정한다. 그런 최소한의 사회적 양심은 지키라는 것이 노동법이다. 그런데 불법파견 노동자를 정규직화하라는 목소리, 밤에 잠 좀 제대로 자자며 주간 2교대제로 가자는 목소리, 정리해고 말고 다른 길을 찾자던 '희망버스' 목소리를 억압하고 탄압하는 게 현실이다. 그렇게 해서 잘살게 되더라도 무슨 소용일까?

마치 영화 〈사랑의 기적〉처럼 우리 사회도 '사랑의 패러다임'으로 새롭게 접근해야 한다. 진정 사람을 위하는 정치경제를 일구려거든 특권과 탐욕의 가면을 벗고 가장 낮은 곳의 목소리를 들어라. 제발, 그들 목소리 중 당신들의 이익을 닮은 것만 쏙 빼내 과장하지 말라. 제발, 그들의 목소리 중 당신들을 가장 불편하게 하는 것들을 집중 연구하여 근원적으로 해결하려고 하라. 그러면 모두 살 것이요, 안 그러면 모두 죽으리니.

9. 아들아, 너랑 살아서 참 기쁘구나!*
경쟁이 아닌 사랑이 인생살이의 핵심이다

* 이 글은 원래 『아들에게 보내는 갈채』(책숲 출판사, 2012)에 실렸던 것을 수정·보완한 것이다.

더 이상 '일류대학' 이나 '일류직장' 을 목표로 살아선 안 된다.
우리가 진정 추구할 것은 '일류인생' 이다.
그것은 꿈의 발견, 실력 증진, 사회 헌신의 3요소로 구성된다.
일류대학이나 일류직장은 소수만 성공하지만
일류인생은 누구나 살 수 있다.
나는 내 아이가 경쟁의 승자가 아니라
사랑의 주체가 되기를 바란다.

아들아, 네가 태어나던 날을 기억하니? 1988년 11월 30일이었지. 당시 아빠는 머리를 짧게 깎은 군인이었단다. 엄마가 너를 낳기 위해 평소에 다니던 K병원에 갔지. 네가 이 세상에 태어나서 축복을 받던 날, 아빠는 우스꽝스럽게도 약간의 수모를 당하기도 했단다. 아빠 머리가 짧은 상태에서 사복을 입고 병원에서 (너와 엄마가 무사히 나오기를) 기다리는데, 주변 사람들의 눈초리가 이상한 거 아니겠어? 마치 "저 고등학생 같이 생긴 사람은 얼마나 일찍 사고를 쳤길래 벌써 아빠가 된다고 왔다 갔다 하는 걸까, 쯧쯧." 뭐 이런 정도의 애처로운 마음과 함께 약간은 비아냥거리는 듯한 분위기. 그러나 아빠는 네가 이 세상에 태어나던 날, 내 인생이 다시 한 번 바뀌는 신선한 경험을 했지. 28살에 처음 아빠가 된 것은 할머니 세대에 비하면 늦은 것이지만 요즘 풍조에 견주면 좀 빠르기도 하지. 물론 네 엄마도 마찬가지고. 그날 엄마아빠가 너를 위해 두 손 모아 기도한 게 뭘까? 당연히 "우리 사랑스런 아기가 건강하게 자라서 자기 하고 싶은 것 맘껏 하며 행복하게 살길 빈다"는 것이었지. 그 마음은 지금도 변함이 없단다. 다시 한 번 말하지만 "엄마 아빠는 네가 이 세상에 태어나 우리와 함께 살게 된 것이 무척 고맙고 행복하다."

아들아, 네가 처음으로 머리를 가누고 또 몸을 뒤집기 시작할 때 그것은 우리에게 일종의 '경이'였단다. 지금 생각하면 아무것도 아니겠지만. 또 남들이 보기엔 경이가 아니라 '평범'에 불과하겠지만 말이다. 그것은 엄마와 아빠의 사랑의 결실인 네가 처음으로 네 의지로 네 몸을 움직이기 시작한다는 점에서 경이였지. 엄마가 '정'이라면, 아빠가 '반'이고 그 결실인 너는 '합'이 아니겠니? 이른바 '정-반-합'의 변증법이 우리 관계 안에서도 존재하는 셈이지. 그리고 그 '합'인 네가 다시금 '정'으로 변신하는 출발점이 바로 그 작지만 경이로운 일들 속에서 드러난 것이 아니겠니? 그다음 경이로운 일은 네가 스스로 걷기 시작하고 말하기 시작했던 일 같구나. 마침내 네가 스스로 완전히 독립할 때까지 당연히 엄마와 아빠가 사랑으로 보살피겠지만, 중요한 것은 '네 인생의 주인공은 바로 너 자신'이라는 점이지. 그래서 네가 머리를 들기 시작하고 몸을 뒤집으며 기기 시작했을 때, 걷기 시작하고 말하기 시작했을 때, 엄마 아빠는 환호성을 지르며 박수갈채를 보냈단다. 감동적인 순간들이었지. 그것은 다른 아이와 비교해서 나오는 것이 아니라 네 스스로가 성장하는 모습 자체에서 나온 것이지. 그렇게 자연스레 드러난 것이기에 정말 소중한 감동이었지. 그런 관점에서 보면 인생 전체가 감동의 순간들로 가득하구나. 정말 놀라운 일 아니냐?

아들아, 너는 기억을 못하겠지만 엄마 아빠, 그리고 할머니는 너의 똥 색깔이나 똥 모양만 보고도 울다가 웃다가 어쩔 줄을 몰라 했던 적이 많아. 네가 아플 땐 똥 색깔이 까맣거나 우중충했지. 그러면 우리 마음도 캄캄한 밤처럼 어두워지거나 잔뜩 구름이 끼었단다. 그러다가 마치 (독초이긴 하지만) '아기똥풀'의 노란 꽃처럼 똥의 색깔이 좋고 모양도 똥글똥글하면 우리는 정말 기뻐 만세를 불렀단다. 아마도 똥을 보고 그렇게 좋아할 수 있는 때는 부모가 자식의 똥을 보았을 때 외에는 없을 걸. 그래서 좋은 똥이 네 몸으로부터 이 세상에 배출되는 순간, 엄마 아빠, 그리고 할머니는 "똥아, 잘 나와 고맙데이"라고 감사 인사를 꾸벅 했단다. 나중에 너도 권정생 선생님의 『강아지 똥』을 보아서 알겠지만, 똥은 결코 더러운 쓰레기가 아니란다. 똥이야말로 우리 자신과 세상을 이어주는 끈이지. 이 대자연이 선물하는 음식을 우리가 먹고 또다시 똥으로 배출해 이 대자연의 거름으로 되돌리는 걸 반복하는 과정이 바로 우리가 성장하고 생활하며 인생을 사는 과정이 아니겠니? 그러니 똥이 참 고맙지. 그래서 아빠가 만날 밥상에서 "밥이 똥이고 똥이 밥이다"며 너희를 웃게 한 거란다. 물론 웃고만 끝날 일은 아니지. 엄청난 진리가 깃들어 있으니, 하하.

아들아, 엄마 아빠가 너를 키우는 과정은 결코 낭만적인 것만은 아니었다. 시간도 많이 들고 정성도 많이 들고 돈도 많이 들기 때문에, 엄마 아빠는 너를 키우기 위해 늘 '전쟁'을 해야 했단다. 다행히 엄마가 초등학교 교사라 출산 휴가를 내고 육아 휴직을 하기 쉬워서 너를 키우는 데 큰 전쟁을 할 필요는 없었지. 고마운 일이었지. 그런데 곰곰 생각해보면, 출산휴가나 육아휴직 같은 제도들은 국가가 아이를 많이 낳도록 권장하기 위해 만드는 측면도 있지만, 사실은 직장 여성들이 직장과 가정 사이의 균형을 잡기 위해 오랫동안 투쟁하여 획득한 권리이기도 하지. 그래서 이 세상의 부모가 사랑스런 아가들과 더 많은 시간을 갖기 위해서라도 그런 제도들을 하나씩 알차게 만들어야 하고 그러기 위해서는 사회적 노력을 많이 해야 한단다. 그것은 사람들의 욕구와 필요를 모으고 그것을 조직적으로 추진하여 문서와 정책을 만들고 그 요구를 관철하기 위해 집단적인 힘을 보여줄 때, 비로소 돈 있고 힘 있는 자들이 조금씩 양보를 하기 때문이다. 그러고 보니, 너 같이 귀여운 아가 하나를 키우는 과정도 순수하게 개인적인 것만은 아니구나. 그렇게 사회와 개인이 모두 연결되어 있는 게 우리네 인생살이란다.

아들아, 네가 처음으로 초등학교에 입학할 때가 언제인지 기억나니? 아마도 1995년 3월 초였을 것 같아. 아빠가 이미 여러 번 말했지만, 그때 아빠는 막 독일에서 공부를 마치고 돌아와 한국노동연구원에서 일을 시작하려고 할 때였단다. 매일 출근해야 하는 엄마보다 아빠가 시간 여유가 있어 너를 데리고 입학식에 가던 날이었어. 그날 날씨는 참 좋았는데, 이상하게도 아빠 마음은 엄청 무거웠단다. 너는 처음으로 학교에 가는 날이니 아무것도 모르고 아빠 손을 잡고 즐겁게 걷고 있었지만 말이다. 사실 아빠는 1968년에 초등학교에 입학을 했으니, 너하고는 꼭 27년 차이가 나는 셈이구나. 말이 나온 김에, 당시 할머니가 아빠 손을 잡고 입학식에 갔는데, 선생님이 "수돌이는 엄마는 어디 가시고 할머니랑 같이 왔을까요?"라 하시는 게 아니겠어? 네 할머니가 고생을 많이 하시다보니 선생님이 엄마인 줄도 모르고 할머니라 착각하신 것이지. 그 말이 아직도 아빠 가슴속엔 아픈 기억으로 남아 있지. 그런데 너를 입학시키던 날엔, 또다시 "엄마는 어디로 가고 아빠가 데리고 왔을까?'라고 물을 만도 했지. 물론 아무도 그렇게 묻지는 않았다만.

하여간 당시 아빠 마음이 무거웠던 것은, 아빠가 '초등-중학-고교-대학-대학원-유학-박사' 등 우리가 공부한다고 할 때 생각할 수 있는 그 긴 코스를 다 한 바퀴 돌고나니 이제 내 아이가 그 코스를 다시 가야 한다는 생각에 가슴이 갑갑했던 것이지. 아니, 사실은 그 코스가 길어서 문제가 아니라, '하고 싶은 공부를 즐겁게 하지 못했던' 그 기억 때문에 고통스러웠다고 해야 정확하겠구나. 그간 아빠가 치러야만 했던 그 수많은 시험 문제들, 그 수많은 점수와 등수들, 그 숱한 좌절과 실망들, 그 숱한 잠 못 자던 날들, 이런 것들이 아빠 머리를 스쳐지나가면서 "아, 우리 아들도 또다시 그런 고통의 과정을 반복해야 하나?"라는 근원적인 회의가 들었던 게지. 그래서 너를 입학식에 데리고 가는 아빠 마음은 '마치 송아지를 끌고 도살장에 데리고 가는 느낌'이었단다. 그래서 그날 이후 엄마와 아빠는 "우리 아들에게는 절대로 100점을 받아야 한다거나 1등을 해야 한다고 강요하지 않기로 하자"고 굳게 약속했지. 너 몰래 엄마 아빠끼리 한 약속, 좀 괜찮지 않니?

그렇게 서울 근교인 과천에서 초등학교를 다니다가 1997년 3월부터 아빠가 조치원에 자리를 잡게 되면서 엄마 아빠는 "마침내 시골에서 아이들을 키울 기회가 왔다"고 좋아했지. 1994년 6월에 네 여동생이 태어나고, 1995년 11월에 막내가 태어나 지금의 우리 다섯 식구가 되었지. 그래서 마침내 엄마 아빠는 조치원에 새로운 터전을 만들기로 마음먹고 우리가 원하는 소박한 한옥 살림집을 지을 계획을 세우게 되었단다. 과천에서 조치원으로 가기 전에 중간 단계로 청주 외곽에 시골 같은 분위기가 나는 동네에 임시로 전세살이를 했지. 그 2년 동안 지금 사는 조치원 서당골에 귀틀집 형식의 살림집을 짓게 되었단다. 그 집을 지을 때 너희들이 목수님 흉내를 내며 삽이나 망치를 들고 이리저리 다니던 모습이 아직도 생생하구나. 그렇게 너는 동생과 더불어 과천에서 청주로, 청주에서 조치원으로, 갈수록 시골로 들어간 셈이지. 기특하게도 너는 수도권에서 지방도시로, 또다시 소 도읍으로 옮겨갈 때마다 친구와 더불어 또 자연과 더불어 잘도 지냈지. 그렇게 행복하게 자라는 모습이 엄마 아빠에게는 그 어떤 선물보다 소중한 선물이었단다.

그런데 또 기특하게도 네가 우리 집에서 가장 가까운 초등학교를 졸업할 때 무슨 교육감 상인지 상을 하나 받았는데, 장학금까지 곁다리로 받았더구나. 사실 장학금이 아니면 공부하기 어려웠던 아빠의 과거를 생각할 때, 이제 우리는 그래도 스스로 먹고사는 데는 큰 걱정이 없으니 그 장학금은 더욱 어려운 아이를 위해 양보하거나 아니면 더 좋은 용도에 쓰면 좋겠다고 생각했지. 그래서 아빠가 "아들아, 그 장학금은 굳이 우리에겐 꼭 필요한 게 아니니 (후배들을 위해) 너희 학교 도서관에 책을 사는 데 쓰도록 기증을 하면 어떨까? 아빠가 좀 더 보태어 우리 마음을 좀 더 따뜻하게 전하면 좋겠구나" 라고 했더니, 네가 기꺼이 그렇게 하자고 했지. 그렇게 너는 어릴 적부터 마음씨가 착했단다. 고마운 일이지. 물론 우리가 그렇게 한 것은 그간 작은 시골학교에서 여러모로 고생하신 선생님들에 대한 감사의 표시이기도 했단다. 사실 우리는 늘 주변의 도움을 받으면서 살아왔기 때문에 그런 부분을 늘 잊어선 안 되겠지. 사실은 아빠가 책을 써서 받는 10퍼센트의 인세도 대부분 장학금 같은 것에 기부하고 있단다. 그 옛날 나를 도와주신 그 모든 분들에게 감사하며 말이지.

그 뒤에도 너는 일반 공립 중학교를 다니고 있었지. 그런데 어느 날 네가, "아빠, 꿈이 생겼어요"라고 하는 게 아니겠니? 틈만 나면 아빠가 "네 꿈이 뭐니?"라고 물었을 때 "아직 잘 모르겠어요"라고 했는데 말이다. 하도 반가워서, "그래, 그게 뭔데?"라고 했더니, "중학교 교장 선생님이어요"라고 하지 않겠니? 아빠 생각에 좀 엉뚱했지. 신기하기도 하고. "왜?"라고 되물었더니, 네가 하는 말이 가슴에 찡-하게 다가오더군. "아이들이 학교 늦게 온다고 종아리 때리지 않는 학교, 머리 길다고 바리캉으로 박박 밀지 않는 학교를 만들고 싶어요." 아빠는 속으로 네가 정말 대견하게 느껴졌단다. 물론 너도 직접 맞은 적이 있겠지만, 친구들이 맞는 모습을 보고 '남의 일'이 아닌 것으로 느끼는 그 마음이야말로 네가 속으로 알차게 성장하고 있다는 증거가 아니겠니? 사실 우리 사회의 많은 문제들도 우리들이 타인의 고통에 대해 무감각했기 때문에 발생하거나 악화하는 경우가 많거든. 그런 학교의 분위기를 하루아침에 고치기는 힘들겠지만 여기저기서 다양한 차원에서 문제제기를 하고 끊임없이 대안을 추구하며 여럿이 힘을 합치다보면 마침내 새로운 해결책이 나오겠지. 물론 어느 것도 완벽하긴 어렵지만. 새로운 해결책이란 것도 또다시 '정-반-합'의 과정을 거치며 또 새롭게 진화를 해야겠지. 중요한 것은 그러한 성찰과 문제제기, 새로운 시도와 민주적 토론, 이런 과정들이 아니겠니? 그래서 민주주의가 정말 소중한 것이지. 이게 제대로 되려면 우리 각 개인들의 내면이 성숙해야 함은 물론이고. 그래서 우리는 세상을 좀 더 잘 알기 위해, 또 자신을 좀 더 잘 알기 위해 '공부'를 하는 것이란다. 대학(大學)이란 것도 원래 진리탐구를 위해 큰 공부를 하는 곳이 아니겠니? 하여간 당시에 네가 친구들이 매 맞는 모습을 보면서 고통스러워했던 것도, 또 엄마 아빠가 너의 솔직한 느낌을 있는 그대로 받아들이려 노력한 것도, 지금 생각해보면 대단히 소중한 순간들이었던 것 같아. 나중에 네 자신이 부모가 되어도 이런 걸 잊지 말았으면 좋겠구나. 삶은 결과가 아니라 과정이란 걸.

그렇게 이런저런 고민을 하다가 너랑 엄마 아빠가 같이 의논한 끝에 '대학입시에 시달리지 않으면서도 영혼이 자유로이 성장하도록 돕는' 그런 학교를 찾게 되었지. 엄마 아빠가 (공부를 잘했건 못했건) 대학입시 공부에 시달리면서 받았던 상처 같은 걸 생각하면 절대 그걸 대물림해주고 싶지 않았단다. 그렇다고 당장 학교나 제도를 바꿀 수 없으니, 급한 김에 대안학교를 선택할 수밖에 없었지. 아니나 다를까, 너는 처음부터 다른 친구들과도 잘 어울리며 기숙사 생활이나 학교생활을 잘한 것 같다. 자유로운 분위기 속에서 너 자신을 차분히 들여다볼 시간도 많았을 줄 믿는다. 그래, 엄마 아빠는 늘 너를 믿어왔고 앞으로도 잘 해나갈 것이라 믿는단다. 물론 네가 실수를 할 때도 있을 것이고 엄마 아빠 마음에 안 들 때도 있겠지만, 두려워하지 말기 바란다. 오히려 실수나 시행착오가 너를 더욱 성숙하게 만들어주는 계기가 될 것이니까. 그래서 좋은 일은 좋은 일대로, 나쁜 일은 나쁜 일대로 배우고 느끼며 한 걸음씩 더 나아가는 발판으로 삼으면 된다. 지리산 자락의 대안학교에서 그렇게 너는 잘 자란 것 같다. 아무래도 헌신적인 선생님 덕이 가장 크겠지. 그렇게 훌쩍 3년이 지나고 네가 졸업식을 하던 날이 기억나는구나. 다른 동기들과 무대 위에 서서 하나씩 돌아가며 지난 3년을 회고하는데 그때 네가 뭐라 했는지 기억나니? 그때 네가 진심의 눈물을 흘리는 걸 엄마 아빠가 보았지. 졸업과 이별이라는 섭섭함의 눈물이기도 하겠지만 선생님이나 부모에게 느끼는 감사의 눈물이기도 했을 거라 믿어. "이 학교에서 자유롭게 자랄 수 있도록 길을 내주신 부모님께 감사드려요…" 하며 네가 흘린 눈물, 그 눈물은 곧바로 이 엄마 아빠에게도 전달이 되어 나도 소리 없이 울었단다. 네가 잘 자라주어 고맙고 우리의 지난 선택이 결코 잘못되지 않았다는 생각에 고맙기도 하고 선생님과 학교가 고맙기도 하고, 이런 복합적인 눈물이었단다. 그렇게 우리는 네 졸업식조차 무척 행복한 느낌을 공유하는 시간이었던 걸로 기억한다. 장하고 고맙구나, 아들아.

대개 사람들은 고등학교를 졸업하고 대학 진학을 어떻게 하는가에 따라 지난 12년 동안의 학창 시절을 성공이냐 실패냐로 평가를 하지. 그러나 우린 그렇지 않기로 했지. 누군가의 말마따나 인생의 목적은 '성공'이 아니라 '경험'하는 것 그 자체지. 온갖 다양한 체험들은 물론, 네가 느끼는 내면의 체험까지 말이지. 네가 중학생 때만 해도 '다음에 중학교 교장 선생님이 되겠다'고 했는데 아직은 철부지였던 것 같다. 그런데 네가 고3 때 엄마 아빠에게 편지를 써서 "저는 재즈 피아노를 공부하고 싶어요"라고 진지하게 고백했지. 처음엔 엄마 아빠도 좀 어리둥절해서 갈피를 잡지 못했지만, 곧 선생님들과 상담한 결과 네 결심이 예사롭지 않다는 걸 알게 되었지. 여기서 중요한 건 실력이 예사롭지 않다는 게 아니라 네 '결심'이 예사롭지 않다는 것이었어. 흔히 생각하면 음악가나 예술가의 길은 천부적 재주가 있어야 한다거나 돈이 엄청 많아야 한다는 식으로 보기 쉽지. 그러나 엄마 아빠 생각은 달랐지. 만약 네 진심이 그렇다면 우리는 최선을 다해 너를 지지할 것이라고 말이다. 그리고 보니 네가 어릴 적에 피아노를 배운 적이 있었다는 생각이 언뜻 스치더군. 당시 엄마 아빠는 선생님께 "피아노 진도를 빨리 나가는 건 중요하지 않으니 아이가 자신의 느낌을 즐기면서 칠 수 있게 천천히 지도해주시기 바라요"라고 거듭 간곡히 당부한 적이 있지. 아마 그때 네가 몇 년간 피아노를 배웠던 기억이 고등학교 때 가서 되살아난 모양이구나. 그래, 네가 그랬지. 피아노실에서 음악 선생님이 연주하는 소리가 들리면 너도 모르게 발걸음이 쏠렸다고. 그래, 바로 그것이란다. 네 느낌이 향하는 바가 바로 인생의 중대한 결정을 내릴 순간이라는 것 말이다.

하여간 엄마 아빠는 네 결심을 존중하기로 하고 당장 졸업 뒤에 대학을 가지 않더라도 네가 재즈 피아니스트의 길을 가고자 한다면 그에 필요한 공부를 할 수 있게 도와주겠다고 다짐했지. 그래서 동기들이 대학 진학을 하고 이제는 졸업까지 했다만 너는 (그동안 군복무를 마치기도 했지만) 이제 막 대학에 가게 되었구나. (군대식 분위기가 물씬 풍기는 국내 대학이 싫어 네가 도전해보겠다던 외국의 음악대학에 합격한 것도 결국은 네 자신이 스스로 선택하고 노력한 결과구나.) 혼자서 자취 생활을 하기도 힘들었을 텐데, 별로 힘들다는 말도 않고 네가 재즈 학원과 개인 교습을 받으며 열심히 실력을 갈고 닦았던 과정이 엄마아빠에겐 참 든든했단다. 그런 노력이 드디어 작은 결실을 맺어 참 고맙다. 네 동기생들에 비해 몇 년 늦어지기는 했지만, 엄마 아빠의 소신처럼 인생은 결코 속도전이 아니니 친구들과 비교해서 초조해할 필요는 없단다. 꾸준히 네가 가고 싶은 길을 한 걸음씩 정진하는 것만이 네 자신의 인생을 제대로 사는 길이니까. 그리고 너는 아직 한참 배울 것이 많은 학생 신분이긴 하지만, (우리 집에 손님들이 오셨을 때 간간이 좋은 연주를 해주던) 너는 이미 '스스로 느낄 줄 아는' 재즈 피아니스트가 아니더냐. 그래서 엄마 아빠는 누가 뭐래도 너에게 진심의 박수갈채를 보낸다. 사랑스런 아들아, 화이팅!

아들아, 네가 걸어가는 인생의 길에서 엄마 아빠가 굳이 바라는 게 있다면 이런 것이란다. 그건 크게 두 가지다. 하나는 실수나 실패를 두려워하지 말라는 것이다. 누구나 시행착오를 겪으면서 좀 더 나아지는 법이니 처음부터 완벽하려고 하지 말기 바란다. 조금씩 좋아지는 과정 속에 기쁨이 있는 것 아니겠니. 지금까지 너는 큰 좌절을 경험하지 않아서, 비교적 행복한 느낌으로만 살아왔기에 오히려 그것이 너의 약점일 수도 있단다. 혹시라도 어려움이 닥치고 실패하는 경우가 있더라도 그를 발판 삼아 너 자신을 더욱 다듬고 성찰할 수 있기를 빈다. 사람이 아름다운 것은 약점이 없을 정도로 완벽해서가 아니라 약점을 딛고 새로운 모습으로 다시 일어설 수 있기 때문이지.

그리고 한 가지 더. 엄마 아빠는 네가 반드시 훌륭한 피아니스트가 될 것을 믿어 의심치 않는다. 그것은 꼭 세계적인 음악가를 염두에 둔 게 아니란다. 네가 사는 작은 지역에서 이웃 사람들과 잘 어울리며 즐길 수 있는 음악가라도 얼마나 멋지겠니? 다만 아빠가 꼭 부탁하고 싶은 것은, 이른바 '순수'를 강조하며 세상의 현실과 동떨어진, 또는 세상 사람들의 고통을 애써 눈감으려는 그런 예술가가 되지 말라는 것이다. 달리 말하면, 세상과 부단히 교류하면서 세상 사람들의 고통을 어루만져주고 상처를 치유할 수 있는, 그래서 삶의 기쁨과 희망을 같이 노래할 수 있는 그런 음악가가 되기를 바란다. 물론 이것조차 네 자신이 스스로 느끼고 판단해야 할 일이지만 말이다. 엄마 아빠가 바라는 것은 음악가로서 세속적 성공이 아니라 네가 '철학 있는 음악가'로 성장하는 것이다. 그것은 바로 네가 중학교 시절에 매 맞는 친구들의 아픔을 느꼈던 그 마음을 기억에서 지우지 않음을 뜻하겠지. 그래, 우리의 친구나 이웃이 겪는 고통에 눈을 감지 않는 그런 음악, 그런 인생, 이거 정말 멋진 것 아니냐? 그런 뜻에서 다시 한 번 자랑스런 우리 아들에게 엄마 아빠가 갈채를 보낸다. 그리고, 이렇게 진심으로 갈채를 보낼 수 있는 네가 우리와 함께 '인생 여행'을 같이한다는 사실이 정말 고맙구나.

에필로그
호혜의 경제를 위하여

불안심리의 뿌리?

지금 우리는 어떤 현실 속에 사는가? 눈만 뜨면 살벌한 경쟁 논리가 우리를 짓누른다. 공부하는 학생들은 물론, 어른들의 삶을 지배하는 것은 불안심리다. 그중에서도 먹고사는 데 대한 불안감, 이것이 핵심이다. 선거 때마다 정치가들은 바로 이 불안감을 이용한 '민생 마케팅'으로 국민들의 표를 끌어모은다. 그러나 대통령이 바뀌고 국회의원이 바뀌어도 진정한 민생은 안정되지 않는다.

우리나라 10대 청소년들은 국제 비교에서도 불행지수가 가장 높다. 입시경쟁 속에 개성이 말살되고 하기 싫은 것도 억지로 해야 하기 때문이다. 해마다 300명 내외의 청소년이 자살하고 6만 명 내외의 아이들이 학교를 그만두는 이유도 바로 그것이다. 대학생들도 나름의 꿈을 키우며 비판적 사회인식과 진리탐구에 매진하기는커녕 불안한 마음에 취업 준비에만 몰두한다. 취업을 한다고 크게 달라지지도 않는다. 한편으로는 잘려나가지 않기 위해, 다른 한편으로는 남들을 제치고 한 단계라도 승진하기 위해 '팔꿈치 사회'에 돌입한다. 아이들이고 어른들이고 매일 '열심히' 살지만 미래는 불투명하고 현실은 짜증스럽다. 바로 여기서 우리는 정신을 차려야 한다. '경쟁이 발전의 밑거름'이라며 믿어왔던 바를 낱낱이 되짚어야 한다. 놀이 경쟁이 아닌 생존경쟁은 단기적으로는 '너 죽고 나 살자' 식의 적대적 경쟁이며, 장기적으로는 '너도 죽고 나도 죽는' 공멸의 경쟁임을 깨달아야 한다. 이런 깨달음이 학교에서는 물론, 가정과 직장, 그리고 온 사회로 확장되고 공유되어야 한다. 그래서 경쟁과 분열이 아니라 연대와 협동의 새로운 원리가 우리 삶을 새롭게 짜는 근본원리로 자리 잡아야 한다. 이렇게 새로운 원리를 바탕으로 사회경제 구조를 완전히 다르게 재편하는 것, 바로 이것이 풀뿌리 민초들 입장에서의 '삶의 질 중심 구조조정'이다. 달리 말하자면, 생존경쟁에서 실패하고 좌절할까 두려워하는 우리들에게 진정으로 필요한 경쟁은 더 이상 타자의 희생 위에 나 혼자만 잘살자고 하는 적대적 생존경쟁이 아니라 진리를 위한 경쟁, 삶의 질을 높이기 위한 경쟁이다. 삶의 진리란 결국 연대와 협동이다. 서로 돕고 살면서 삶의 질을 높여간다면 그것이 바로 모두가 행복한 세상이 아닌가?

경쟁의 탈내면화

개인 차원에서는 상대적 경쟁이 아니라 절대적 경쟁, 즉 나 자신의 과거보다는 미래가 좀 더 나아지도록 꾸준히 노력하는 것이 필요하다. 여태껏 아이들과 어른들을 낙담하게 하고 좌절시킨 것은 늘 상대적 경쟁이었다. 빈곤 문제에서도 곧잘 상대적 빈곤, 상대적 박탈감이 문제가 아니던가. 나 홀로는 열심히 살려고 하는데도 돈과 권력이 만들어 놓은 획일적 잣대에 모두를 한 줄로 세우려는 상대적 경쟁에 휘말리다 보면 누구나 본연의 인간성을 잃고 불행해진다.

상대적 경쟁은 필연적으로 승자와 패자를 가르고 일등과 꼴찌를 가른다. 그리하여 우월감과 열등감을 양산한다. 우월감에 젖어 살건 열등감에 눌려 살건 모두가 비인간화하기는 마찬가지다. 따라서 학교나 회사에서 상대 경쟁을 없애고 절대 경쟁을 지향해야 한다. 최소한의 기준치, 예컨대 60점이란 기준만 제시하고 그것만 넘으면 합격점을 주어야 한다. 그 이상은 본인에게 맡기면 된다. 그러면 스트레스도 줄고 오히려 자신이 진정으로 원하는 분야에 몰입하게 되어 전체적으로는 개성과 다양성이 넘치면서도 수준 높고 실력 있는 사회가 된다.

사회적 차원에서도 생존경쟁을 바탕으로 시스템을 조직하기보다는 공생공락을 원리로 하는 새로운 시스템을 창조해야 한다. 한 아이가 태어나 건강하게 수명대로 살고 아름다운 마무리를 할 수 있도록 사회 시스템을 멋지게 재구성할 필요가 있다. 이러한 변화를 개혁이라 불러도 좋고 혁명이라 불러도 좋다. 이름과 무관하게 모두가 더불어 행복하게 살 수 있는 시스템이면 된다. 경쟁과 분열이 아니라 연대와 협동, 증오와 차별이 아니라 우애와 호혜라는 새로운 시스템이 절실한 것이다. 정치가나 행정가를 뽑더라도 이런 철학을 가진 사람을 뽑아야 한다. 이와 반대로 가는 이들은 국민이 끌어내려야 한다. "모든 권력은 국민으로부터 나온다"는 헌법이 맞다면.

그리하여 나는 우리 후손들이 유치원부터 초중등을 거쳐 대학생에 이르기까지, 모두 자기만의 꿈을 이루며 '좋은 삶'을 살 수 있기를 바란다. 이런 바람은 어느 부모나 다 가질 것이다. 그러나 자기만의 꿈을 꾸고 그것을 실제로도 이루기 위해선 사회가 바뀌어야 한다. 아이들이 하고 싶은 공부를 마음대로 할 수 있고, 나아가 그 공부를 바탕으로 실력을 키워 사회에 나왔을 때 꿈을 이룰 수 있는 일자리가 풍부해야 하고, 어떤 일자리에서 일하건 별 다른 차별 의식을 느끼지 않을 정도로 골고루 대접받는 세상이어야 한다. 요컨대 고교평등화, 대학평등화, 직업평등화가 삼위일체로 이뤄져야 한다. 만일 이렇게만 된다면 아이들은 초등학교 때부터 자기만의 꿈을 키울 것이다. 자기 꿈을 바탕으로 진학도 하고 취업도 하게 될 것이다. 어떤 직업을 갖더라도 상처받지 않고 자부심을 느끼며 살아갈 수 있을 것이다. 당장에 이런 세상을 만들 수 없더라도 제1차 5개년 계획, 제2차, 제3차 5개년 계획이라도 세워가며 단계적으로 그 방향으로 나아가야 할 것이다. 부자들만 잘사는 세상이 되어서는 안 된다는 말이다.

사랑의 원탁형 사회

그렇게 되려면 지금처럼 대학이나 기업이 소수의 기득권 집단을 중심으로 피라미드처럼 수직 계열화된 현실을 바꾸어야 한다. 새로운 모양은 더 이상 피라미드 모양의 '사다리 질서'가 아니라 모두가 둘러앉아 오순도순 이야기 나누며 밥을 먹는 '원탁형 질서'가 되어야 한다. 이것은 결국 힘센 상부의 소수가 약한 하부의 대다수를 차별하고 착취하는 구조를 타파하고, 상부상조하는 호혜의 살림살이 구조를 만들자는 것이다. 이것이 바로 더불어 사는 세상이요, 생존의 불안감이 없는 세상, 경제민주화가 이뤄진 세상이다.

또 이를 위해서는 기득권층은 기득권층대로 자신의 기득권이 아래쪽의 사회적 약자들의 희생 위에 건설된 것임을 깨닫고 기득권에 대한 '향유중독'을 털어내야 한다. 비기득권층은 더 이상 기득권층이 누리는 기득권을 추종하려는 '동경중독'에서 자유로워져야 한다. 서로가 서로를 격려하고 도와가며 새로운 사람으로 거듭나면서 원탁 모양의 새로운 사회구조를 토론하고 실험해야 한다. 아이들이건 어른들이건 돈과 권력에 대한 중독으로부터 벗어나, 진정으로 자유롭고 평등하며 정의로운 사람으로 거듭나면서 사람 냄새 나는 세상을 만들어야 한다. 더디 가더라도 포기하지 않고 꾸준히 더불어 나아가는 그런 아름다운 과정 속에 우리 내면의 상처들(트라우마)은 신기하게도 눈이 녹듯이 사라질 것이다. 트라우마가 신바람으로 바뀌는 것이다. 새로운 세상을 향한 공동의 꿈이 있으며, 그를 이루기 위한 공동의 발걸음이 하나씩 내디뎌질 때, 바로 이 행복한 과정이 우리의 집단적 트라우마에 대한 가장 좋은 치유제가 된다. 결코 심리상담소에서 완성될 수 없는 사회적 과정이 필요한 것이다.

'나부터' 그리고 '더불어'

이런 운동의 출발점은 당연히 '나부터'다. 사회 변화를 꿈꾸면서도 가정에서 아이들에게는 기득권층이 되라고 하거나 무조건 SKY

대학만 고집해서는 곤란하다. 그러나 이러한 노력이 개인적으로만 머문다면 아무 소용이 없다. 마을에서, 지역에서, 풀뿌리에서 새로운 변화의 움직임이 들불처럼 솟아야 한다.

나는 여기서 작은 모임들이 매우 소중하다고 본다. 스웨덴이나 덴마크 등 복지 선진국들이 선진국이 된 것은 결코 저절로 된 것이 아니다. 마을마다 지역마다 수많은 공부 모임이 있고 토론 모임이 있고 각종 동아리가 있다. 노조 조직률도 50~80퍼센트에 이른다. 수많은 투쟁과 새로운 시도들이 선진 복지 사회를 만든 것이다.

우리도 마찬가지다. 각양각색의 풀뿌리 모임들이 수많이 생성되면서 새로운 사람을 만들어내고 새로운 사회를 꿈꾸고 토론하고 실험해야 한다. 협동조합도 좋고 자주관리도 좋다. 대안화폐도 좋고 대안교육도 좋다. 인문학 모임도 좋고 학부모 모임도 좋다. 돈벌이 중심, 출세 중심의 사회경제 구조를 혁신하려는 모든 시도들, 연대와 협동, 우애와 환대에 기초한 호혜의 경제를 만드는 모든 시도들, 풀뿌리 민주주의를 추구하는 모든 시도들이 다 소중하다.

진정으로 아이들이 꿈을 꾸며 자랄 수 있는 행복한 세상, 그리하여 그간 '좋은 삶'을 살았노라고 후회 없이, 아니, 아름답게 인생을 마무리하고 후손들에게 넘겨줄 수 있는 사회, 이것은 결코 호혜에 기초한 경제민주화와 무관하지 않다. 진정 우리가 후손들에게 상속해야 할 것은 더 많은 돈이나 땅이 아니라 더 살기 좋은 마을이요 더 행복한 사회다. 개인적 상속보다 사회적 상속이, 생존경쟁보다 사회 연대가 더욱 절실한 까닭이다.

팔꿈치 사회
경쟁은 어떻게 내면화되는가

1판 1쇄 발행 2013년 4월 9일
1판 8쇄 발행 2019년 5월 16일

지은이 강수돌
편집 김지환 백진희 | 표지 디자인 가필드

펴낸이 임병삼 | 펴낸곳 갈라파고스
등록 2002년 10월 29일 제2003-000147호
주소 03938 서울시 마포구 월드컵로 196 대명비첸시티오피스텔 801호
전화 02-3142-3797 | 전송 02-3142-2408
전자우편 galapagos@chol.com

ⓒ 강수돌, 2013

ISBN 978-89-90809-49-0 03300

이 도서의 국립중앙도서관 출판시도서목록(CIP)은 e-CIP 홈페이지
(http://www.nl.go.kr/cip.php)에서 이용하실 수 있습니다.
(CIP 제어번호: CIP 2013001790)

갈라파고스 자연과 인간, 인간과 인간의 공존을 희망하며, 함께 읽으면 좋은 책들을 만듭니다.